ファロスの日本史

平野 純

楽工社

ファロス（phallus）
勃起した男根または男根像。東西を問わず、先史時代から世界各地で信仰の対象となった。

はじめに

ファロス＝勃起した男性のシンボルへの信仰は、世界の各地でみられるものです。

本書は、日本におけるファロス信仰の発生と展開の歴史をカバーします。

第一章では、奈良時代の僧侶・弓削道鏡《ゆげのどうきょう》をとりあげます。天平の女帝・孝謙の寵愛をほしいままにして天皇の座を狙ったとされる〝和製ラスプーチン〟、妖僧といわれる人物ですが、日本では川柳や小咄《こばなし》を通じて、巨根の代名詞、ファロス文化を代表する存在になりました。

いうまでもなく、それらは伝説のつくりあげたイメージで、事実からかけ離れたものです。本章では、天皇勅撰《ちょくせん》の史書『続日本紀』が伝える孝謙天皇の〝肉声〟をつぶさに検討することで、道鏡政治＝孝謙の治世の「リアル」を明らかにします。また〝巨根伝説〟誕生の背景を浮かびあがらせることで、全体の導入部とします。

日本のファロス文化は、もとより道鏡にはじまったわけではありません。

第二章では、最新の考古学の知見を引きながら、縄文時代にさかのぼり、ファロス文化誕生の現場に密着します。

日本では神の単位として昔から〝柱〟が使われます。なぜ〝柱〟なのか？　〝柱〟とは何を意味するのか？　日本の神話で最初のペアの人格神となったイザナキとイザナミ。かれらもまた〝柱〟の名で呼ばれました。本章では、天皇家の神々がたずさえた秘密、天皇家とファロスの関わりの原点、「リアル・ダイナミクス」が明らかにされます。


第三章でとりあげるのは、前章の考察をふまえた、日本における乱交の文化の歴史です。『古事記』『日本書紀』の神代《かみよ》の記述は、先史時代からつづく集団乱交の文化をおさえて初めて理解できるものです。

イザナキ・イザナミの国生み、アメノウズメの「天《あめ》の岩屋」の性的舞踏、天孫降臨のハイライトシーンとなる彼女とサルタヒコの〝性器対決〟、これらはすべて、古来盛んだった性的な風習としての集団乱交を背景に生まれた神話でした。

こうした風習はやがて〝雑魚寝《ざこね》〟の習俗を通じて近代以降、昭和の時代にまでもちこまれることになります。本章はその展開をたどる一方、男女平等の「双系社会」と評価されることが多い日本の古代社会の実相、「リアル」も同時に明らかにします。

第四章が追うのは、日本の性をめぐる文化の変質、具体的にはそこに生じた、女性に対するまなざしの変化です。そうした変化は中世に顕著になりました。

古代から中世にかけての時代、それは仏教がめざましい浸透をみせた時代です。仏教の人間観の浸透は「女性不浄観」の日本社会への移植と定着の成功を意味しました。一般に女性のケガレ視は神道の専売特許といわれます。本章ではその〝主犯〟が仏教だったことを明らかにします。

「極楽浄土に女人はいない」――仏典に登場するブッダの言葉です。初期の仏典『ジャータカ』の説話は「万人平等」を謳《うた》う仏教の思わぬ素顔を伝えます。

日本は中国を通してインド生まれの仏教を輸入しました。女性不浄観はファロス文化優位のインド仏教でいかにリアルに語られたか？　それは儒教支配の伝統が長い中国でどのような新しい装いをまとい、日本に輸出されたか？

第五章とそれにつづくエピローグでは、インドと中国におけるファロス優位の語りが日本の女性文化にもたらした影響をフォローしつつ、あらためて道鏡伝説がもった意味とその現在を考えます。

では、はじめましょう。

目次

第四章 乱交、そしてイケニエ……——281

第五章　『ジャータカ』説話の女たち——345

【凡例】

（一）歴史上の人物であるBuddhaについては「ブッダ」とカタカナ表記し、その他のBuddhaは「仏」と漢字表記し、場合によっては説明を加えた。ただし、引用文献・史料中の表記はそのままにした。

（二）引用した書籍・論文は、著者名・出版元・発行年を本文または各章の注のなかに明記した。邦訳のある外国語書籍については、邦訳版の出版年を発行年とした。

（三）引用した史料については、参照した主なテクストの名を巻末に「参照文献」としてかかげた。

（四）史料中の漢字・平仮名・送り仮名・句読点の表記に関しては、読みやすさを考慮して、一部変えた場合があるのでご了承願いたい。

（五）引用文中の傍点およびカッコはすべて引用者の付したもので、原文にある場合にのみその旨明記した。

第一章

道鏡という名のファロス

今日も生きる道鏡伝説

弓削道鏡（ゆげのどうきょう）。

この名前をもつお坊さんほど、日本人のあいだで苦笑をもって語られてきた存在はないかもしれません。

「ああ、あの男ね」

という笑い。

「まあ、困ったもんだ」

というどこかみくびった、肩をすくめたような笑い。

笑いの中味は人によってさまざまですが、そこには公然と語るのをはばかるような、ときにはあからさまに眉をひそめるような雰囲気、ニュアンスをともなうことも珍しくありません。

ただ、われわれは一般に歴史上の人物への公正な評価が尊ばれる時代に生きています。たとえかつて何かの問題を起こした悪人についても、いや悪人であればあるほど、一方的で情緒的な断罪行為からは距離を置くのがルールであり良識的な態度とされている。「いくらなんでもそこまで言うことはないよね」という、いわば歴史的なラベリング（レッテル貼り）への警戒心というやつですね。

ただ、このラベリングをめぐるルール、これは同時代の「悪人」相手の評価となるとばしば破られます。SNS上にみられる吊《つる》し上げが典型ですが、そんな場合も一定の期間が過ぎて人々の感情の沸騰がおさまれば、揺り戻しのあるのが普通です。初めは多くの人から支持を得ていたものの少し時間がたち気がついてみると、感情にかまけてバッシングに熱中している人々が白い目でみられていた。そんな例も少なくありません。

吊し上げの真っ只中に冷静な態度を崩さなかった人物があらためて評価される。一方的な吊し上げを不快に感じていた人々が——ときには「ファクト・チェック」の専門家の助けを借りながら——常識的な議論を形作る機会を得たりします。

文脈軽視のあげ足取りがSNS社会のネガティブな側面ならば、「多くの目」のもとの言論の形成が保証されることがウェブ社会がもつポジティブな側面ですが、道鏡についてはどうか。かれは言葉の正しい意味で過去の人物です。なにしろ奈良中期の天平時代、ざっと一三〇〇年近くも前[※1]の人物なのですから。道鏡についての感情の沸騰期はとうの昔に終わっています。

しかし、どうして〱道鏡という人物はいまだに立派な現役です。どう現役かというと、たとえば皇室にある種の問題が起きると、「令和の道鏡」といった言葉がウェブ上のブログの見出しに踊ったりする。人々の心をざわつかせ、政治目的のあやうい印象操作の道具に使われ、無視できない怪しいオーラを放ったりします。

人間は思い出されるかぎりは生きている——この言葉がほんとうならば、かれは日本の古代に生まれながら、いまだに現役の店を張る人物といえます。そしてそのたぐいまれな存在感の根元にあるものは何かと探ってゆくと、一つの言葉にゆきあたることになります。

巨根

何年か前に江戸の戯文《ぎぶん》を拾い読みしていて「雁高行者《かりだかぎょうじゃ》」という印象的な言葉に出会ったことがあり、道鏡を名づけたものでしたが、その戯文のタイトルを思い出せないのが、ここ数年のストレスになっています。「行《ぎょう》」とは「聖なるもの」をめざすものです。「雁高」は、ここではもはや道鏡がぶらさげていた持ち物の単なる特徴をこえたもの。そう、このお坊さんにかぎっては、「行」のシンボルになっているわけです。

「艶笑《えんしょう》」とか「売笑《ばいしょう》」という言葉があります。日本は古代このかた、セックスを罪深いものというよりは笑って楽しむものと考える長い伝統をもつ国です。江戸時代、春本が笑本《わらいぼん》、春画が笑絵《わらいえ》と呼ばれたことは周知の通りです（他に、張形《はりかた》等の性具類＝笑道具《わらいどうぐ》も）［図①一九頁］。この個性豊かな性文化のなかで、すぐあとでとりあげるように、道鏡も艶笑系の文芸の世界で押しも押されぬ大物になりました。

ところで、道鏡という人物は決して一人では登場しません。道鏡には、語られるとき必ず引き

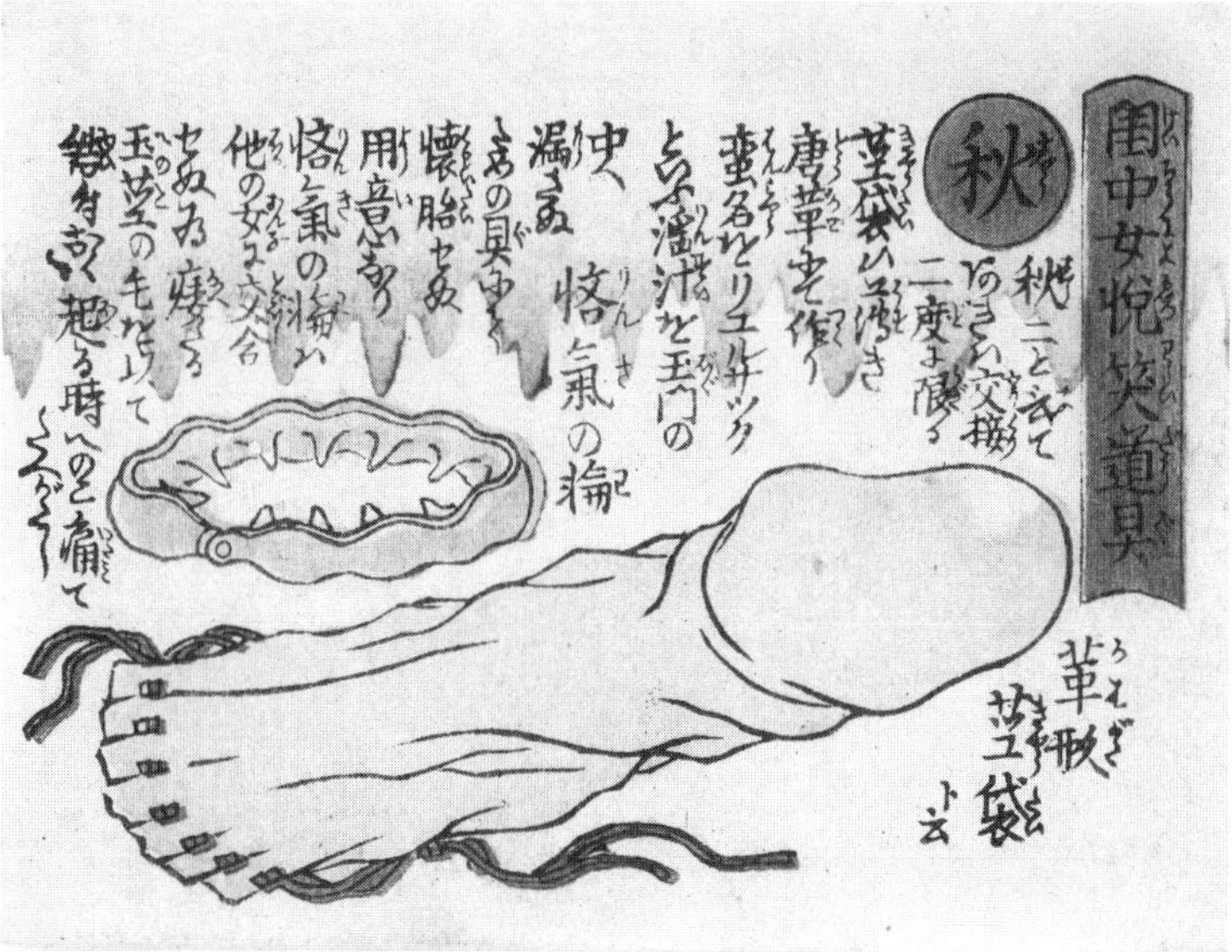

図①　渓斎英泉『閨中女悦笑道具』。革製の江戸版コンドーム。
（国際日本文化研究センター所蔵）

合いにだされるパートナーがいます。それもただのパートナーではありません。かれの存在を後世に向けて一回りも二回りも大きくさせた、道鏡を道鏡たらしめたパートナーです。

その名前をおしえてくれるのが次の江戸の川柳です。※2

両の手で孝謙《こうけん》帝は御握《おんにぎ》り

孝謙帝とは第四十六代の天皇です。日本の天皇は今上《きんじょう》天皇（現在の天皇）で百二十六代目ですが、日本の古代、とりわけ七世紀から八世紀にかけての時期は、まるでリレーのバトンを渡すように次々と女帝が誕生したことで知られています。孝謙天皇はこのレースでバトンを最後に受け取るランナーとなった女帝ですが、その彼女が片手ではもてないほど大きな道鏡の一《いち》物《もっ》を押し戴《いただ》いた光景を詠《よ》んだ句です。

孝謙天皇は聖武《しょうむ》天皇の娘で、父から直接指名され位《くらい》を譲り受けた天皇です。明治維新後の川柳の詠み手たちとちがって、江戸時代の詠み手たちには、天皇家は気の向くままにイジり倒すことが許された相手。遠慮のかけらもありません。

少なくとも将軍のお膝元、中世以来の東国の武士文化の伝統を引く江戸の市中の空気を吸って暮らす川柳の作り手の多くにとって、偉いのは公方様《くぼうさま》（徳川将軍）であり、天皇は京都の生っ白い公家《くげ》や女官たちに囲まれて暮らす遠い存在、ほとんど珍奇な生き物にすぎません。

一方、徳川幕府は幕府で、この江戸のしょうもない住人たちがくりだす艶笑系の書き物にかぎっていえば、「御政道《ごせいどう》」（幕府の政治）批判にわたらなければ、何をどう書こうが多くの場合おかまいなし、みてみぬふりをするのがならいでした。

もっとも、幕末が近づくにつれ、江戸やその周辺の武士・上級農民のあいだで尊皇《そんのう》思想の水位は着実に高まりをみせ、すぐ近くの水戸藩などは倒幕運動の一大拠点になる有り様でしたが、ほとんどの江戸暮らしの人々にとっては田舎の頭でっかちの過激派がもてあそぶ奇矯《ききょう》な議論であり、天皇家の存在感は最後までどうみても薄いままでした。

かれらは、尊皇の志士が町人の支援をうけつつ跋扈《ばっこ》する京都あたりとはまるで異なった空気感のなかに生きていました。明治維新後の社会――戦《いくさ》は侍がするものと信じていた小百姓やぼてふり（魚や野菜を天びん棒でかついで売り歩く商人）のせがれまでが西洋直輸入の「国民皆兵」の迷惑な理念のもと鉄砲をかついで行進させられる「総擬似武士化」の社会、ヨーロッパの国民国家をモデルにした大日本帝国の社会――とは別世界の空気を呼吸していた人々。それが江戸の市《し》井《せい》の人々だったというべきかもしれません。

『誹風末摘花《はいふうすえつむはな》』（以下『末摘花』）[※3]という江戸中期の川柳集があります。安永五年（一七七六）から享和《きょうわ》元年（一八〇一）にかけて刊行されたもので、全四編仕立て。「徳川の平和《パックス・トクガワーナ》」が生んだ泰平《たいへい》の逸民《いつみん》の句と呼ぶにふさわしい「破礼句《ばれく》」と呼ばれた艶笑系の川柳がおさめられています。今日の基準ではどうかと思われるようなえげつない作品ばかりそろえて人気を博した川柳集ですが、そのなかで最も好んで詠まれたペアが道鏡と孝謙女帝でした。

次の作品も『末摘花』に収められているものです。[※4]

道鏡に根《ね》まで入れろと詔《みことのり》

「詔」とは天皇のお言葉のこと。命じているのは孝謙女帝です。ここでも焦点をあてられているのは道鏡のシンボルだった男根です（もっとも、実際にはそれ以上に焦点をあてられたものがあるのですが、この話はのちにふれることにします）。

川柳は『末摘花』の艶笑句にかぎらず当時の江戸の風俗にあまりに密着しているため解読に苦労するものが多い（むしろそれが普通）のですが、道鏡や孝謙天皇について詠まれた作品はどれも異常にわかりやすいのが特色です。この二人といえばアレの話しかないという共通了解があり、事実アレの話しか詠まれないからです。

男根とはいうまでもなく男性のシンボルです。巨根とは大きな男根のこと。まえに、男根は道鏡という人物のシンボルだったと書きました。その通りなのですが、これにはべつの言い方もできて、男根といえば道鏡、道鏡という人物が男根の象徴、つまり道鏡がシンボルのシンボルになっている。これはかなり特異といえる立場です。怪異といってもよい。

道鏡という名前が天下無双の磁力を放つ秘密がここにあります。

わかりやすい川柳としては他にも、

道鏡の塚から出た笠まつだけ※5

道鏡さんの墓（塚）から笠の開いたまつたけが生えましたと報告する句で、ひねりのなさすぎる点で駄句に類するといわれても仕方がないような作品です。ただ、日本のお笑いの世界をみていると、あまりにつまらないと逆にその駄目さ加減が評価の対象になるところがあります。これは笑いの文化の極度の洗練といえなくもありませんが、仲間内《うち》の馴れ合いと紙一重のところもあり、そうした傾向をすでにもつ古川柳の評価をむずかしくする理由の一つになっています。

江戸の川柳にみる道鏡

「道鏡は坐《すわ》ると膝が三つ出来《でき》」。これは艶笑落語のまくらなどに使われ、あまりに知られたものなので、ここではとりあげません（道鏡というと必ずこれがでてきます）。

道鏡が母馬の夢見て孕《はら》み

これまた「馬並み」の一物について詠んだわかりやすい句※6です。ブッダの母親はマーヤーといい、インドの北辺の小国・シャカ国の首長の妻でしたが、釈迦《しゃか》の名はここからきています。マーヤーにはブッダを身ごもったとき聖なる白象《はくぞう》の夢をみたという仏教伝説があり、それをふまえた句です。

江戸の春本、春画の書き入れなどを読むと、男根の呼び名として使用頻度の一位にあがるのが「へのこ」で、二位が「魔羅《まら》」です。もののたとえとしては松たけや馬が男根を連想させるものとしてよく使われました。

そういえば、平成の中頃でしたか、ＴＶのゴールデンタイムのバラエティー番組で売り出し中の女性タレントを集め、スタジオに吊るした松たけの早食い競争をさせるという人気コーナーがありました。こんなものを企画したのは男にきまっていますが、今日ではもはやあり得ないもので、時代の流れの速さを感じます。

道鏡という人物は数々の伝説の持ち主ですが、以前、江戸時代の戯作に道鏡を腎虚《じんきょ》と結びつける文章がでてきたのをみて「?」となったことがありました。しかし、これは私の無知からくるもので、腎虚と巨根には密接な関係があります。

腎虚を一般向けの辞書で引くと、「過度の房事《ぼうじ》による、男子の全身衰弱」(『新明解国語辞典』三省堂)などとある通り、セックスのはげみ過ぎで男根が萎《な》えてしまった状態を思い浮かべるのが普通です。

が、道鏡の巨根をネタにした滑稽浄瑠璃《じょうるり》本『長枕褥合戦《ながまくらしとねかっせん》』の著者である江戸きっての奇人・平《ひら》賀源内《がげんない》(一七二八〜八〇年)が明和《めいわ》五年(一七六八)に書いた『痿陰隠逸伝《なえまらいんいつでん》』を読むと、

「釈尊《しゃくそん》、腎虚の火が高ぶっては天上天下唯我独尊《てんじょうてんげゆいがどくそん》と金箔《きんぱく》のまらくそを光らせ」

という文章がでてきます。「天上天下唯我独尊」はこれもブッダの誕生をめぐる伝説に登場する有名句の一つ。仏教伝説によれば、かれは母親のお腹からでるやすぐに立ちあがり、右手で天をさし、左手で地をさしてこの八文字を口にしたとされています。

源内の文章はこのパロディーで、現代語訳すると、

「ブッダは生まれたときから腎虚をわずらい、それに火がついて気を高ぶらせたあげく、『世界

図②　平賀源内『痿陰隠逸伝』挿画。傾倒した講釈師・深井志道軒の遺影にまつたけを捧げる源内。志道軒は僧侶くずれの講釈師。享保頃から浅草寺の境内で男根を模した棒を片手に艶笑系の講釈をおこない、江戸中の人気をさらった。（早稲田大学図書館所蔵）

で尊いのはこのわたし一人である』などとあらぬ言葉を口走り、金箔のろくでもない魔羅をそびやかせた」

　ということになります［図②二五頁］。ブッダが生まれた瞬間から金箔の仏像姿だというのはいかにも源内好みのシュールな設定ですが、ここで源内が語っているのは腎虚の結果起きるとされる陰茎硬直症のことです。

　これには江戸時代から「火動《かどう》」というもっともらしい医学用語（?）がつけられていて、セックス過多で心身消耗、身体枯痩《こそう》してふらふらになりながら、そこだけ勝手にりゅう〳〵とそそり立つという悲惨な状態になります。しかも、嘘かほんとうか、運悪く死にでもすれば死後硬直が加わって目もあてられないことになったという。

『末摘花』の一句もそのことを題材にしています。

魂魄《こんぱく》ここにとどまっておえている[※7]

魂魄とはここでは魂《たましい》(霊魂)のこと。[※8]「おえる」は「男根をそびやかす」を意味する江戸時代の俗語で、「勃起」に「おえ」と訓《よ》みを振る例もあります。右の句は、死んだと知らされて駆けつけた人々が、死体が勃起したままである姿をみて「この旦那《だんな》、やっぱり魂はこの世にしがみついているようだよ」と泣き笑いでうなずき合っている光景を詠んでいます。

同じく『末摘花』のこちらは安永五年(一七七六)所収の句に、

湯灌場《ゆかんば》の笑いじんきょで死んだやつ

湯灌場は死体を棺におさめる前に体を拭き清める場所のことで、寺院の一隅にありました。湯灌は仏典に付いた「臨終の手引き」(方訣《ほうけつ》)にもとづく作法の一つですが、腎虚の果ての勃起をみて、「まだ立たせてやがる。未練がましい野郎だ」と皆で大笑いしている場面を詠んだ句です。

もっとも、家族にとっては笑い事ですまないのは当然の話で、

泣きながら女房へのこへ土砂《つち》をかけ[※9]

ということになります。安永六年（一七七七）に詠まれた句（『末摘花』には天明三年・一七八三に収録）ですが、「へのこ」が当時の男根の最も一般的な呼び名であったことはさきにのべた通りです。陰茎硬直症（火動）は特殊な例とみられてか、いまではあまり話題になりませんが、江戸時代の艶笑系の読み物ではよくネタに使われるものでした（どうでもいい話ですが、春本などで「火動」の反対語にあたるのが「提灯《ちょうちん》」。これは提灯がふにゃ〳〵に縮むことからインポテンスの隠語として多用されました）。

そういえば、昭和四十年代半ばの川柳の投稿誌に、

蓋《ふた》がつかえて閉まりませんと業者言い

とありましたが、[※10]ここにいう「業者」とは葬儀屋をさしています。これはおそらく江戸の破礼句の本などで「火動」の句を見た人がそれをヒントに詠んだ作品で、実際の見聞をもとにしたものではないでしょう。

なお、江戸の棺桶は文字通りの桶。今日の寝棺《ねかん》とは異なり、坐った姿勢で死体をおさめる座棺《ざかん》が主流です。蓋がつかえるつかえないの問題は、構造上生じませんでした。

道鏡と孝謙天皇のペア

なんだか話が脱線してしまいました。

ここであらためて道鏡と孝謙女帝の話にもどることにしましょう。

これまで、冒頭から二人をめぐる江戸時代の川柳を紹介してきました。いずれもあられもない中味が目につくものでしたが、道鏡は日本の天皇家に突き刺さった最初の巨大な男根、いわばわきまえないファロスとして記憶される人物でした。

じつはこれらの川柳には、本書があつかう天皇家をめぐるファロスのドラマという中味の核心部分に突き刺さる見過ごせない論点が共有、提示されています。

この点についてくわしい話は第二章以下で論じる予定ですので、いまは、とりあえず右の点を頭の片隅において、叙述におつき合い願えればと思います。

弓削道鏡は江戸時代の川柳、とりわけ破礼句のイジりの世界で破格の待遇を受けた輝かしいアイコンでした。

川柳は狂歌などと同じく大衆文芸の仲間ですが、道鏡と孝謙のペアが「人気者」となったのはこの分野にとどまりません。

幕末近くに流行ったという俗謡《ぞくよう》（破礼句集『柳《やなぎ》の葉《は》末《すえ》』※11所収の川柳をもとにした）の一節に、

〽おやかして道鏡まらに隠れんぼ

「おやかす」はさきほどの「おえる」と同様、男根をそそり立たせることをいう俗語ですが、道鏡がそれをすると自分で隠れんぼができるほど巨《おお》きくなったというマンガ的な面白さを狙った歌です。

もちろん隠れんぼは一人でするものではありません。ここには一緒に遊んでくれる相手、女帝の存在がきっちりと想定されています。前にものべたように、道鏡は決して一人ではないのです。

川柳は江戸中期から盛んになった雑俳《ざっぱい》（通俗的な俳諧《はいかい》）の一種として発展したものでした。

もし将来の歴史家が今日の日本の市民のホンネに接近したいと思ったとき、いわゆる論壇誌とよばれる雑誌の論考を調べるだけではらちがあかないでしょう。SNS上に自由に投稿された一般人の短文・コメントのたぐいを調べるのが必須の作業になるはずです。

川柳には、落書にはおよびませんが、当時の市井の人々のホンネ（たてまえや偽善から比較的自由な考え）が笑いとともにぶちまけられています。

呆れる内容の川柳

本書が川柳を引用文献の柱の一つにおくのはそのためですが、川柳はもともとは雑俳の仲間として前句付《まえくづけ》と呼ばれる分野から生まれたものでした。

前句付とは俳諧の愛好者が用意されたお題（前句）にちなむ句を詠んで投稿し、専門家の宗匠《そうしょう》が点をつける点取り遊びでしたが、この前句が取れて付け句が独立したのが川柳です。

狂歌ならぬ狂句とも呼ばれ、季語や切字《きれじ》※12のない、ひたすら笑いをとるための滑稽句ですが、『末摘花』にも、こうした背景から、前句をつけた古い川柳がいくつもおさめられています。

道鏡が出るまで牛房《ごぼう》洗うよう※13

こちらは孝謙女帝その人について詠んだものです。隠れんぼをうたった前述の可愛らしい俗謡とちがって、中味のひどさには呆れる人もいるかもしれません。わたしもその一人で、書き写しながら、注に回すべきか迷ったほどでしたが、江戸の破礼句の雰囲気を伝えるためにあえて残した次第です。

この句は「好きなことかな〱」という前句につけられたものです。孝謙は生涯独身でしたが、道鏡と知り合ったのは四十を過ぎてから。それまでそれなりに異性との経験はもっていました。この句には、孝謙さん、道鏡が現われるまでさぞ手ごたえのない日々をしのいだことでしょうね、という破礼句愛好家のからかいがこめられています。

さきほど、艶笑系の書き物は江戸時代には大目にみられるのが普通だったと書きました。ただ、ときおり「改革」の儒教的な情熱に駆りたてられた為政者（老中《ろうじゅう》）の出現により取り締まりをこうむりました。

文芸物の他に春画も標的にされたひとつでしたが、そうして知識層から白眼視され、ゴミあつかいされた笑絵《わらいえ》が、いまではshungaの名で、日本の伝統的なエロティック・アートを代表する国際的な文化資源に化けたのは皮肉な話というほかありません。

当時、有名絵師にひそかに笑絵を特注した金持ちの愛好者たちにせよ、将来そんな芸術的な価値がでてこようとは夢にも思っていなかったでしょう。

　弓削形《ゆげがた》はきらしましたと小間《こま》物屋《ものや》※14

これは張形《はりかた》（女性の自慰などに用いられる男根形の玩具）を買いにきた女性と店の主人のやりとりを詠んでいます。特大のものを求めた客に、それを「弓削形」ととっさの造語で洒落のめしながら品切れを告げた。シンボルのシンボルという道鏡のあつかわれ方を如実に示す一句といえるかもしれません。

道鏡にかぎらず、このテのもののたとえ、隠語に神仏《しんぶつ》、とりわけ仏教関係の語があてられたのも江戸時代の艶笑文芸にみられる特色です。

輪姦《りんかん》（集団レイプ）のことを「念仏講《ねんぶつこう》」と隠語で呼びましたが、これなどは大勢が円座《くるまざ》になって数珠《じゅず》を次々と回すところから着想されたものでした。

道鏡、「和製ラスプーチン」として映画になる

こうした隠語は、江戸時代の人々の精神生活に仏教が占めた存在感の大きさを裏側から伝えるものですが、ここでポイントとなるのは道鏡という人物が僧侶だったということです。仏教の輸入（六世紀前半）以来、日本で僧侶は最高の知識人であると同時に、あとでとりあげるように、古代から中世にかけては最高の呪術者であることを期待される存在でした。

宮廷に出入りする呪術者というと、西洋のオカルト文化に親しんだ方はラスプーチンの名を思い出すかもしれません。二十世紀の初め、帝政末期のロシアでロマノフ王家に奥深く食いこみ、皇后アレクサンドラとの密通スキャンダルの主となったあげく失脚、暗殺されたロシア正教下の

祈祷僧です[※15]［図③三三頁］。

日露戦争の相手だったロシア帝国の崩壊は、当時の日本人のあいだで大きな衝撃をもって受けとめられました。ラスプーチンの名前は欧米からのニュースを通じて戦前の日本で広く知られましたが、同じように僧侶の有名人だった道鏡はこのロシアの怪僧と結びつけられ、「日本のラスプーチン」という新しいあだ名を献上されることになりました。

ラスプーチンの名前は欧米で映画や音楽、また日本もふくめてコンピューター・ゲームのキャラクターなどにも使われていますが、このあだ名はある意味で道鏡の運命を変えることになりました。

図③　グリゴリー・ラスプーチン。ロシア帝国・サンクトペテルブルクにて。1910年頃。
(Photo by Laski Diffusion/Getty Images)

昭和三十八年（一九六三）に、当時の大映が巨匠・衣笠貞之《きぬがさていの》助《すけ》（一八九六〜一九八二年）を監督に起用して道鏡と孝謙女帝の物語を映画化しました。作品のタイトルは『妖僧《ようそう》』。道鏡役には市川雷蔵（一九三一〜六九年）、女帝にはエレガントな美貌で人気があった新進女優・藤由紀子《ゆきこ》が配され、制作陣の力の入れようが伝わってきます。

公開時のポスターなどをみても、道鏡の

雷蔵は長髪をなびかせ、頬や顎にむさくるしい髭をたくわえています。これはまさにラスプーチンのイメージそのもので［図④三五頁］、本物の道鏡は仏教の僧侶、当然ながらつるつるの坊主頭でした。

この風貌上の改変は衣笠らの意向によるものだったようですが、監督自ら脚本を書いたこの作品、決して「和製ラスプーチン」のいかがわしいイメージを売り物にするキワ物映画だったわけではありません。

それどころか、衣笠自身が、道鏡といえばもちだされてきた「お色気伝説」を「そんなものはつまらない」と当時のスタジオ通信のなかで一蹴している通り[※16]、まったく新しい視点から「映画的真実を目指して[※17]」企画・製作された作品になっています。

ただ、従来の道鏡のイメージを一新したいという監督の意気込みはよいとして、和製ラスプーチンの外見上のイメージ自体はそのままにしたため、べつの意味でうさん臭くなってしまった。そのうえ、道鏡の「法力《ほうりき》」のすごさを強調するあまり、女帝を襲う「妖魔」を大風で吹き飛ばしたり、自身も敵に刺されても一滴の血も流さず平然としていたり、野ネズミを妖術で一瞬にして白骨化したりするといったオカルト・シーンが続くので、本格歴史物なのか怪奇アクション物なのかわからない作品になりました。

個人的には、これらの多くは衣笠監督のキャリア晩年期の作品だったことと、「永田《ながた》趣味」の二つで説明がつくと思うのですが、いずれにせよ当時の批評はかんばしくなく、興行成績もぱっ

図④　道鏡（右）と孝謙天皇（左）。映画『妖僧』イメージ。美男スター市川雷蔵が演じたなかで最もむさくるしい役と言われる。

としないまま終わったようです。

『妖僧』は現在DVDで観ることができますが、映画情報関係のサイトでこの作品に対する今日の観客たちの反応に接することができます。

これらの自由投稿のレビューはある意味で肝心の作品以上に面白いものですが、以下、そのいくつかを抜き書きの形で紹介してみましょう。[※18]

■謎な展開が多く、伏線が多い割にその全てがスルーという怪作ｗｗ。

■B級ではないものの怪作の部類には属する。

■史実と創作を混ぜ合わせて描いた〝宮廷＆伝奇ロマン〟の怪作。

■〝和製ラスプーチン〟の独自の解釈に瞠目《どうもく》の珍作。

■（前半では）妖術を操《あやつ》りつつ民のために尽くそうとするむさ苦しい怪僧が純粋無垢《むく》に

育った処女で美人の女帝と出会い善政を行なうが……後半ではピンチを乗り切った怪僧と女帝が、実行しようとしていた善政はどこへやら、一大メロドラマをくりひろげる。文章におこすと何が何やらわからない物語のようだが、決して支離滅裂というワケではない。

■まさに大映（永田社長）らしい仏教歴史物であり、あの道鏡の歴史ものであり、怪しい歴史ものである。……こんな映画が多い（まあ永田社長の趣味なのですが）大映でしたが、需要があったのでしょうか。（カッコ内原文）

■日本史上最も悪名高い大逆賊《だいぎゃくぞく》を、あくまで高潔な理想をもった人物として描いているが、さすがにこれはどうなの。……映画の自由を妄信して事故ったケース。

また、「愛欲シーンは皆無なので、巷説《こうせつ》の様な下世話な描写を期待すると肩透かしを喰《くら》います」といった批評もみうけられましたが、これなどは興行成績がかんばしくなかった理由の一つを説明するものかもしれません。

■ゴジラで有名な伊福部昭《いふくべあきら》の〝モスラの卵が孵《かえ》りそうな音楽〟、大映美術スタッフが創《つく》りだす〝雨月《うげつ》物語風のセット〟、モノクロの陰影の濃い画質で描かれる奇蹟《きせき》の〝ベルイマン風の怪奇趣味映像〟、皇室を題材にした為《ため》の〝控えめすぎるラブシーン〟などによって、他の映画と一風異なる変な味わいの作品となっています。

嬉しくなるようなマニアックな批評ですが、今日では映画やドラマで皇室関係者の性的な描写をひかえるのは暗黙の常識、ルールになっています。

江戸時代の川柳や春画の書き手との距離を感じますが、本作のラブシーンについてのこの指摘はその通りで、市川雷蔵と藤由紀子が演じる道鏡と孝謙女帝の二人は、どんなに感情が激してもキスどころか抱擁すらなく手を握り合うだけというおとなしさ。道鏡と女帝の性的なイメージからの解放という衣笠監督のもくろみに加えて、映画で天皇をあつかう際の制約がはたらいていることは間違いありません。

なお、レビューの文中にあった『雨月物語』とは、昭和二十八年（一九五三）に開かれた第十四回ヴェネツィア国際映画祭で銀獅子賞を受賞した溝口健二《みぞぐちけんじ》監督の作品。大映のワンマン社長で知られた永田《ながた》雅一《まさいち》（一九〇六～八五年[※19]）の鼻の穴を大いにふくらませた名作でしたが、衣笠貞之助自身もサイレント時代から監督のキャリアをはじめ、大正十五年（一九二六）にはフラッシュバックや多重露光、オーバーラップ等の斬新な手法を駆使した日本初のアバンギャルド映画『狂った一頁』を監督、昭和二十九年（一九五四）には『地獄門』で第七回カンヌ国際映画祭でグランプリを受賞するなど、実験精神あふれる巨匠として知られていました。

先のレビューのなかには、「史実を大胆に解釈して、権力に敗れるピュアな魂（天皇と道鏡の映画」「『役人は貧乏になれ！　民衆に富を与えろ！』と超極左政権を敷く雷蔵と女帝（笑）」（カッコ内原文）、「権力をほしいままにする政治家たちを飛び越えて天皇と（民衆を）直結して愛と正義で世の中をよくしようという、まるで戦中の青年将校のような映画[※20]」という言葉がでてきます。これは衣笠監督自身の政治的な志向と必ずしも無関係ではないでしょう。

衣笠を米ソ冷戦下の親ソ派映画人とくくるのは単純すぎますが、社会主義的な世界観にごく自然なシンパシーを抱いており、最後の監督作品も大映とソ連との合作映画『小さい逃亡者』（一九六六年。モスクワ国際映画祭児童映画部門金賞受賞）でした。

また、永田雅一は、青年時代は特高（特別高等警察）に追われる毎日を送ったというアナーキストの活動家上がり、日蓮宗の信徒総代をつとめるなど熱心な仏教徒でもありました。ブッダの波乱の生涯を描く『釈迦』（一九六一年）のほか、有名な『大魔神《だいまじん》』シリーズを製作指揮するなど「歴史宗教物」に強いこだわりをもつ映画人と知られ、この二人がコンビを組めばクセの強い映画ができたとしても不思議ではないだろうという気もします。

「処女天皇」との運命の出会い

道鏡は、歴史的には、奈良の政界で時の女帝孝謙とペアを組み、一介の僧侶としての矩《のり》を明らかに超えた天皇との共治《きょうち》（＝共同統治）に関与、ついには自らが天皇の地位につくことを狙った問題的な人物として知られています。

「大逆賊」と言われてきたゆえんですが、前出の『妖僧』のレビューのなかに「むさ苦しい怪僧が純粋無垢な女帝と善政をおこなおうとした」云々、というくだりがありました。

二人は道鏡が孝謙の病を治療したのがきっかけで知り合ったとされ、映画もその史実をふまえています。

映画のなかの道鏡は、

「大勢《おおぜい》の民衆は食うに食《しょく》なく、売るに物なく、ただかれらに恵むものは慈悲だけだ。しかるに都ではほんの一握りの貴族が権力をほしいままにし、仏の教えを独占し、栄耀栄華《えいようえいが》にその日を送っている。正しい政《まつりごと》はどこにあるのだ」

とか、

「都の外を歩いてみるがいい。くる日もくる日もいたるところで奴婢《どひ》（奴隷）は餓死し、民百姓《たみひゃくしょう》は年貢に苦しみ、山野にさ迷う。稲を求める子供を売らねばならぬ。この苦しみを知らずして政ができると思うか」

と熱い憂国のせりふを吐き、政権の最高実力者の太政大臣《だいじょうだいじん》（今日の総理大臣）と対決するシーンでは、「太政大臣が太政大臣なら、下々《しもじも》の役人も下々の役人だ。宮中《きゅうちゅう》は百鬼夜行《ひゃっきやこう》の姿ではないか」と、正々堂々の政権批判をぶち、「だまれっ。乞食行者《こじきぎょうじゃ》に政がわかってたまるか！」と太政大臣の若山富三郎[※21]が気色ばむ一幕がでてきたりします。

実際の道鏡は女帝と出会う前から道鏡を名乗っていましたが、映画では「行進《ぎょうしん》」という法名だったところ、かれに心酔した女帝が道鏡という美しい名を授けたという設定になっています。

藤由紀子の女帝は「処女天皇」と劇中で呼ばれ、徹底的に世の中を知らない純粋そのものの存在として描かれ、実際の孝謙と道鏡が知り合ったとき彼女は四十四歳、かれは四十代前半だったと思われますが、[※22] 映画ではそれぞれ二十代、三十代に若返らせています。

ただ、道鏡が出会ったときから女帝の心をわしづかみにしたという、これは史実のようです。

映画のなかでは、女帝の病を治したあと、道鏡が澄んだ眼差しをたたえて、

「仏の道は無差別平等。それを人の世に映すのが正しい政です。……私利私欲を捨て己《おのれ》を空《むな》しうして民の声を聴くことです。御仏《みほとけ》の慈悲の心をもって民を治めるのです」

と語りかけ、その言葉に深く感激した女帝が、

「わたしに隠さずものを言ってくれるのはそなただけ。これからもわたくしの相談に乗ってくれぬか」

と自分の政治の指南役になることを依頼。道鏡は「わたしは一介《いっかい》の行者です。その任ではありません」と辞退するものの押しきられ、山猿の姿同然だったかれは時の女帝の第一の側近という目もくらむ地位をあてがわれることになります。

これもそれなりに史実を下敷きにしたものですが（後述）、雷蔵の道鏡は、治療を利用して女帝を寝取った坊主という周囲の陰口をものともせずに、

「女帝様にはわたしが必要。わたしはこの命をささげてお仕えする覚悟だから、何も恐れるもの

はない」

と肚を決め、死も恐れない覚悟と身につけた「法力」で魑魅《ちみ》魍魎《もうりょう》うごめく奈良政界の刷新に身を賭すことになります。

孝謙上皇の帝権分割宣言

『続日本紀《しょくにほんぎ》』という書物があります。

都が平安京に移って三年目の延暦《えんりゃく》十六年（七九七）に完成した「六国史《りっこくし》」の第二、『日本書紀』に続く史書です。

「六国史」とは、奈良時代の初めから平安時代の前期にかけて編まれた六つの勅撰《ちょくせん》の史書（正史）の総称で、『日本書紀』（養老四年・七二〇）、『続日本紀』、『日本後紀《にほんこうき》』（承和七年・八四〇）、『続《しょく》日本後紀《にほんこうき》』（貞観《じょうがん》十一年・八六九）、『日本文徳天皇実録《にほんもんとくてんのうじつろく》』（元慶《がんぎょう》三年・八七九）、『日本三大実録《にほんさんだいじつろく》』（延喜《えんぎ》元年・九〇一）の六書からなります。

『日本書紀』は神々の時代にまでさかのぼりながら天皇家の歴史をつづりましたが、『続日本紀』は、飛鳥時代末の第四十二代文武《もんむ》天皇（六八三〜七〇七年）から平安京への遷都当時の第五十代桓武《かんむ》天皇（七三七〜八〇六年）まで、途中に奈良時代がすっぽりおさまる時期をあつかうため

――正史という性格からくる記述上の政治的な限界をもちつつも――天平当時の政治の激動の息づかいに耳をすます者に第一級の資料を提供してくれます。

孝謙と道鏡の冒険、共同統治のくわだては、天平宝字《ほうじ》六年（七六二）にはじまりました。聖武天皇が世を去った六年後、それは、道鏡の天皇就任が現実味を帯びる「掟破《おきて》りの八年」の幕開けを意味しました。『続日本紀』はその後半部のなかでこの波乱の八年をカバーします。

この年の六月三日のことでした。孝謙は五位以上の官人を朝堂《ちょうどう》（朝廷内の謁見所《えっけん》）に集め、次のような詔《みことのり》を発することになりました。

五位以上の官人とは貴族にあたる人々で、律令官僚の主だった者たちを集めたということですが、以下、適宜言葉を補いながら現代語訳してみましょう。なお孝謙は道鏡と出会った翌年のこのとき四十五歳、ここでは、これが彼女が上皇《じょうこう》になっていた時期の発言だということに注意してください。

孝謙は第四十五代聖武天皇を父に、藤原氏出身の光明皇后《こうみょう》を母に生まれました。聖武と光明のあいだには結局男の子が生まれなかったので、[※23]二十一歳のときに後継ぎ（皇太子）に指名され、さらに十年余り後、聖武の譲位を受けて、母の光明の支援のもとに三十二歳で天皇の座についたといういきさつがありました。

わたしは女の身でありながら母の勧めもあって、父・聖武から天皇の座を譲り受けた。そのあといったん引退して上皇になり、現在の天皇を引き立てながら、天下の政をおこなってきた。

ところが現在の天皇はわたしを敬う態度がみられず、よその者たちが言うことを真に受けて、わたしに向かって言ってはならぬことを言い、してはならぬことをした。そんな無礼な仕打ちを受けるいわれは、わたしにはない。

いったい現在の天皇が普通の皇子《おうじ》だった頃、そんな口をわたしに利いただろうか？（そもそも現在の地位にあるのはわたしのおかげなのに）。しかし、だからといって、そんな風な仕打ちを受けるのも、わたしが劣った人間だからなのだろう。そう思うと恥ずかしくもあるし、またあらためて菩《ぼ》提心《だいしん》（悟りを求める心）を起こせという御《み》仏《ほとけ》の示唆なのかもしれないとも思う。

そこでわたしは頭を剃って出家することにした。今日これからの政《まつりごと》は、小事は現在の天皇がおこなってもよいが、国家の大事や賞罰など重要な事柄はすべてわたしがおこなう。以上、一同、心してうけたまわりおけ。

（原文）

朕《わ》が御《み》祖《おや》太皇后《おほきさき》の御命以て朕《われ》に告《の》りたまひしに、岡宮《おかのみや》に御宇《あめのしたしらしめ》しし天皇《すめらみこと》の日《ひ》継《つぎ》は、かくて絶えなむとす。女子《をみなこ》の継《つぎ》には在《あ》れども嗣《つ》がしめむと宣《の》りたまひて、此《こ》の政《まつりごと》行ひ給ひき。かく為《し》て今の帝《みかど》と立ててすまひくる間《あひだ》に、うやうやしく相従《あひしたが》ふことは无《な》くして、とひとの仇《あた》の在《あ》る言《こと》のごとく、言ふましじき辞《こと》も言ひぬ、為《す》ましじき行《わざ》も為《し》ぬ。凡《おほよ》そかくいはるべき朕《われ》には在《あ》らず。別宮《ことみや》に御坐坐《おほまししま》さむ時、しかえ言《い》はめや。此《こ》は朕《わ》が劣《をぢな》きに依《よ》りてし、かく言ふらしと念《おもほ》し召《め》せば、愧《はづか》しみいとほしみなも念す。また一つには朕《わ》が菩提心発《ぼだいのこころおこ》すべき縁《よし》に在《あ》るらしとなも念す。是《ここ》を以《もち》て出家《いへで》して仏の弟子と成りぬ。但《ただ》し政事《まつりごと》は、常《つね》の祀小事《まつりいささけきこと》は今の帝《みかど》行ひ給へ。国家《みかど》の大事《おほきこと》賞罰《しやうばつ》二つの柄《もと》は朕行《われおこな》はむ。かくの状《さま》聞きたまへ悟《さと》れ。

どうでしょうか?

ここで孝謙が言う「大事」とは、具体的には緊急事態における大権・軍事発動権をさします。それをふくめて、その他、重要な褒賞《ほうしょう》や処罰など政治運営の基幹となる部分はすべて上皇である自分が、いまの天皇になりかわって掌握《しょうあく》する。それ以外の「小事」に属する日常の祭祀《さいし》などはいまの天皇がとりおこなうことにする。このことを一同、しかと聞いて心得よ——これがこの詔の要旨になっています。

じつに高圧的で猛々《たけだけ》しい宣言、女帝の呼吸音がじかに伝わってくるような迫力に満ちた詔です。なかにでてくる出家の宣言についてもいわゆる隠遁《いんとん》などではなく、むしろ世俗への積極的な関与の意思表明、これから何をしようが一切自由だ、何が起きるかわからないからおぼえておけという「尻をまくった」姿勢を伝える雰囲気です。

いったいこの戦闘モード全開の宣言のどこに『妖僧』に登場する、ウブで可憐《かれん》、物事を疑うことを知らず、道鏡をひたすら頼りとするだけのか弱い女帝の面影があるというのでしょうか？どこにもありません。

右の天平宝字六年の詔、これは政治史的には、奈良朝の日本を押し揺るがす孝謙の「帝権分割宣言」として知られてきたものです。

と同時に、それは、道鏡という名の一人の男、ファロスが天皇家に深々と突き刺さったことを後世に伝える最初の文献記録となりました。

どういうことか？

怒りに火をつけたもの

右の宣言にでてくる「現在の天皇」とは第四十七代の淳仁《じゅんにん》天皇のことです。このとき三十歳、即位して四年目の若い天皇でした。

宣言は、いったん上皇となった孝謙が、時の天皇の淳仁を猛烈な剣幕で叱りつける内容になっています。

上皇とは引退した天皇のことですが、宣言の冒頭の部分から、孝謙がかつて父の聖武天皇から譲位されて第四十六代天皇になったこと、その後天皇の座をいまの淳仁に譲り、「引き立てて」

きたこと、それなのに淳仁はちっとも自分に礼を尽くそうとしない、そのことへの憤懣《ふんまん》がぶちまけられています（孝謙の天皇への即位は天平勝宝《しょうほう》元年・七四九年に、淳仁の即位は天平宝字二年・七五八年、孝謙が四十一歳のときにおこなわれました）。

さきほど帝権分割宣言と書きましたが、それはとりもなおさず現在の「帝権」の持ち主、天皇に対する上皇による事実上の決別宣言を意味するものになりました。孝謙が上皇になってからちょうど四年目の夏のことでした。

孝謙と道鏡が彼女の病気をきっかけに個人的な仲になったことはすでにみた通りです。道鏡の何が女帝を夢中にさせたのかは明らかでありません。病《やまい》で弱気になっていたところに現われた道鏡という人間の人柄、身振り、言葉の端々にどこか彼女の心をくすぐる、あるいは琴線《きんせん》にふれるものがあったのかもしれません。

前節の最後のところでわたしは、「道鏡という名の一人の男、ファロスが天皇家に深々と突き刺さったことを後世に伝える最初の文献記録」にこの帝権分割宣言がなったと書きました。

事実、この宣言文は、一見してそれとわかる政治ドラマと張り合わせる形で、これまためったにない男と女のドラマが勃発したことを告げる、世にも稀な勅撰史書の一節としての性格をもつことになりました。

この歴史的な詔には、じつは、二人の語られざる重要な人物の名が隠されています。

一人は孝謙の元の愛人、映画『妖僧』では若山富三郎が演じた太政大臣です。

もう一人は孝謙が新しくもった現在の愛人、そう、われらが弓削道鏡です。

この詔は天皇の座に坐る淳仁に前天皇の孝謙から叩きつけられた挑戦状にみえますが、それはみかけのうえの話にすぎません。すぐあとでのべるように、孝謙が挑戦状を叩きつけた真の相手、標的はべつのところにいたからです。それは当時朝堂に集まってこの宣言を聞いた誰もが察するところでした。

実際、孝謙はこの詔でいったい何にたけり狂っていたのか？　つまり何が彼女の怒りに火をつけたのでしょうか？

それについて教えてくれるのが、道鏡の死についてふれた『続日本紀』の宝亀《ほうき》三年（七七二）四月六日の項の記事にでてくる、道鏡と孝謙女帝の時代を回顧する一節です。文中にある保良京《ほらのきょう》はいまの滋賀県大津市にあったとされる当時の新宮殿の所在地で、孝謙の元愛人の太政大臣が造営を推進したものでした。

（道鏡は）天平宝字五年（七六一）から保良京に滞在した孝謙上皇が病気だった際に看病にあたり、しだいに寵愛されることになった。淳仁天皇は常々これに異を唱え、孝謙上皇と不和になった。

（原文）

宝字《ほうじ》五年、保良《ほら》に幸《みゆき》したまひしより、時看病《よりよりかんびやう》に侍《じ》して稍《やや》く寵幸《ちょうかう》せらる。廃帝《はいてい》、常《つね》に言《こと》を為《な》して、天皇《すめらみこと》と相中《あひあたり》り得ず。

「エリート僧」道鏡

保良京は奈良・平城京の宮殿の改修工事のあいだ、暫定《ざんてい》的に設けられた都ということでしたが、その割には大がかりな施設で、中国（唐帝国）の陪都《ばいと》（副都）である北京をモデルにしたものだったようです。

保良京は孝謙のこの頃の愛人だった太政大臣の肝《きも》いりで発案されたもので、その建設はかれの目玉政策のひとつでした。

『続日本紀』によると、孝謙は保良京にある出来立ての宮殿に滞在中に病を発したという。発病の背景についての情報は伝えられていません。あるいは、急に環境が変わって真新しい宮殿にいるあいだになんらかの心境の変化に見舞われた。もっといえば気鬱におちいったという推測は可能ですが、よくはわかりません。

わかっているのは、このとき孝謙と太政大臣の関係は何かの理由ですでに冷え切っていたらしいこと、体調を崩して引きこもった孝謙の前にある日道鏡が現われたこと、看病をおこなううちにやがて孝謙の「寵愛」を受けたこと、淳仁はそうした彼女のふるまいについて苦言を呈し（「常に言《こと》を為し」）たこと、その結果、孝謙と淳仁の関係は険悪化することになったということです。

　このとき道鏡が看病にあたったのはかれが僧侶だったからです。これは現在の感覚では奇妙に聞こえるかもしれませんが、たとえば古く中国では「医」の字は「毉」と書き、医術と巫《ふ》術（呪術）は切っても切れない関係にありました。

『続日本紀』の宝亀三年四月六日のさきの一節には、道鏡について「略梵文《ほぼもんぶん》に渉《わた》りて、禅行《ぜんぎやう》を以《もち》て聞《きこ》ゆ。是《これ》に由《よ》りて、内道場《うちのだうぢやう》に入り、列して禅師《ぜんし》となる」（道鏡は梵文〈サンスクリット語〉に詳しく、禅の修行を積んでいることで知られていた。そこで内道場に招かれ、禅師の一人になった）と記されています。

「梵文に詳しく」とは、サンスクリット語（インドの古典規範語）の読解力があったということではなく、呪文である陀羅尼《ダラニ》の読誦《どくじゅ》の巧みさ、音吐朗々《おんとろうろう》読み下す能力に長けていたことをさすものと今日では解されています[※24]。

「内道場」とは宮殿内の寺の施設で、そこにつとめる禅師は「看病禅師」と呼ばれ、仕事の中心は天皇や皇后の病気の治療にあたることにありました。

　前のところで仏教の輸入以来、僧侶は知識人であると同時に呪術者だったと書きましたが、こと医術にかぎっては、両者はこの時期には一体化して区別が困難、不可分なものだったと言うべきかもしれません。

看病禅師は中国由来の最新の医学知識を身につけた、国家お抱えの技術者集団。この時期の日本の律令国家――外来の先進宗教・仏教を鎮護国家《ちんごこっか》の柱とする――がもったいわばスピリチュアルな医官たちだったといってもあながち間違いではないかもしれません。

かれらに対する天皇家側の期待は大きく、聖武天皇の時代、天皇の病気の際に動員された看病禅師の数は百二十六人にのぼったほどでした。

『妖僧』では、ぼろぼろの身なりの乞食坊主がいきなり孝謙の枕元で数珠《じゅず》を鳴らしていましたが、これは「異例の出世」を際立たせるためのフィクションで、実際の道鏡は看病禅師として正規の教育を受け、治療の腕を見込まれて孝謙の担当医に抜擢されたエリート僧の一人だったのです。

言ってはならぬことを言う

ただ、そのあいだに孝謙と道鏡はねんごろな仲になってしまった。今日ならば精神的な治療にあたる医師としての職業倫理を問われかねないところですが、奈良の昔の日本にそんな決め事などありません。

そして、ここに絡んでくるのが当時のいわば総理大臣、太政大臣[※25]をつとめるやり手の男でした。恵《え》美押勝《みのおしかつ》（映画では藤原良勝《よしかつ》）というこれも藤原氏出身の人物でしたが、かれは孝謙の母である光明と男女の仲の噂がたつほどの親密な間柄で、じつは孝謙が「女の身」で天皇になったあと、光明が娘の後見役にかれを選び、大いに引き立てたといういきさつがありました。さきほど押勝について孝謙の元愛人と書きましたが、かれは光明が娘にあてがった母親公認の愛人でもあったのです。

ただ、この男は、光明の威光を背に政敵を蹴倒して他を寄せつけない実力者となるや、越権の行いが目立つようになり、年とともに病気がちになった光明を尻目に、孝謙に圧力をかけて、自分の近親者である皇族の若者に天皇の地位を譲らせるという力業《ちからわざ》にでました。この若者というのが淳仁天皇でした。

『妖僧』のなかで押勝（良勝）の取り巻きの一人が「女帝様が人形、皇子様《おうじ》（淳仁）が子供でございますな」とへつらい笑いをして話すシーンがでてきます。これはこの時代の朝廷の空気感をよく表わしており、孝謙も淳仁も押勝にとっては御《ぎょ》しやすさが取り柄《え》の「ロボット[※26]」にすぎませんでした。

そうした押勝の「増上慢《ぞうじょうまん》」に孝謙が抱いた複雑な胸の内を、かれがどこまで理解していたのかはわかりません。

ただ、おとなしいはずの孝謙が、気がつくと、あろうことか看病役の僧侶と情熱的な関係になってしまっていた。道鏡は『続日本紀』に「道鏡、俗姓は弓削連《ゆげのむらじ》、河内《かふち》の人なり」とある通り、河内《かわち》（現・大阪府）の弓削氏という中小豪族の出身、光明と同じ藤原氏の出身で律令制定の大功労者だった藤原不比等《ふひと》（六五九?〜七二〇年）の孫でもある押勝からすれば、本来、吹けばとぶような存在のはずでしたが、孝謙のあまりの熱のあげすぎに不安をおぼえるようになります。しかし自分で直接文句を言えば小さくみえるとでも思ったのでしょうか、若い淳仁の口から孝謙に「少しお控えなさってはいかがですか?」と言わせる手にでた。

これが『続日本紀』が記す孝謙の怒りの発言、

（淳仁は）わたしに向かって言ってはならぬことを言い、してはならぬことをした。そんな無礼な仕打ちを受けるいわれは、わたしにはない（「言ふましじき辞《こと》も言ひぬ、為《す》ましじき行《わざ》も為《し》ぬ。凡《おほよ》そかくいはるべき朕《われ》には在《あ》らず」）。

を生んだいきさつでした。

鑑真上人の「心眼」

　さきにふれたように、道鏡が看病禅師として女帝の枕元でほどこした治療、その基本は祭具を用いた祈祷《きとう》とそれをふまえた諭《さと》しと癒《いや》しの療法、いまでいう宗教的なセラピーに等しいものだったようです。

　技術は進歩するが人間は進歩しない――ときどき耳にする言葉ですが、男女のあいだのボタンのかけ違えにかぎっていえば、奈良時代の昔から一ミリも進歩していないのではという気もしてきます。

　表では政界の大立者として肩で風を切りながら、こうした忠告を他人の口から言わせる姑息《こそく》さ――それが孝謙の怒りを手に負えないものにしたというわたしの推測が当たっているか否かはともかく、※27天平宝字六年のこの日、朝堂に響き渡ったのは、決して「巷説《こうせつ》」にいう恋に盲《めし》いた女のたわ言などではありませんでした。

　彼女は上皇、しかもいまは亡き大聖武天皇の愛娘《まなむすめ》だっただけではなく、夫のあとを追うように逝《い》ったばかりの光明皇后の権威も背にまとった存在でした。

　このとき道鏡が「大逆賊」のイメージ通りニヤニヤとやに下がっていたのか、あるいは事態のあまりの急展開ぶりに半ば茫然、ほとんど女帝の袖を引きたい気分でいたのか、『続日本紀』の文面からは読み取れません。一つだけはっきりしているのは、たとえどちらであれ、事態の主導権を握っていたのは孝謙女帝だったということです。

異様な緊張下におかれた朝廷のなかで、押勝の政敵たちが逼塞《ひっそく》から解き放たれる。たちまちカマ首をもたげ、いっせいに機会を逃すものかと追い落としの策謀に動きはじめる。そうした動きの渦の中心にいたのが孝謙でした。

結局、大実力者・恵美押勝は孝謙の挑発に屈して謀叛《むほん》に追いこまれます。

そして孝謙と道鏡の捕縛《ほばく》を試みるが裏切りにあってあっけなく失敗。近江に遁走《とんそう》し、最後は琵琶湖に船で逃れたものの、追討軍の手で家族もろとも惨殺されてしまう。

その際に起きた悲劇的な逸話を伝えるのが、鎌倉時代初めの物語風歴史書『水鏡《みずかがみ》』です。文中に大臣とあるのは押勝のことです。

……また悲しい出来事があった。大臣には娘があり、非常な美人で世に並ぶ者がなかった。たまたまある日、鑑真《がんじん》和尚がこの娘をみて「この方には千人の男と交わる相《そう》がある」と言った。それを聞いた人々は「これほど高貴な生まれの方だ。一人二人と交わるのも怪しいくらいだ」と思ったが、父の大臣が討ち取られた日、孝謙上皇の派遣した軍隊の兵士千人が彼女を犯した。人間の相とは恐ろしいものだ。

（原文）

……また心憂《こころう》きこと侍《はべ》りき。その大臣の女《むすめ》おはしき。色容《いろかたち》めでたく、世に並ぶ人なかりき。鑒真和尚の「この人、千人の男にあひ給《たま》ふ相《さま》おはす」とのたまはせしを、ただうちあるほどの人にもおはせず、一二人のほどだにもいかでかと思ひしに、父の大臣討ち取られし日、御方《みかた》の軍《いくさ》千人、悉《ことごと》くにこの人を犯してき。相は恐《おそろ》しきことにぞ侍る。

鑑真《がんじん》上人（六八八〜七六三年）はこの叛乱騒ぎの十年余り前に来日、聖武天皇夫妻をはじめ朝廷の人々から尊敬され、手厚く遇《ぐう》された人物でした。押勝は鑑真の写経の事業を援助しており、上人が娘と会っていた可能性も充分にあります。ただ、来日時には失明していたはずの上人にどうして顔相が読めたのか。心眼で読んだとでもいうのか、おそらくこれは伝説でしょう。『水鏡』は平家滅亡の直後に編まれた書物ですが、壇ノ浦で捕まった平家の女官たちが源氏方の兵のえじきになった話はよく知られています。[※28]

押勝の娘は多くの兵に犯されたあと殺されたものと思われます。

異例の出世のはじまり

恵美押勝の首が都に届いたその二日後の天平宝字八年（七六四）九月二十日、孝謙上皇は新たな宣言を発します。それは、文字通り、神聖なる世襲をたてまえとする天皇家を皇統断絶の危機に追いこんだ「大逆賊」の名で後世に知られる弓削道鏡、その出現を天下に知らしめるものでした。

心に穢《きたな》い悪党め（恵美押勝）が政治を根本から牛耳って進言をおこなったため、朝廷は道理にかなった人事をすることができなかった。今日からはその忠勤ぶりに応じて、皆を登用することにする。

あの男（押勝）は、道鏡禅師についてわたしにこう言ってよこした。「朝となく夕となくあなたのおそばに侍《はべ》っているが、かつて栄えたという先祖の地位にありつこうとしている野心家です。追い払いなさい」と。しかし、禅師のふるまいをみればどうであろうか？　いたって浄《きよ》らかである。仏法を広めようと考えてわたしをお導きくださっている。そんな師をどうして退けることができようか。

わたしは、皆も知るように出家した身で、髪を剃って袈裟《けさ》を着ているが、天皇として政治をおこなうべき立場にある。実際、経典にも「王位につく者は菩薩戒《ぼさつかい》を受けよ」とあるではないか。出家の身であることは政治をするうえでなんの妨げにもならない。実際、出家している天皇がいるならば、出家をしている大臣がいてもよいというものだ。本人の道鏡は望んではいないが、かれに大臣の位を授けることにしたい。皆の者、うけたまわりおけ。

（原文）

悪しく姧《かだま》しき奴《やつこ》の政《まつりごと》の柄《もと》を執《と》りて奏《まを》したまふ事を以《もち》て諸氏《うぢうぢ》の氏人等《うぢびとども》をも進めつかはすこと理《ことわり》の如《ごと》も在《あ》らずありつ。是《ここ》を以《もち》て、今より後《のち》は仕《つか》へ奉《まつ》らむ相《さま》のまにまに進め用ゐ賜《たま》はむ。然《しか》るに之《し》が奏ししく、「此《こ》の禅師《ぜんし》の昼夜《ひるよる》朝庭《みかど》を護《まも》り仕へ奉るを見るに、先祖《とほつおや》の大臣《おほまへつきみ》として仕へ奉りし位名《くらゐな》を継がむと念《おも》ひて在《あ》る人なり」と云《い》ひて「退《しりぞ》け賜へ」と奏《まを》ししかども、此の禅師の行ひを見るに、至《いた》りて浄《きよ》し。仏《ほとけ》の御法《みのり》を継ぎ隆《ひろ》めむと念行《おもほ》しまし朕《われ》をも導き護《まも》ります己《おの》が師をやたやすく退けまつらむと念ひて在りつ。然《しか》るに朕は髪をそりて仏の御袈裟《みけさ》を服《き》て在れども、国家《あめのした》の政《まつりごと》を行はずあること得ず。仏も経に勅《の》りたまはく、「国王《こくわう》い王位に坐《いま》す時は菩薩《ぼさち》の浄戒《じやうかい》を受けよ」と勅《の》りたまひて在り。此《これ》に依《よ》りて念へば、出家《いへで》しても政を行ふに豈障《あにさは》るべき物には在らず。故《かれ》、是を以て、帝《みかど》の出家しています世《よ》には、出家して在る大臣も在るべしと念ひて、楽《ねが》ひます位にはあらねども、此の道鏡《だうきやう》禅師を大臣《だいじん》禅師と位は授《さづ》けまつる事を諸《もろもろ》聞きたまへ。（『続日本紀』）

もちろん上皇の言葉に表立って反論することなどできません。

このときこの言葉を聞いた百官の官僚たちがどのような表情を浮かべたか。『続日本紀』は何も語りません。

この日、道鏡にあたえられることになった「大臣禅師」。これは前代未聞の肩書で、道鏡のために新しくつくられたポストでした。

朝廷内の微妙な空気

恵美押勝は剛腕で鳴らした人物にありがちなことにゴリ押しが多く、そのぶん敵の多い男でした。だからこそ、多くの朝廷関係者が孝謙のくわだてに呼応し、加勢したわけです。

保良京での出来事以来、朝廷に仕える者ならば誰もが孝謙と道鏡の仲を知っていました。映画のせりふを借りるならば、「わたしに隠さずものを言ってくれるのはそなただけ。これからもわたくしの相談に乗ってくれぬか」というところで、これは孝謙が実際に口にしたとしてもおかしくないせりふかもしれません。宿敵・恵美押勝の滅亡を告げる詔で孝謙が道鏡の名前をだしたのは、こうした自身の望みを天下に明かし、臣下一同に周知させるためのものでした。

ただ、それにしても「大臣禅師」という四文字の肩書は上の二字（俗）と下の二字（聖）とがいかにもちぐはぐ、当時の感覚では大いに違和感を誘うものだったでしょう。

前にものべたように、貴族社会の位階の階段を登るうえで何よりも「血統」が重視された奈良朝の時代、道鏡は中央の貴族でも名流の出でもありませんでした。また、「大臣」という世俗的な地位に釣り合った政治的な実績とも無縁、要するに祭具を振るう祈祷《きとう》が上手なただの僧侶だったのです。

そんな男に、どこをどう押せば名門の貴公子たちを従え、行政のピラミッドの上席に坐るという話がでてくるのか。

これについて孝謙が用意した理屈は詔《みことのり》にあった通りです。

それはひどくシンプルなものでした。

「出家した天皇がいるなら、出家をした大臣がいてもよかろう」

なるほど、言われてみればそうかもしれない。

しかし、これだけではなんだか釈然としないこともまた事実です。話としてつるっとしすぎている。

ただ、孝謙にせよ、こうした周囲の反応、当惑に気づかないほどの物知らずではありません。

さすがに彼女とその側近たちは、詔の発表直後の朝廷内の空気を読んだらしい。

そのあたりの雰囲気は、それから八日経った九月二十八日に孝謙が発した次の勅《ちょく》で明らかになります。※29

本日、道鏡が大臣禅師の位を辞退したい旨《むね》、文書で申し出た。わたしは、それを読んで道鏡の心の内をよく知った。禅師は文書のなかでひたすら己《おのれ》を空《むな》しくして仏に仕えることを願い、固く辞退の気持ちをのべている。

しかしながら、仏教を盛んにしたいと思うとき、高い地位がなければ世の中の人々を従わせることはできない。また朝野の僧侶に教えを勧め励ますためには、本人がすぐれた地位になければ重しがきかず、速やかに物事を進めることはむずかしい。実際、大臣禅師の位を授けたからといって、俗務をまかせることは決してしない。そうしたわたしの意図を明らかにしたうえで、禅師に位の辞退は思いとどまらせた。したがって所司（官庁の役人たち）は、もっぱら先日二十日のわたしの指示通りにするように。

（原文）

今月二十八日に大臣禅師の位を譲る表《へう》を覧《み》て、具《つぶさ》に来意《らいい》を知る。唯《ただ》沖虚《ちうきょ》を守りて確《たし》けく退《たい》譲《じやう》を陳《の》ぶ。然《しか》れども、仏の教《をしへ》を隆《さかり》にせむと欲《ねが》ふに、高き位《くらゐ》無《な》くは衆《しゅ》を服《ふく》すること得じ。緇徒《しと》を勧奨《くわんしやう》するに、顕栄《けんゑい》に非《あら》ずは速《すみやか》に進ましむること難《かた》からむ。今この位を施《ほどこ》すことは、豈《あに》禅師《ぜんし》を煩《わずらは》すに俗務《ぞくむ》を以《もち》てせむや。斯《こ》の意《こころ》を昭《あきらか》にして即《すなは》ち来表《らいへう》を断《ことわ》り、所司《しょし》一《もは》ら前《さき》の勅《みことのり》に依《よ》りて施行《せぎやう》すべし。（『続日本紀』）

右の勅で大臣禅師の肩書が世俗の職務を伴わないもの（つまり、形だけのもの）であることを強調しているのは、律令行政のプロを自認する大臣・官僚たちの反発をなだめるためでしょう。『妖僧』のなかで、指南役になってほしいという女帝の願いを道鏡がその任ではないと一度断るのは、この勅にある道鏡の「辞退」の史実をふまえたものでした。

孝謙は勅のべつの部分で恵美押勝をあらためて「逆賊」と罵倒しています。さらに押勝について、「人となりが兇悪《きょうあく》で、他人を威圧したり籠絡《ろうらく》したりする日々が長く続いた。……わたしの母光明による寵愛が極まり、権勢が過大になった結果、わたしに対する謀叛という不相応な望みを抱いた」（「為性《ひととなり》凶悖《きょうはい》にして、威福《ゐふく》日に久《ひさ》し。……寵極《ちょうきはま》りて勢凌《いきほひしの》ぎ、遂《つひ》に非望《ひぼう》を窺《うかが》ふ」）として、昨日まで朝廷を覆《おお》った暗黒の日々を一同に思い起こさせ、「そのあいだにだされた左遷に関する天皇の命令書、行政文書※30のたぐいはすべて焼き捨てるように」とのべています。

これは押勝時代の人事の撤回を宣言するものですが、一方では、官僚の人事権の所在がどこにあるか、あらためて人々に思い出すように仕向けるものだったでしょう（ある種の有力な政治家やその取り巻きが今日でもしばしば使う手のようですが）。

「道鏡に野心はない」……？

天平のこの時期の朝廷を構成した有力貴族、政治家・官僚たちは恵美押勝の天皇まがいのふるまい、専横ぶりを苦々しく思っていました。

かれらの不満がいかに強かったかは、押勝が兵を挙げてからその一族が虐殺されるまでわずか数日の速さだったことによく表われています。

ある意味で孝謙上皇のクーデターは時宜《じぎ》を得ていました。人々が期待するタイミングで、期待にかなう旗印（「暗雲一掃」「逆賊追討」）のもとにおこなわれたものでした。

孝謙の起こした挑発から軍事行動に至るクーデターは、鈴印《れいいん》（皇権の象徴）を所持する時の天皇に文字通り刃《やいば》を向けたものでしたが、彼女にたいする期待はそれをどうでもよい事柄に思わせた。倒すべき敵は倒した。新しい時代がきた。人々はそんな思いのなかで喝采《かっさい》した。

しかし、それはそれ、これはこれです。

孝謙の天皇への復帰。それはいい。新しく大臣の首をすげ替えるのも悪くない。しかし、なぜあの坊主なのか？　くりかえしになりますが、道鏡はつい昨日まで女帝の枕元で祭具を鳴らして祈祷の呪文を唱えていた「小物」にすぎません。しかも、天皇家の血筋につながる者でもなく、名門の出自の持ち主ですらない。

道鏡に大《だい》それた野心は一つもないと孝謙は言う。私心がなく浄《きよ》らかそのものの人物なので問題はないと強調する。

しかし、かえってそう強調されればされるほど、この日、朝堂に集まった律令官僚たちは疑心暗鬼におちいったことでしょう。

そしてそれは、朝廷を舞台に勢力を競う有力貴族、政治家たちにとっても同じことでした。

いうまでもない話ですが、いまも昔も現実の国政は経験のない素人が動かせるものではありません。

「意志固く、正邪を正すことに厳しく、慈悲の心に富む。わたしが正しい政《まつりごと》をいたすうえで、もはやなくてはかなわぬ伴侶《はんりょ》」

これは『妖僧』で巨匠・衣笠貞之助が孝謙に言わせた言葉ですが、道鏡がここまで出来た人物だったかはともかく、孝謙の瞳には実際にそう映っていたのかもしれません。

少なくとも、「わたしの愛《いと》しい夫」「わたしは女として幸せをつかんだのです」という映画のせりふは、フィクションのなかのものとはいえ、クーデターの勝利に昂揚《こうよう》する孝謙の心情と重なり合うものだったでしょう。

ただ、しつこいようですが、政治は愛やましてや「法力《ほうりき》」などでかたがつくものではありません。

孝謙がのべた道鏡の大臣就任辞退、これは朝廷内の空気をふまえた二人による出来レースと皆に思われてもしかたがないものでしたし、実際に朝堂で聞いていた人々もそう受け取ったことは容易に想像がつくところです。

だが、同時に孝謙の上皇としての力は絶大なものでした。彼女はつい先年三国一の巨大な大仏を建立した聖武天皇の娘であり、母の光明とともども国際色あふれる開眼《かいげん》式に出席し法会《ほうえ》を主催した前天皇、そしてついいましがたはあの恵美押勝を兵を動かし一家もろとも屠《ほふ》り去った比《くら》べる者のない権力者だったのです。

この前後から、天平の政治家、律令官僚たちが沈黙の様子見モードに入った、いや、入らざるを得なかったことは充分に推測のつくところです。

孝謙上皇、再び天皇になる

ところで、道鏡はそもそもなぜ歴史上悪名高い「大逆賊」といわれてきたのでしょうか？

答えはただ一つ、あろうことか自らが天皇になることで天皇家を皇統断絶の瀬戸際まで追いやったとされたからです。

「皇統」とは何か？　歴代の天皇が君主として受け継いできたとされる血筋のことです。

道鏡とは何者か？　河内の中小豪族の血を引く坊主です。

それでは、かれはいかなる手段でその企みを実現しようとしたのか？　その頃上皇の座にあった先の天皇、女帝の寵愛を手にすることによって。

これは、いかにも映画人が食指をのばしそうな、嘘臭い話に聞こえるかもしれません。

しかし、それは実際に起きた話、正史である『続日本紀』が伝えるほんとうにあった出来事なのです。

では、なぜそんな荒唐無稽な話が可能になったのか？

その秘密はこうした出来事を演出した人物にあります。道鏡の天皇就任に向けて旗を振った、「皇統の危機」創出の演出者――それはほかならぬ時の女帝自身でした。

道鏡の大臣就任を最終的に確定させた先の勅から十日余り過ぎた十月九日。

孝謙は数百名の兵を遣わして淳仁天皇の屋敷を包囲するよう命じます。

『続日本紀』によると、淳仁は突然の事態に衣服や履物《はきもの》を整える暇もないまま使者にせきたてられ、引きずりだされた。身辺警護にいた者たちは逃げ散り、淳仁には母親をふくめた二、三人の者がつきそうだけでした。

使者は淳仁天皇に対し、次のような孝謙の詔を伝えます。

そこで持ち出されたのは、彼女に天皇の地位を授けた父・聖武天皇の言葉でした。

畏《おそ》れおおくも、わが父聖武は天皇の座をわたしにお譲りになったとき、このようにおっしゃった。

「わが子よ。ここに天下をおまえに授ける。おまえは、これから天下の主《あるじ》として、王を臣下にしようとも、臣下を王にしようとも自由である。たとえば、おまえがおまえの後継ぎとして誰かを天皇に立てたとする。もしその天皇がおまえに礼を尽くさず従わないのなら、おまえの力でその天皇を廃位してかまわない。また、（たとえ天皇家の血を引かない臣下の者であっても）君臣の道理をわきまえ、正しく浄《きよ》い心をもっておまえを助ける人間がいたならば、その者こそ天皇の座につけてよいのだ」。

これはわたしの作り話などではなく、現にその場にいてお言葉を耳にした近習の少年たちも複数いる。

そのうえで、いまの天皇（淳仁）をみると、その器《うつわ》でないばかりか、聞くところでは恵美押勝と心を合わせてわたしを取り除こうとした。……兵を起こし、天下を乱してわたしを討ち滅ぼそうとした。ゆえにここに天皇の地位を奪い、淡路公とし、淡路島に追放する。以上の言葉、うけたまわりおけ。

（原文）

挂《か》けまくも畏《かしこ》き朕《わ》が天《あめ》の先帝《さきのみかど》の御命《おほみこともち》以て朕《われ》に勅《の》りたまひしく、天下《あめのした》は朕《わ》が子《こ》いましに授《さづ》け給《たま》ふ。事《こと》をし云《い》はば、王《おほきみ》を奴《やつこ》と成《な》すとも、奴《やつこ》を王《おほきみ》と云ふとも、汝《いまし》の為《せ》むまにまに。仮令後《たとひのち》に帝

> と立ちて在《あ》る人い、立ちの後《のち》に汝のために无礼《ゐやなく》して従はず、なめく在らむ人をば帝の位《くらゐ》に置くことは得ずあれ。また君臣《きみおみ》の理《ことわり》に従ひて、貞《ただ》しく浄《きよ》き心を以《もち》て助け奉侍《つかへまつ》らむし帝と在ることは得むと勅りたまひき。かく在る御命を朕また一二《ひとりふたり》の竪子《わらはども》等と侍《はべ》りて聞きたまへて在り。然《しか》るに今の帝《みかど》として侍《はべ》る人を此《こ》の年ごろ見るに其《そ》の位にも堪《あ》へず。是《これ》のみに在らず。今聞くに、仲麻《なかま》呂《ろ》と心を同じくして窃《ひそか》に朕を掃《はら》はむと謀《はか》りけり。……精兵《ときいくさ》をして押ししひて壊《やぶ》り乱《みだ》りて、罰《う》ち滅《ほろぼ》さむと云ひけり。故《かれ》、是《ここ》を以《もち》て、帝の位をば退《しりぞ》け賜《たま》ひて、親王《みこ》の位賜ひて淡路国《あはぢのくに》の公《きみ》と退け賜ふと勅りたまふ御命を聞きたまへ。

『続日本紀』によると、淳仁はこのあと母親と馬に乗せられ、ただちに移送されていったとあります。

前の節で孝謙上皇の帝権分割宣言についてふれた際、宣言の真の名宛人は淳仁ではなく、その後見人である太政大臣・恵美押勝だったとのべました。

右の詔では、淳仁は天皇の器にあらずと決めつけられ、押勝と叛乱を共謀したという風聞による罪を以て弾劾《だんがい》されています。衣服や履物《はきもの》も整わないまま（「衣履《えり》に及ばず」）追放の憂き目にあっています。

こうして初めから終わりまで「ロボット」であり続けた淳仁は廃位の一年後、幽閉先の淡路島で突然の死をとげます。それは反・孝謙の政治的シンボルとなり得る人物が最終的に消え失せた

ことを意味しました。[※31]

淳仁は捕吏《ほり》（罪人を捕える役人）が現われたとき衣服を整える暇もなかったという。これはかれが自分の捕縛《ほばく》を予期していなかったこと、叛乱への関与は——完全なでっちあげか否かは定かでないものの——少なくとも風聞ほどのものではなかったことを示唆しますが、真相は闇のなかです。

孝謙天皇は第四十七代天皇・淳仁の廃位により、あらためて天皇の座に復帰し、第四十八代称徳《しょうとく》天皇を名乗りますが、記述がまぎらわしくなることを考え、本書では以後も孝謙の名で統一することにします。

「逆賊道鏡」のリアル

孝謙は、髪をおろした袈裟《けさ》姿のまま天皇になる日をむかえました。

それは、日本史上前例のない「尼《あま》天皇」の誕生でした。

その彼女のもとで、道鏡の天皇就任の布石が矢継ぎ早に打たれてゆくことになります。

遺勅《いちょく》（前の天皇が残した命令）の力は絶大でした。ましてや、今回それを持ち出しているのは、遺勅をじかに受けたという実の娘であり、しかも時の天皇なのです。

実際、「おまえは天下の主として、王を臣下にしようとも、臣下を王にしようとも自由である」という聖武の言葉、これはインパクトのある発言というほかありません。皇位に関する血縁の重さを考えれば、信じられないような発言だといってもいい。王とはいうまでもなく天皇のこと、臣下とは天皇家以外の者。天皇家の血を引かない人間でも、孝謙がいいと思えば天皇にしてよい。すべてはおまえの裁量の範囲内だと言ってのけているのです。[※32]

ただ、『続日本紀』を読みながら一つ気がつくことがあります。それは、こうして孝謙の活躍が記され、道鏡の名前も一緒に多く語られるわりに、肝心の道鏡本人の顔、空前絶後の野心家の顔がちっともみえてこないことです。あれほどたくさんの個性的な奇談・伝説を残しながら「悪行」がリアルな形で可視化されてこない。

目につくものといえば、女帝の道鏡への肩入れぶり、道鏡へのただならぬ傾倒の姿勢と「いたって浄らかな心でお導き下さる」わが尊師を天皇の位につけたい熱すぎる想いだけ。

これは何を意味するのか？

そう、答えらしきものをここで探すならば、道鏡はそもそも「大逆賊」と呼べるような人物ではなかった。自ら進んで天皇の座を欲する野心など、少なくとも初めはなかった。ただ、女帝の情熱に突き動かされるままに祈祷治療の寝室から舞台に引っ張りだされ、女帝のふりつけのままに踊った、せんじ詰めれば、普通の僧侶にすぎなかったのではないか？

要するに、道鏡は「看病」の上手《うま》さが取り柄の平凡な聖職者だった。恵美押勝のような実力に恵まれた「才子」でもなく、愛人のなすがままに、なすがままのことをしたピエロ以上の者ではなかった。そして、死後は一転、こんどは女帝を笑い者にするためのピエロを演じつづけることになった、巨根の伝説にまみれることによって……。

『続日本紀』は、二人の死の二十数年後に編まれた史書です。執筆者が記す二人に関する記述は決して温《あたた》かなものではありません。むしろ冷淡といってもよい。それでも、こうした感想を許す何かが行間から漂ってくるのを感じてしまいます。

淳仁の一件から話が少し先に進みすぎたようです。

孝謙が淳仁の捕縛に際して自分は「君臣の道理をわきまえ、正しく浄い心をもっておまえを助ける人間がいたならば、その者こそ天皇の座につけてよいのだ」と父親から言われたと使者を通じて語ったとき、「その者」が道鏡をさすことは周囲の誰の目にも明らかでした。

孝謙はこのとき、「おまえに代えて道鏡を自分の後継の天皇にするつもりだ」と淳仁に宣言したに等しいということになります。もっとも、よく考えれば、いや、考えるまでもなく、これも父・聖武天皇が同時にのべた「王を臣下にしようが、臣下を王にしようがおまえの自由」という遺勅の実行、論理的な帰結のひとつにすぎなかったわけですが。

「仏教に淫した」天皇たち

孝謙は道鏡を大臣の位につけることに成功しました。

孝謙はこの日を境に、彼女の夢の実現のために次々と手を打つことになります。「掟《おきて》破りの八年」の最盛期のはじまりでした。

孝謙が、道鏡が臣下の身でありながら天皇になる資格があると考えた理由とは、何よりもかれがこの世で仏に最も愛された存在、僧侶であったこと、すなわち彼女の崇仏《すうぶつ》思想からくるものでした。

天平とは、古代にあって天皇たちが仏教に最も「淫《いん》した」[※33]とされる時代でした。天皇家の宗教は、この時期、先祖代々受け継いできた神道を二の次にする形で仏教に大きく傾斜することになります。それはまさに「前のめり」の形容がぴったりの姿勢でした。

聖武天皇が天平勝宝《しょうほう》元年（七四九）四月一日、東大寺の大仏の前で自らを「三宝《さんぽう》の奴《やっこ》」と称したことは有名です。[※34]「三宝」とは本来「仏・法・僧」をさす語ですが、ここでは仏を意味し、奴とは下僕のことでした。

江戸時代の国学者・本居宣長《もとおりのりなが》（一七三〇〜一八〇一年）はこの発言について、「天皇たる者が決して口にしてはいけない言葉で、あさましくて悲しい。読み上げるのも恐ろしいのでここであえて解釈はほどこさない。心ある人はこの言葉の冒頭の八字（「三宝奴仕奉天皇命《さむほうのやつことつかへまつるすめらがおほみこと》」）を目をふさいで読み飛ばすべきだ」（「これらの御言《おんこと》は、天神《あまつかみ》の御子尊《おんこのみこと》の、かけても詔給《みことのりたま》ふべき御言とはおぼえず、あまりにあさましくかなしくて、読挙《よみあぐ》るも、いとゆゆしく畏《かしこ》ければ、今は訓《よみ》を闕《かき》ぬ、心あらむ人は、此《こ》のはじめの八字をば、目をふさぎて過《すご》すべくなむ」[※35]）と嘆いています。

ただ、仏教振興は聖武天皇をさかのぼる十二代前、推古女帝（五五四〜六二八年）の頃からのもの、古代国家の日本がかかげる主要国策でした。

孝謙の崇仏統治——仏教を政治の中心にすえた統治——は聖武の治世がモデル、父親のそれを杓子定規《しゃくしじょうぎ》と呼びたいほど生真面目に、忠実に引き継いだものでした。

仏教は、日本の朝廷が大唐帝国の威容と繁栄を仰ぎみつつ古代に推進した「文明開化」政策、その戦略的な背骨《バックボーン》でした。聖武天皇の治世の特色は、それにもとづき天皇自身が仏教に驚くほど情熱的、急進的になった点にありました。

その結果、天皇家という船はこの前後、右に左にと傾きながら大波をかぶることになります。孝謙と道鏡の前代未聞の二人芝居、「八年の掟破り」の光景も、そのとき船体が発した不穏なきしみを頭に入れて初めて理解できるものでしょう。

八年の掟破りが生んだ迷走は、有名な宇佐《うさ》八幡宮の神託事件（後述）で頂点に達し、それは孝謙がもくろんだ「共同統治」体制の終幕を予告するものでしたが、次にかかげるのは孝謙の再度の即位の十八年前、天平十八年（七四六）の春に発せられた聖武天皇の言葉です。

仏教を興隆させるのは国家の繁栄の基礎であり、万民を慈しみ育てるのは、昔の天子が残された見習うべき手本である。これによって天皇の治世の基礎は永遠に固まり、天皇の子孫は長い間にわたってこれを受け継ぐのであり、ここに天下を安寧《あんねい》に、人民に利益を恵むために仁王《にんのう》般若経《はんにゃきょう》を読み聞かせる。

（原文）
三宝《さむほう》を興隆《こうりう》するは国家《こくか》の福田《ふくでん》にして、万民《ばんみん》を撫育《ふいく》するは先王《せんわう》の茂典《ぼうてん》なり。是《ここ》を以《もち》て皇基《くわうき》永《なが》く固く、宝胤《ほういん》長く承《つ》ぎ、天下《てんか》安寧《あんねい》にして、黎元《れいぐゑん》に利益《りやく》あらしめむが為《ため》に、仍《なほ》、仁王般若経《にんわうはんにやきやう》を講《と》かむ。（『続日本紀』三月十五日）

『仁王般若経《にんのうはんにゃきょう》』はこの時代、鎮護国家の根本経典とされたものでした。右の発言は聖武天皇の国家観と宗教観、ひいては天皇家のあり方に対する考え方を明確に伝える内容になっています。

仏教こそがあらゆる天皇にとってこの国の統治の基礎であり、自ら教えの宝典・経典の智をまとってそれを興隆に導く僧侶こそは、あらゆる為政者が仰ぎみるべき存在なのです。

天皇を看取った禅師集団

聖武天皇は天平勝宝八年（七五六）五月二日、長い闘病生活のすえに崩御《ほうぎょ》しました。

その治世の後半は、光明皇后が夫を扶《たす》け、事実上国政を裁量した「女帝の世紀」の一部と呼ぶに値するものでした。孝謙の立太子《りったいし》（皇太子になること）や天皇への即位をお膳立てしたのは光明でしたし、古代史学者の鷺森浩幸《さぎもりひろゆき》は、聖武が愛娘《まなむすめ》に譲位して上皇になったあとも「実際の統治においておそらく主導的な役割を果たしたのは光明皇太后であった」とその著書『藤原仲麻呂と道鏡』（吉川弘文館・二〇二〇年）のなかでのべています。[※36]

もっとも、そんな光明も最晩年は病による気力の衰えからか、娘・孝謙の後ろ盾と頼んだ恵美押勝にいいようにされるかたちで、専横を許す結果を招いたことはすでにみた通りです。

その恵美押勝が意外に脆《もろ》く滅び去った――これもまた、かれの叛乱の四年前に光明が亡くなり、威光を利用できなくなったことと無関係とは思われず、この稀代の女性権力者の存在感がこの時期、いかに大きかったかを裏書きするものかもしれません。

父・聖武が世を去った三週間後、孝謙は二日に分けて以下の指示を下しました。何人もの僧侶の名前をあげる異例なものでした。『続日本紀』五月の項からの引用です。[※37]

（二十三日）禅師の法栄《ほうえい》は生来清潔な人となりで、戒律を守ること人並みにすぐれ、非常によく病人を看護する。このため遠地（筑前国・福岡県）からはるばる聖武上皇のおそばに招き、医療にあたらせた。おかげで聖武上皇は症状がよくなったことたびたびで、法栄への信頼もことのほか篤《あつ》く、他の医師ではだめだとおっしゃられたほどだった。しかし、水の流れをせきとめるのがむずかしいように、聖武上皇はついにお隠れになった。

法栄禅師はわたしに言った。「これからは世の人々と交わりを断ち、帝《みかど》の眠る山陵《さんりょう》のそばに仕えて、菩提《ぼだい》を弔《とむら》いたい」と。わたしは禅師の願いを尊び、その徳に報いたいと思う。ついては、法栄の故郷の郡の租税の負担を免除し、永久にその地の人民を労役に動員しないようにせよ。

（二十四日）聖武上皇のために招いた看病禅師百二十六人の租税負担を一部免除せよ。良弁《ろうべん》・慈訓《じきん》・安寛《あんかん》の三法師については、税負担の免除を両親にまで及ぼせ。ただし、その期限は各僧の一代限りとする。

また鑑真上人・良弁・慈訓・法進《ほうしん》・鎮慶俊《ちんけいしゅん》は、学業にすぐれ、戒律を守って穢《けが》れなき人で、世の鎮護として僧侶の上に立つ人々である。さらに良弁・慈訓の二人は、聖武上皇の病気のあいだ、心を尽くして昼夜看病にはげんだ。この徳に報いたいわたしの気持ちは無限である。そこで鑑真上人と良弁に大僧都《だいそうず》の位を、慈訓に小僧都《しょうそうず》の位を授け、法進と慶俊はそれぞれ律師に任じる。

（原文）

（二十三日）禅師法栄は、立性清潔《りふしやうしやうけつ》、持戒《ぢかい》第一にして、甚《はなは》だ能《よ》く看病す。此《これ》に由《よ》りて、辺地《へんち》に請《しやう》して医薬に侍《はべ》らしむ。太上天皇《だいじやうてんわう》、験《しるし》を得《え》たまふこと多数《あまた》にして、信重人《しんぢうひと》に過ぎ、他の医《くすし》を用ゐたまはず。爾《しか》るに其《そ》れ閲水留《えつすいとど》め難《がた》く、鸞輿《らんよ》晏駕《あんが》せり。禅師即《すなは》ち誓《ちか》はく、「永く人間《じんかん》を絶ちて山陵《みさざき》に侍り、大乗《だいじょう》を転読して冥路《みやうろ》を資《たす》け奉《まつ》らむ」とちかふ。朕請ふ所に依《よ》り、敬《ゐやま》ひて報徳《ほうとく》を思ふ……名を万代《ばんだい》に流《つた》へて、後生《ごしやう》の准則《じゅんそく》とするに若《し》くは莫《な》し。禅師の生《うま》るる一郡を復して、遠年役《をんねんつか》ふこと勿《な》かるべし。

（二十四日）先帝陛下《せんていへいか》の奉為《おほみため》に屈請《くつしやう》せる看病の禅師一百廿六人は、当戸《そのへ》の課役《くわえき》を免《ゆる》すべし。但《ただ》し、良弁《らうべん》・慈訓《じきん》・安寛《あんくわん》の三《みたり》の法師は、並《ならび》に父・母の両戸に及ぼせ。然《しか》してその限《かぎり》は僧《ほふし》の身終《をは》るまで、また、和上鑒真《わじやうがんじん》、小僧都《せうそうづ》良弁《らうべん》、花厳講師《くゑごむかうし》慈訓《じきん》、大唐《だいたう》の僧法進《ほふしほふしん》、法華寺鎮慶俊《ほふくゑじちんきやうしゆん》、或《ある》は学業《がくげふ》優富《いうふう》、或は戒律清浄《かいりちしやうじやう》にして、聖代《しやうだい》の鎮護《ちんご》に堪《た》へ、玄徒《ぐゑんづ》の領袖《りやうじゆ》と為《あ》り。加以《しかのみならず》、良弁・慈訓の二《ふたり》の大徳《だいとく》は、先帝不豫《せんていふよ》の日に当《あた》り、自ら心力《しむりき》を尽《つく》して昼夜《ちうや》に労勤《らうごん》しき。これが徳に報《むく》いむと欲《おも》ふ、朕《わ》が懐極《こころきはま》り罔《な》し。和上・小僧都ら大僧都《だいそうづ》を拝せしめ、花厳講師に小僧都を拝せしめ、法進・慶俊を並に律師《りちし》に任《にむ》すべし。

じつにきめ細やかな配慮が伝わってくる文面です。

孝謙の僧侶への尊崇《そんすう》の念が自然ににじみでていますが、文中にある法栄は聖武天皇の治療団のリーダー。法進とあるのは鑑真と苦難を共にして来日した中国僧で、鑑真もまた一代の崇仏天皇である聖武の快癒《かいゆ》を祈った一人でした。
織田信長は父の信秀が死んだ際、回復の祈祷を頼んだ僧侶に「ちっとも効果がなかったではないか」と無能を責めて射殺《いころ》したとルイス・フロイスの『日本史』にでてきます。信長より八〇〇年も以前の孝謙が呪術の限界を心得、受け入れていたのは面白いことです。※38

「父親っ娘」孝謙の悲しみ

次に引くのは、これも『続日本紀』が伝える聖武天皇を失った後の孝謙の心理をうかがわせる指示、天平宝字《ほうじ》二年（七五八）三月十日、崩御から二年後のものです。

聞くところによると、子が親を慕う心は死ぬまで尽きるところがない。この言葉は、古い書物に記されており、永遠に変わらない真実をのべている。天平勝宝八年五月、聖武上皇はお亡くなりになった。わたしはこの不幸な出来事に出会ってからというもの、ずっと哀傷《あいしょう》の思いに耐えてきた。世間の礼を尊び、気に染まぬ心を殺して慶事《けいじ》の華やかな席にも参加してきたことは、皆の知る通りである。

ただ、五月の端午《たんご》の節句がくるたびに、樹々《きぎ》のあいだを吹く風にも記憶の傷がうずき、宴《うたげ》の席の盃《さかずき》をとるのが耐えられなくなるのだ。

（原文）
朕聞《われき》かく、「孝子《けうし》の親を思ふこと、身を終《を》ふるまで極《きはま》り罔《な》し。言《こと》を竹帛《ちくはく》に編《あ》みて千《せん》古刊《こけつ》らず」ときく。去《い》ぬる天平勝宝《てんひやうしようほう》八歳五月、先帝登遐《せんていとうか》したまへり。朕《われ》、凶閔《きようびん》に遘《あ》ひてより、感傷《かむしやう》を懐《いだ》くと雖《いへど》も、礼《らい》の為《ため》に防《ふせ》かれて、俯《ふ》して吉事《きちじ》に従ふ。但《ただ》し、端《たん》五《ご》に臨《のぞ》む毎《たび》に、風樹心《ふうじゅこころ》を驚かして、席を設《まう》け觴《さかづき》を行ふこと、為《な》すに忍びぬ所なり。

孝謙はこの言葉に続けて、「そんなわけだから、今後端午の節句は永久に禁止する」（「永停此節《ながくこのせちをとどめよ》」）とのべ、実際に彼女の生きているあいだは端午の祭りは禁止されてしまいます。同じ女帝でも推古や持統にくらべれば小粒の印象はぬぐえない孝謙もさすがは古代の帝王、天皇の権威は凄まじいというほかないのですが、他方では彼女の父・聖武への思いの深さを伝えるエピソードにもなっています。

孝謙は典型的な〝父親っ娘《こ》〟だったといえるかもしれません。

彼女が統治政策の採用において聖武天皇をモデルにしたことはまえにふれた通りですが、こと崇仏にかけては父親にも負けないピュアな魂の持ち主だったといえます。ただし、一つちがっていたのは、聖武には光明という偉大な女房役（文字通りの）がいましたが、孝謙にそれに当たる人物はいなかったということ。この弱点は、結果として、崇仏を軸とした彼女の治世に影をもたらすことになりました。

次にかかげるのは『続日本紀』が伝える孝謙が死をむかえる三週間前に発した勅です。


わたしは重い任務を背負い、薄い氷を踏み、深い淵《ふち》に臨《のぞ》むような日々を送ってきたが、上を仰げば天意に仕えることができず、下をみれば民をわが子のように養うことができない。常に徳の乏しいことを恥ずかしく思い、心に自慢できるものがない。衣食を簡素にして身を節し、毎日を慎んで暮らしている。先頃は殺生禁断《せっしょうきんだん》の法令を下し、罪人に大赦《たいしゃ》をおこなう法を発したが、疫病《えきびょう》は生き物を損《そこ》ない、天変地異《てんぺんちい》は世の人々を驚かしている。まことに心が病み、身の置き所がない気がする。

ただ、もし仏がわたしに感応《かんのう》してくれるのならば、苦難を脱し、災いを除くことができるだろう。そのために地上を覆う妖気《ようき》を払おうと思う。平城京内のすべての寺は今月十七日より七日間、僧侶を集めて『大般若経』を読ましめよ。

これにより、仏の智恵の力はたちまち、山のように巨きな妖邪を打ち破り、慈悲の雲が永く天を覆い、すべての霊は成仏《じょうぶつ》し、人々は未来に向かって栄えることができるにちがいない。……わたしの心にかなうようにせよ。

（原文）

朕《われ》、重任《おもきまけ》を荷《にな》ひ負《お》ひて、薄きを履《ふ》み深きに臨《のぞ》めり。上《かみ》は天《あめ》に先《さきだ》ちて時に奉《つか》ふること能《あた》はず、下《しも》は民を養ひて子の如《ごと》くすること能はず。常に徳に慙《は》づること有《あ》りて、実《まこと》に心に栄《さかえ》とすること无《な》し。膳《をもの》を撤《す》てて躬《み》を菲《うすく》すること、日に一日を慎《つつし》めり。禁殺《きむさつ》の令、国に立て、宥罪《いうざい》の典《てん》、朝《でう》に班《わか》てり。而《しか》れども猶《なほ》、疫気《えきき》生《いきもの》を損《そこな》ひ、変異《へんい》物《もの》を驚かす。永く言《こと》に懐《こころ》を疚《や》みて、措《お》く所を知らず。唯《ただ》、仏《ほとけ》出世《しゆつせ》の遺《ゐ》教応感《けうおうかむ》すること有らば、苦は是《こ》れ必ず脱《まぬか》れむ、災《わざはひ》は則《すなは》ち能《よ》く除かれむ。故《かれ》、彼《か》の覚風《かくふう》を仰《あふ》ぎて、斯《こ》の祲霧《しむむ》を払はむとす。謹《つつし》みて、京内《きやうない》の諸《もろもろ》の大小《だいせう》の寺に、今月《このつき》十七日より始めて七日の間、緇徒《しと》を屈請《くつしやう》して、大般若経《だいはんにやきやう》を転読せしめよ。此《これ》に因《よ》りて、智恵《ちゑ》の力《ちから》忽《たちまち》に邪嶺《じやれい》を壊《やぶ》り、慈悲の雲永《なが》く普天《ふてん》を覆《おほ》はば、既往《きわう》の幽魂《いうこん》は上下に通《つう》して以《もち》て証覚《しやうかく》し、来今《らいこむ》の顕識《けんしき》は尊卑《そんひ》に及びて同じく栄えしめむ。……朕《わ》が意《こころ》に称《かな》へ。

『大般若経』を読ませる

引用した文の冒頭部分は、中国の『詩経《しきょう》』※39など古典の言い回しを下敷きにしたもので、詔《みことのり》や勅の定型通りのものですが、最晩年の心境はストレートに伝わってきます。

文中に『大般若経』とありますが、これは『大般若波羅蜜多経《だいはんにゃはらみったきょう》』の略称。聖武天皇の時代には、宮中で頻繁に読まれた経典として知られています。

インドへの求法《ぐほう》の旅をとげ『西遊記《さいゆうき》』の登場人物にもなった三蔵《さんぞう》法師こと玄奘《げんじょう》（六〇二〜六四年）が帰国後指揮をとり、長短さまざまの般若経典類を漢訳してまとめたもので、全六百巻におよぶ膨大な経典群の総称です。六六三年、聖武天皇の生まれる三十八年前に完成した、当時は最新の漢訳仏典でした。聖武天皇が最も関心をもった経典の一つかもしれません。

『大般若経』は奈良時代以後も天皇家がことあるごとに読ませる経典となりますが、孝謙が亡くなる二十九年前、天平十三年（七四一）の三月二十四日に発した聖武天皇の詔にこんなくだりがでてきます。

わたしは徳の薄い身であるのに、かたじけなくも天皇という重い地位を受け継いできた。にもかかわらず、良い政《まつりごと》を広めておらず、寝ても覚めても恥じることが多い有り様である。昔の名君は皆、先祖代々の偉業を引き継ぎ、国家は安らかに治まり、人民は楽しみ、災いは除かれて幸福がもたらされたと聞く。どういう政治をおこなえば、そのようなことができるのだろう？

最近は田畑の稔《みの》りがなく、凶作のうえ疫病《えきびょう》までしきりに起きる。それをみるたびにわたしは自身の不徳への恥と畏《おそ》れとにかわるがわる襲われて、胸を痛め、独り自分の罪を責めている。ついては広く人民のために、大きな幸福がほどこされるようにしたい。四年前、使いを全国に遣《や》って神宮を修理させた。また国じゅうに高さ一丈六尺（約四・八m）の釈迦像を造らせ、『大般若経』一揃《そろ》いを写させた。その甲斐《かい》があって、今年は春の取入れから秋の収穫まで暴風雨や日照りもなく五穀もよく稔った。これはわたしの心からの願いが通じたもので、霊妙なる賜《たまわ》りものというしかない。怖れるやら縮こまるやら、面くらうばかりである。

経文をみると『金光明最勝王経《こんこうみょうさいしょうおうきょう》』※40には「もしこの経を講義して聞かせたり、読経《どきょう》し暗誦《あんしょう》したりして、恭《うやうや》しく敬いながら供養《くよう》し、人々に広める王がいたならば、仏教の守護神である我ら四天王（持国天、広目天、多聞天、増長天）はいつでもやってきて、人々を守り、すべての災い・障害を消し去り、人々の日々の苦労や疫病も癒すだろう。願い事も自由にかない、喜びがいつも生じるだろう」とある。

そこで全国に命じて、国ごとに七重塔を一基ずつ建立し、あわせて『金光明最勝王経』と『妙法蓮華経《みょうほうれんげきょう》』をそれぞれ書経させようと思うのだ。

（原文）

朕《われ》、薄徳《はくとく》を以《もち》て忝《かたじけな》くも重き任《にむ》を承《う》けたまはる。政化《せいくわ》弘《ひろ》まらず、寤寐《ごび》に多く慙《は》づ。古《いにしへ》の明主《めいしゆ》は、皆光業《みなくわうげふ》を能《よ》くしき。国泰《くにやす》く人楽《ひとたの》しび、災《わざわひ》除《のぞこ》り福至《さきはひいた》りき。何《いか》なる政化を脩《をさ》めてか、能くこの道に臻《いた》らむ。頃者《このころ》、年穀豊《ねんこくゆた》かならず、疫癘《えきれい》頻《しき》りに至る。慙懼《ざむく》交《こもご》も集《あつま》りて、唯《ただ》労《いたつ》きて己《おのれ》を罪《つみな》へり。是《これ》を以《もち》て、広く蒼生《さうせい》の為《ため》に遍《あまね》く景福《けいふく》を求めむ。故《ゆゑ》に、前年《さきのとし》に使《つかひ》を馳《は》せて、天下《あめのした》の神宮《かみのみや》を増し飾りき。

去歳《こぞ》は普《あまね》く天下をして釈迦牟尼仏尊像《しやかむにぶつそんざう》の高さ一丈六尺なる各々《おのおの》一鋪《いちほ》を造《つく》らしめ、并《あは》せて大般若経《だいはんにやきやう》各々一部を写さしめたり。今春《このはる》より已来《このかた》、秋稼《あきのみのり》に至るまで、風雨順序《ふうをりにしたが》ひ、五穀《ごこく》豊《ゆた》かに穣《みの》らむ。此《こ》れ乃《すなは》ち、誠《まこと》を徹《あらは》して願《ねがひ》を啓《ひら》くこと、霊貺答《れいくゐやうこた》ふるが如《ごと》し。載《すなは》ち惶《おそ》り載ち懼《お》ぢて、自《みづか》ら寧《やす》きこと無し。

経《きやう》を案《かむが》ふるに云《い》はく、「若《も》し有《あ》らむ国土に、この経王《きやうわう》を講宣《かうせん》し読誦《どくじゆ》し、恭敬供養《きようきやうくやう》し、流通《るつう》せむときには、我《われ》ら四王、常に来《きた》りて擁護《おうご》せむ。一切の災障《さいしやう》も皆消殄《みなせうてん》せしめむ。憂愁《うしう》・疾疫《しつやく》をも亦除差《またじよさ》せしめむ。所願心《しよぐわんこころ》に遂《と》げて、恒《つね》に歓喜《くわんき》を生《しよう》せしめむ」といへり。天下の諸国《くにぐに》をして各々七重塔一区を敬《ゐやま》ひ造《つく》らしめ、并せて金光明最勝王経《こむくわうみやうさいしようわうきやう》・妙法蓮華経《めふほふれんぐゑきやう》一部を写さしむべし。(『続日本紀』)

仏教は古代の「グローバル民主主義」

本居宣長は聖武天皇の「三宝の奴《やっこ》」発言をとらえ、「あさましく、かなしい」と嘆いて、その仏教へのいれこみぶりを酷評しました。

当時の日本人にとって、仏教は世界に広まる普遍思想として意識されました。この普遍性をめぐる意識には、今日の日本社会のグローバルな民主主義に対するそれを想起させるものがあります。※41

詔は、仏を前にした聖武天皇の畏怖と自責の思いに震える姿を伝えます。

わたしは、聖武天皇とは仏の教えの宣布にまつわる理想の高さゆえに、自分が天皇であることに罪の意識を抱いた最初の天皇ではなかったかと考えています。

孝謙の道鏡への傾倒も、自分が治める日本という国を仏国土《ぶっこくど》に一歩でも近づける神聖な方策からくるもの。道鏡を天皇の位につけることは地上を覆う妖気を払うための文字通りの早道と孝謙のなかで意識されていた。そう考えれば、周囲を困惑させた彼女の道鏡への執着もそれなりに解釈がつくと思われます。[※42]

道鏡の大臣禅師就任の発令に際し、孝謙が「かれに位をあたえることは仏教を興隆に導くのに役立つ」と説明していたことは、すでにふれました。

それから一年余りののち、天平神護《じんご》元年（七六五）の閏《うるう》十月二日[※43]のことでした。孝謙は新たな詔を発します。彼女のプロジェクトを一層加速させる内容からなるものでした。

太政大臣《だいじょうだいじん》という位は、それを授けるのにふさわしい人間がいるならば、天皇としては必ず授けるべき位である。わたしの師である道鏡禅師は、日頃からこのわたしを導き、お助け下さっている。僧と俗の人々がそれぞれ道理にもとづき、過《あやま》つことなく道鏡禅師の下で働いてほしいとわたしは切に願っている。

実際、道鏡禅師の言葉を聞くにつけ、この人が太政大臣の位に就《つ》いても充分にその任に耐えられるとわたしには思えるのだ。……

ただ、道鏡禅師は（謙虚な人柄なので）「地位をあなたに授ける」とわたしが言えば、必ず辞退を申し出るだろう。そこで本人には何も言わないまま、ここに道鏡禅師に太政大臣の位をあたえることにする。皆の者、以上、うけたまわりおけ。

（原文）

太政官《おほきまつりごとのつかさ》の大臣《おほまへつきみ》は、奉仕《つかへまつ》るべき人の侍《はべ》り坐《ま》す時には、必ず其《そ》の官《つかさ》を授け賜《さづ》け賜《たま》ふ物に在《あ》り。是《ここ》を以《もち》て朕《わ》が師大臣禅師《だいじんぜんし》の朕《われ》を守りたび助け賜《た》ぶを見れば、内外《うちと》二種《ふたくさ》の人等《ひとども》に置きて其の理《ことわり》に慈哀《うつくし》びて過无《あやまちな》くも奉仕らしめてしかと念《おも》ほしめしてかたらひのりたぶ言《こと》を聞くに、是《こ》の太政大臣の官を授けまつるには敢《あ》へたびなむかとなも念《おもほ》す。……

是の位《くらゐ》を授けまつらむと申さば必ず敢へじいなと宣《の》りたばむと念してなも、申さずして是の太政大臣禅師の御位《みくらゐ》を授けまつると勅《の》りたまふ御命《おほみこと》を、諸《もろもろ》聞きたまへ。（『続日本紀』）

太政大臣《だいじょうだいじん》が行政のピラミッドの最高位、今日の総理大臣の地位にあたることはまえにのべました。

道鏡はこれまで大臣禅師という古代日本のいわば閣議に連なる閣僚の地位にありましたが、この日からは閣僚を束ね、閣議を主宰《しゅさい》する立場にむかえられたことになりました。

『続日本紀』は右の詔の記述の文章に続けて、孝謙が次にとった行動を簡潔に伝えます。

文武《ぶんぶ》の百官に詔《みことのり》して太政大臣禅師を拝賀《はいが》せしめたまふ。

孝謙は、そこにいるすべての役人たちに命じて太政大臣禅師・道鏡を拝賀させました。もはや大臣禅師のときのように「出家天皇がいるなら出家した大臣がいても――」というレトリックも、「俗務は担当させない」という言い訳も必要ありません。わたしなどはこれを読むとかつて昭和の皇女が口にした「わたしの選んだ人をみてください」という言葉を思い出しますが、[※44]もとより孝謙がおこなったお披露目ははるかに生々しいものです。

見過ごせないのは「拝賀」という言葉です。これは、元来、天皇に対する拝礼の意味で使われる言葉でした。孝謙は、道鏡がいまや単なる太政大臣ではないこと、天皇に準じる地位に昇った人間であることを、太政大臣就任の直後に天下の人々に知らしめたことになります。

孝謙の政治的演出はさらに続きます。

『続日本紀』は、拝賀の儀式のあとに孝謙がみせたふるまいを伝えます。

事畢《ことをは》りて、弓削寺《ゆげでら》に幸《みゆき》して仏を礼《をが》みたまふ。

拝賀の儀式が終わると、孝謙は道鏡の故郷の河内《かわち》の弓削寺（現・大阪府八尾《やお》市）、弓削一族の氏寺《うじでら》におもむき、ご本尊の仏像に拝礼しました。

もちろん、役人たちも同行したと思われますが、弓削一族に箔《はく》をつけるのが目的とはいえ、これではどちらが天皇の一族なのかという気がしてくることも事実です。

物言わぬ役人たちの胸の内が察せられますが、そんな反応をどこまで読んだうえでの孝謙の行動だったものか。

孝謙はこの六日後、平城京にもどると、さらに入念なことに、

留守の百官、太政大臣禅師を拝賀す（『続日本紀』）。

こんどは、行幸《ぎょうこう》の留守を守っていた役人一同に道鏡を拝賀させています。

こうした孝謙の行動は、朝廷の関係者の目には文字通りなりふり構わないものにみえたかもしれません。しかし、仏の目からみれば、仏国土実現の理想に殉じる国王、賞賛措《お》くあたわざる天子のおこないに映ったことは間違いないと思われます。

そして、それこそは「三宝の奴」を自認した父の娘である証《あか》し、仏国土の実現を念願とした父の期待に対して孝謙が愛娘としてだすべき回答だったわけです。

日本史上初・尼天皇の誕生

天平神護二年（七六六）十月二十日。それは、孝謙が尼姿の天皇としては史上初の大嘗祭《だいじょうさい》に臨み、再即位後の神聖な祭儀をすませた一年後のことでした。
孝謙は以下の詔を発しました。

このうえない価値をもつ仏の法は、至誠の心をもって礼拝し尊び申しあげれば、必ず霊妙な感応の験《しるし》を現わして下さるものなのだ。……わたしのこの身は仏の御目《おんめ》には仮《か》りそめのものにすぎないが、仏はそんなわたしを数々の因縁によってお導き下さる。「仏は臨機応変に慈《いつく》しみ、お救い下さる」と経典に書いてあるのはこのことだと思っている。
それにしても、仏法を興《おこ》し、その教えを世に広めるには人の力が重要だということなのだろう。……わたしは、太政大臣であるわたしの尊師に法王の地位を授けたいと思うので、皆の者、うけたまわりおけ。……

道鏡太政大臣はこのような世間的な地位を願い求めることはこれまでもまったく無縁で、一《いち》途《ず》に仏道に志《こころざ》し、悟りを得るための修行を重ね、そのことで人を導こうと固く心に決めておられる。そうではあるが、そこを押して、わたしはわたしの尊師を敬い、報い申しあげる証しとして、法王の地位をお授けしたいと思う。皆の者、うけたまわりおけ。


（原文）

上無《かみな》き仏の御法《みのり》は、至誠《しじやう》の心を以《もち》て拝み尊《たふと》び献《まつ》れば、必ず異《こと》に奇《あや》しき験《しるし》をあらはし授《さづ》け賜《たま》ふ物にいましけり。……是《こ》れ実《まこと》に、化《かり》の大御《おほみ》身《み》は縁《えん》に随《したが》ひて度《わた》し導き賜ふには、時を過《すぐ》さず行ひに相応《あひこた》へて慈《うつくし》び救ひ賜ふと云《い》ふ言《こと》に在《あ》るらしとなも念《おもほ》す。猶《なほ》し法《ほふ》を興《おこ》し隆《さか》えしむるには、人に依《よ》りて継《つ》ぎひろむる物に在《あ》り。……太政大臣朕《おほきまつりごとのおほまへつきみわ》が大師《だいし》に法王《ほふわう》の位授《くらゐさづ》けまつらくと勅《の》りたまふ天皇《すめら》が御命《おほみこと》を、諸聞《もろもろき》きたまへ。……

此《こ》の世間《よのなか》の位《くらゐ》をば楽《ねが》ひ求めたぶ事は都《かつ》て無《な》く、一道《ひとつのみち》に志《こころざ》して菩《ぼ》薩《さち》の行《ぎやう》を脩《おこな》ひ人を度《わた》し導かむと云ふに心は定めています。かくはあれども猶朕《なほわ》が敬《うやま》ひ報《むく》いまつるわざとしてなも此《こ》の位冠《くらゐかがふり》を授《さづ》けまつらくと勅りたまふ天皇《すめら》が御命《おほみこと》を、諸《もろもろ》聞きたまへ。（『続日本紀』）

「法王」という言葉がでてきました。いまの日本でこの言葉を聞くと、たいていの人は「ローマ法王」[※45]を思い浮かべるかもしれません。一見仏教にそぐわないと感じられますが、歴史的には仏教と縁のある言葉です。たとえば『法華経』に「如来是諸法之《にょらいこれしょほうの》王《おう》」とありますが、「如来」（悟りを得た修行者）あるいは歴史上のブッダその人をさす語として使われたり、また古代インドで仏教の熱心な擁護者として知られたアショーカ王に「法王」の呼称があるように、仏教を守護する王を意味する語としても用いられました。

右の文中では——孝謙が道鏡は「このような世間的な地位を求めない」と語っていることが示すように——最後の意味で使われていることがわかります。

もっとも、この意味での権限ならば、すでにみた通り、「太政大臣禅師」の肩書にすでに実質上ふくまれていたわけですが、それに「超」の冠《かんむり》をかぶせるのが「法王」という地位でした。もちろん、経典にこそあったものの、日本では前例のない地位です。

道鏡は太政大臣禅師として「拝賀」を受けることで天皇に準じる地位に立った、と前の節でのべました。かれはこの日、「法王」に上がることで文字通りみなし天皇になった。すなわち、あとは正式の即位の儀式の日を待つだけの身になったといってよいでしょう。

「法王道鏡」、正月の拝賀を受ける

『続日本紀』に、神護景雲《じんごけいうん》三年（七六九）正月の内裏《だいり》の様子を語る次のような一節があります。恒例の朝賀《ちょうが》の儀式を伝えるものです。

正月二日　孝謙天皇は大極殿《だいごくでん》にお出ましになり、朝賀の儀を受けた。……
正月三日　法王の道鏡は西宮《さいくう》の前殿《まえどの》におり、大臣以下の者はその面前に進みでて、拝賀をおこなった。道鏡はこのとき自ら慣例の祝いの言葉をのべた。

（原文）
二日、大極殿《だいごくでん》に御《おは》しまして朝《でう》を受けたまふ。……
三日、法王道鏡《ほふわうだうきやう》は西宮《さいくう》の前殿《まへどの》に居《を》り。大臣《だいじんき》已下賀拝《かがはい》す。道鏡自ら寿詞《よごと》を告《まう》す。

正月の朝賀とは、君主である天皇が朝廷の主だった官人たちの前に立ち、治世の繁栄の祝意とその永遠であることへの祈りを人々からささげられる催しです。外国の使節が入京中であれば、参列して拝賀してもらう。大嘗祭を除けば、時の天皇が最も天皇らしい姿をみせつける神聖さをそなえた儀式でした。

天平神護元年（七六五）秋の再即位以来、孝謙は三度の朝賀を受けましたが、どの場合も単独でその場に臨んだものでした。

右の『続日本紀』が伝えるのは、そんな恒例の儀式に起きた異変についてでした。

この年の正月の二日、孝謙天皇はいつものように大極殿に姿をみせ、つめかけた人々から祝意と祈りをもらいます。例年ならば朝賀の儀式はこれで終わりでした。

ところが、この年は様子がいつもと異なりました。翌日、こんどは道鏡法王がおでましになり、前日の孝謙とそっくり同じ形で拝賀を受けたというのです。

このときの光景を記す『続日本紀』は、道鏡法王がこの日西宮の「前殿《まえどの》」で拝賀の儀式をとりおこなったとします。問題はこの「前殿」です。これはじつは宮中の正殿《せいでん》をさし、そこに隣接する寝殿は孝謙がいつも寝起きする場所、彼女の私的な空間でした。そこはたとえ重位・重職の者であれ、臣下が気軽に立ち入りできる場所ではなかったのです。

この日、その前殿で道鏡が居並ぶ人々に「寿詞《よごと》」をのべたと『続日本紀』は記します。正月の「寿詞」は天皇にささげられるもので、道鏡は、集まった官人たちの面前で、自らの法王としての権威をみせつける形で孝謙に祝いの言葉をささげたと思われます。

こうした異例の「朝賀」を演出した孝謙の意図は明らかでした。道鏡を天皇につかせるためにとにかく駒を進めておくこと、即位が不自然にみえないほどいまから限りなく天皇の地位に近づけておくこと。

ただ、それは同時に、彼女の神聖なる野心、深謀が確実にレッド・ラインに近づくことを意味しました。

道鏡は太政大臣禅師になることで天皇に準じる立場を得、法王の地位に上ることでみなし天皇になったと先にのべました。神護景雲三年の朝賀はそれに続くくわだてでした。朝賀が、道鏡がいよいよ本物の天皇になるための準備の総仕上げを意味したことは、その場に居合わせた誰もが察したことでした。

ただ、そこでまのあたりにした道鏡自身の目もくらむ栄達ぶり、それは人々が胸の底に押し殺していたリフレインをあらためて浮かびあがらせざるを得なかったのです。「だってただの看病禅師だろう？」と。

宇佐八幡宮の神託と孝謙

道鏡が大臣禅師に任命されたのは天平宝字八年（七六四）、先の儀式、正月に孝謙に続いて西宮《さいくう》の前殿で臣下一同から拝賀を受ける五年前の秋のことでした。

かれが太政大臣禅師の地位に就いたのは天平神護元年（七六五）の閏《うるう》十月、それから一年後のことでした。

そして、さらに一年後の天平神護二年（七六六）の十月には法王になっていた。

年表をめくってこれだけを読むと、いかにもとんとん拍子に話が進んだかのようにみえますが、内実はといえば、すべては無理に無理を重ねたものでした。

孝謙のくわだてが年表の字面の上では順調に進捗《しんちょく》をとげ、道鏡が天皇の位に近づけば近づくほど、その最後の成就《じょうじゅ》を目前に周囲からの風圧は強まるばかりだったのです。

こうして孝謙のペースに狂いが生じることになります。

道鏡が正月の前殿で朝賀の儀に臨んだのは、法王になってから二年以上を経た神護景雲三年（七六九）のことでした。

『続日本紀』はこの頃の孝謙と道鏡の様子について、次のように記します。

（孝謙）崇《あが》むるに法王《ほふわう》を以《もち》てし、載《の》するに鸞輿《らんよ》を以てす。衣服《えふく》・飲食《をんじき》、一《もはら》ら供御《くご》に擬《なずら》ふ。政《まつりごと》の巨細《こさい》に決《くゑつ》を取らずといふこと莫《な》し。

「鸞輿《らんよ》」とは、天皇のみが乗ることを許された特別製の輿《こし》のことです。孝謙天皇は道鏡を崇《あが》めるあまり法王とし、天皇専用のはずの輿の使用を許した。衣服や食事も天皇とまったく同じものにした、と『続日本紀』は伝えます。また、政務も大事・小事を問わずすべて道鏡にゆだねた、と。

ですが、もとより道鏡は一介の僧侶にすぎません。朝廷を切り回すためのしきたりに通じていたわけでもありません。天皇の意思の実行や文書を用いた決裁《けっさい》をふくめ、日々の政務を取り仕切ったのは、孝謙の意を受けた道鏡の側近たちでした。※46

天平宝字六年（七六二）の帝権分割宣言から七年。人々は孝謙の政治に倦《う》みはじめていたのかもしれません。

前に少しふれた宇佐八幡宮事件がおきたのは、そんな折、神護景雲三年のことでした。

事件の幕開けを告げたのは、遠い西国から舞いこんだある知らせでした。かいつまんでいきさつを記すと——。

九州の豊前国宇佐（現・大分県宇佐市）にある朝廷とも関わりの深い宇佐八幡宮から人が上京してきて、

道鏡を皇位につければ天下は太平になるだろう。


（原文）

道鏡をして皇位に即《つ》かしめば、天下太平《あめのしたおほきにたひらか》ならむ（『続日本紀』九月二十五日項）

との神託（神のお告げ）が下ったと伝えてきた。それを聞いた孝謙は急いで側近の和気清麻呂《わけのきよまろ》を宇佐へ派遣し、確認してくるように命じた。宇佐で神託を確認した清麻呂は帰京すると、自分が直接聞いたという神託を孝謙に奏上した。それは、前回の神託とは真逆の内容、「わが国は開闢《かいびゃく》以来、君臣の別が定まっている。臣下が君主になる例はいまだかつてない。皇位を継承する者にはかならず天皇家の血を正しく引く者を立てよ。無道《むどう》の人は早々に排除せよ※47」というものだった。

「無道の人」とは「道にはずれた人」のことで、道鏡その人をさすことはいうまでもありません。激怒した孝謙は、清麻呂を孝謙の女官をつとめていたかれの姉ともども流罪にした……。

みての通り、じつにわけのわからない事件です。登場人物たちの行動のすべてが矛盾だらけで、動機も判然としません。そのせいで古来、事件の真相をめぐって諸説紛々、今日も多くの研究者が孝謙主導説、道鏡主導説をふくめてさまざまな立場からの見方を披露しています。※48

ただ、ほとんどの見解は、宇佐八幡宮に近い人物がこびへつらって偽りの神託を孝謙に奏上したのが発端だったという点で一致します。実際、孝謙と道鏡の時代の項の『続日本紀』を読むと、各地からめでたい五色の雲がでたとか、白い鹿が発見されたとの知らせがきた等、中央の歓心を買い利権にありつきたい人間の追従《ついしょう》めいた動きが目につき、※49宇佐八幡宮の一件もそうしたものの一つとみるのが理に叶《かな》っていると思われます。

『続日本紀』によると、孝謙は清麻呂の報告に大変憤《いきどお》って、嘘をついたときめつけました。

臣下たるもの……邪《よこし》まな心で偽《いつわ》ったり、へつらい曲がった心をもつべきでない。

(原文)
夫《そ》れ臣下《やつこ》と云ふ物は……奸《かだ》み偽《いつは》り諂《へつら》ひ曲《まが》れる心无《な》くして奉侍《つかへまつ》るべき物に在《あ》り。

と諭《さと》したうえで、名前を「穢麻呂《きたなまろ》」に改名させたうえで官位を剥奪《はくだつ》し、現在の鹿児島の大隅国《おおすみのくに》に流すというひどく感情的なふるまいをしたことになっています。ただ、事件の実際の舞台裏はどうだったのか。

見方はいまのべた事情により色々と分かれているのが現状ですが、ここは孝謙の行いの不安定性に注目すべきではないでしょうか？

『続日本紀』の記述はくどくどしいわりにあいまいなところが多く、すべては推測の域をでないことを前提にしたうえでの話ですが、結論からいえば、わたしは宇佐八幡宮の神託をめぐる一連の出来事は、孝謙の自己破壊衝動がもたらしたものとみるのが適当ではないかと考えています。

和気清麻呂は物堅い〝皇統保守主義者〟として朝廷に仕え、周囲から信頼を得ていた人物です。事件のそもそもの発端となった宇佐八幡宮の神託ついて、そのいかがわしさに気づかないほど愚かな孝謙ではないでしょうし、清麻呂に神託を確認させれば何が起きるかも薄々察していたはずです。結局のところ、道鏡の天皇即位への周囲のあまりの反発の強さ、大きくなるばかりの障害が事件の呼び水になった。まわりがみえなくなった孝謙が自傷行為に心理的な解決を求めた。その意味で本来は非政治的な性格をもつ事件だった、とそんな風に思われます。

ただ、事件の展開が孝謙にあたえた打撃も大きく、これをきっかけに孝謙のなかで何かが切れた様子もあります。

実際、多くの研究者が指摘するように、治世の末期の孝謙に、道鏡を天皇に近づけるあからさまな動きはみえなくなります。

一方で、それにかわって目立つようになるのは、道鏡とのさらなる一体化、個人的な時間をいつくしむようなふるまいでした。

最後の行幸の宴

事件からしばらく過ぎた十月半ば。孝謙は道鏡の故郷、河内の弓削郷にでかけました。もちろん道鏡も一緒です。

このときの滞在は三週間におよびました。

そのあいだの十月三十日、孝謙は次のような詔《みことのり》を発します。

由義宮《ゆぎのみや》（弓削行宮《ゆげのかりみや》）を西京《にしのきやう》とす。（『続日本紀』）

由義宮は孝謙が道鏡のために弓削郷の一画に整備した宮殿でしたが、それを中心に「西京」、つまり平城京に準じる陪都《ばいと》を建設するという壮大な都市計画の着手の宣言でした。

似たような陪都はかつて恵美押勝が近江の保良に計画し、それを唐の「北京」に模したことがありました。孝謙がその建設途上の都の宮殿に住まわされたことはすでにふれた通りですが、こちらは仇敵押勝の敗死とともに彼女の手で廃都にされてしまった。

孝謙が試みたのは、かつての愛人がおこなったたくわだてを、こんどは自分の手で第二の愛人のためにその故郷で実現しようというものでした。

もとより「法王」道鏡を荘厳《しょうごん》するためのものでしたが、押勝へのあてつけのような雰囲気がなくもなく、そうしたこだわりを引き起こすかぎりで前の愛人は孝謙のなかでまだ生きていたという言い方もできるかもしれません。

孝謙はこのときから翌《あく》る宝亀《ほうき》元年（七七〇）の四月にかけて、西宮建設に当たる責任者の人事を次々と発令し、道鏡の氏寺の弓削寺（由義宮）に塔を建てさせるなどしています。

この間の孝謙の目はまるで西京の一点に注がれ、まばたかないようにみえます。

その工事のさなかの宝亀元年二月二十七日、孝謙は再度西京に行幸《ぎょうこう》します。もちろん道鏡も付き従っていました。滞在中は地元河内の人々による歌垣《うたがき》（男女が歌をかけ合いながら踊る催し）や官人の舞いを楽しんだようです。[※50] 歌垣は総勢二百三十人からなる大規模なものでした。

このときの弓削郷滞在は四十日に及びました。道鏡が同行した行幸としては最も長いものになりました。

孝謙の死と道鏡の追放

四月六日、孝謙は平城京にもどりますが、このときにはすでに体に異変が生じていたようです。『続日本紀』は六月十日の項に、天皇は西京に行幸したあと発病してひと月を経た（「天皇《すめらみこと》、由義宮（西京）に幸《みゆき》したまひてより後、不豫《みやまひ》して月《ひつき》を経たり」）と簡潔に記しています。※51

孝謙が自らの天子としての無力を嘆きながら地上の「妖気」を払うために、『大般若経』を読ませる詔を発したのは七月十五日のこと。このときはもう病床にふせっていたと思われます。父娘二代にわたる「天皇の裏切り」——本居宣長の立場からすれば——の芝居も終わりの時が刻一刻と近づいていました。

七月十八日には、「常陸国那珂賀郡《ひたちのくになかがぐん》の人々が白いカラスを捕えた。筑前国嘉麻郡《ちくぜんのくにかまぐん》の人が白いキジを捕えた。天皇はそれぞれに二級、稲五百束を賜《たまわ》った。但馬国《たじまのくに》に疫病が流行したので、物を恵みあたえた」と、『続日本紀』の記事にみえます。珍しい生き物の出現は「五色の雲」などと同様、天皇の繁栄を明かす天からの授かり物、瑞祥《しるし》を表わすものでしたが、朝廷が自ら進んで政治の道具に使うことも珍しくありませんでした。

七月二十日には、〝内閣〟に連なる参議等の人事を多く発令、官位の授与もおこなわれています。

二十二日には、西京の洪水の被害を防ぐために、河内の旧大和川や淀川などの堤防の改修工事をおこなったと『続日本紀』は伝えます。このときに延べ三万人を動員したとあり、孝謙の西京建設に賭けた夢の大きさがうかがわれます。

六日後の二十八日、「出羽国《でわのくに》に雨氷《ひさめ》が降った」と『続日本紀』にあり、雹《ひょう》によって稲が損害をこうむったと記されていますが、孝謙の反応は明らかにされていません。

孝謙の崩御は、その一週間後のことでした。

『続日本紀』の八月四日の項は、

天皇《すめらみこと》、西宮《さいくう》の寝殿に崩《かむあが》りましぬ。

と簡潔に記します。崩御を受けて臣下たちがみせた動きは迅速なものでした。ただちに閣議が招集され、左右の大臣以下、参議たちが皇族の一人である白壁王《しらかべ》を後継者（皇太子）に定め、使者を遣わし、三関《さんかん》（鈴鹿《すずか》、不破《ふわ》、愛発《あらち》）を固め守らせた、と『続日本紀』は続けます。君主の肉体の消滅という権力の真空の発生を受けた手当て、非常事態下に都の防衛を強化する緊急措置の発令でした。この前後、律令国家の中央の軍事官僚のメカニズムが滞《とどこお》りなく動いている様子が伝わってきます。

一方、道鏡の姿はどこにもありません。道鏡は看病禅師としてキャリアを積んだ男です。孝謙の発病は西京にいたあいだのことでした。道鏡は同行していたわけで、その時点では治療にあたっていたとみるのが自然でしょう。研究者のなかには、平城京への帰還後、孝謙の病状をみてもはや長くないと悟った周囲の者が、道鏡が彼女の寝室に立ち入るのを拒んだという見方をとる向きもあります。あっておかしくない話だと思われますが、『続日本紀』は何も語りません。

八月十七日、孝謙は大和国添下郡佐貴郷《やまとのくにそふのしもさき》（現在の奈良市、西大寺付近）に埋葬されました。父親の聖武上皇の埋葬については「御葬《みはぶり》の儀、仏に奉《たてまつ》るが如し」と『続日本紀』にありますが、孝謙の埋葬も仏式の火葬だったと思われます。

道鏡の動静がようやく明らかになるのは、葬儀を伝える記事のあとの次の一行です。

皇太子、宮に在《あ》りて留守したまふ。道鏡法師は梓宮に奉《あづさのみやつかへまつ》りて、便《すなは》ち陵の下《みささぎもと》に留《とど》り廬《いほり》す。（『続日本紀』）

文中にある梓宮《あづさのみや》とはここでは天皇の御陵《ごりょう》（お墓）をさし、孝謙の葬儀のあいだ皇太子は平城宮で留守を守り、道鏡は孝謙の葬られた御陵、山陵《さんりょう》の麓《ふもと》にとどまり庵で日を過ごしたと『続日本紀』は伝えています。

このときにはもはや、道鏡の居場所は――寝室への立ち入りを阻まれようが阻まれまいが――平城京の宮殿にはなかったのでしょう。孝謙を失い、たった一人なすすべもなく山陵の下に坐りこむ道鏡の姿が目に浮かんでくるようです。
『続日本紀』によると皇太子の令旨《りょうじ》（指示書）が下されたのは孝謙の埋葬の四日後のことでした。

　聞くところによると、道鏡は密《ひそ》かに天皇の地位を狙う野心を抱いて、久しく日を経ていたという。天皇が亡くなられて時も経たない今、その陰謀の全貌が明らかになった。これもひとえに神々のお守り、国家を守護する神々がお助け下さったおかげである。とはいえ、先帝（孝謙）の御厚恩にかんがみるならば、いま道鏡を法によって謀叛《むほん》の罪（斬罪《ざんざい》）に処するのは忍びない。そこで道鏡を下野国《しもつけのくに》の薬師寺造営の担当責任者に任じ、派遣することにする。右、よろしく承知せよ。

（原文）
如聞《きくな》らく、道鏡法師《だうきやうほふし》、窃《ひそか》に舐粳《しかう》の心を挟《はさ》みて、日を為《な》すこと久し。陵土《りようど》未《いま》だ乾かぬに、奸謀《かんぼう》発覚《あらは》れぬ。是《こ》れ神祇《じんぎ》の護《まも》る所、社稷《しやしよく》の祐《たす》くる攸《ところ》なり。今、先聖《せんせい》の厚恩《こうおん》を顧《かへり》みて、法《のり》に依《よ》りて刑《つみ》に入《い》るることを得ず。故《かれ》、造下野国薬師寺別当《ざうしもつけのくにのやくしじべつたう》に任《にむ》して発遣《はつけん》す。宜《よろ》しくこれを知るべし。

「掟破りの八年」の幕が下りる

前に、道鏡は愛人のなすがままになすがままのことをしたピエロだったと書きました。宝亀元年八月二十一日の『続日本紀』がこのとき伝える道鏡に下された罰、その軽さはそのことを裏書きするかもしれません。

もし道鏡がほんとうに「掟《おきて》破りの八年」の政治を主導し、女帝をあやつり人形にした「怪人物」（ラスプーチン）だったなら、とてもこの程度ではすまなかったでしょう。

道鏡は要するに普通の僧侶だった。そして当時の人々はそのことをよく知っていた。だからこそかれは、関わったことの大きさのわりに心底憎しみの対象となることはなかった。後世の川柳では散々な嘲笑の的、幾度となく殺されるような憂き目をみたものの、同時代の人々からは八つ裂きにされずにすんだ。孝謙とペアを組んだ「掟破りの八年」が彼女の死により終わりをとげ、芝居が喜劇的で悲劇的な余韻を残してハネたあとも生きのびることができた。……

『続日本紀』には、この令旨が発せられたあと「即日、左大弁《さだいべん》正四位下佐伯宿禰《さへきのすくね》今毛人《いまえみし》・弾正尹《だんじやうのゐん》従四位下藤原朝臣楓麿《ふじはらのあそんかへるてまろ》を遣《つかは》して、役《えき》して上道《じやうだう》せしむ」（その日のうちに二人の臣下を差し向け、道鏡をうながして出発させた）とあります。とにかく一刻も早く姿を消してほしいと望

む朝廷関係者の気持ちが伝わってくるようです。[※52]

道鏡は文字通り孝謙に命を助けられたのかもしれません。実際、孝謙女帝の道鏡への「想い」の只《ただ》ならなさを見知っていた人々からすれば、下手に道鏡に手をだせば祟《たた》られかねないような気分に襲われたのではないか。オカルトに聞こえるかもしれませんが、この時代の日本人のあいだで、「怨霊」というものは今日では考えられないほどリアルなものでした。

いわゆる御《ご》霊《りょう》信仰といわれるもの、死者の霊の祟りを恐れ、それを防ぐために祀《まつ》る信仰をさしますが、それは奈良末期から平安期にかけて広まったとされます。平安京を開いた桓武天皇が政争がらみで「不審死」をとげた者たちの怨霊におびえ、「枕席不安《ちんせきふあん》」（不眠のノイローゼ）に悩んだすえ、怨霊から逃れるために遷都をしたとされる話は有名ですが、こうした「祟る霊」への恐れは奈良中期の天平時代からすでにみられたものでした。[※53]

また、道鏡を追い払うことは、真面目だが、いや、真面目であるがゆえに困った人・孝謙天皇の記憶を追い払うことでもあったでしょう。孝謙天皇が治世の最後に演じた八年。それはなるほど朝廷への忠誠に自負心をもち、自らのアイデンティティの一部とする政治家・官僚たちにとってはとんでもない八年でした。ですが、彼女の肉体が滅び、その魂が平城京の空に昇ってゆくのを見送ったとき、かれらが女帝の速やかな成仏を心の底から祈ったことをわたしは疑う気になれません。たとえ成仏こそが最終的かつ不可逆的な、究極の厄介払いをかれらに意味したかもしれないにせよ、です。

「怪物」道鏡、死す

孝謙が亡くなったその日に皇太子に推された白壁王《しらかべおう》は、天智天皇の孫でした。

孝謙の葬儀が滞りなく終わったその四日後、新皇太子は道鏡の追放を令旨の形で命じます。そのなかで、道鏡の陰謀が露見したのは「ひとえに神々がお助け下さったおかげである」(「是《こ》れ神《じん》祇《ぎ》の護《まも》る所、社稷《しやしよく》の祐《たす》くる攸《ところ》なり」)とされていたことはみた通りです。

白壁王が天皇に即位し、第四十九代光仁《こうにん》天皇となるのは令旨の翌々月、宝亀《ほうき》元年(七七〇)十月一日のことでした。

光仁は即位後初めての詔《みことのり》を発します。詔はのべます。

わたしは、わたしが引き継いだこの天皇という神聖な仕事は、天に坐《いま》します神々と地に坐します神々とがそれを認知し、お助け下さることによって平らかに安らかになり、世を治めることができると思っている。

（原文）

此《こ》の天日嗣高御座《あまひつぎたかみくら》の業《わざ》は、天《あめ》に坐《ま》す神・地《くに》に坐す神の相《あひ》うづなひ奉《まつ》り相扶《あひたす》け奉る事に依《よ》りて此の座《くらゐ》には平《たひら》けく安《やすら》けく御坐《おほまし》まして、天下《あめのした》は知らしめす物に在《あ》るらしとなも念《おもほ》し行《め》す。（『続日本紀』）

これは、一見したところ型通りの即位の詔でした。しかし、ここではその型通りであることこそが重要なのでした。

なぜなら、聖武天皇とそれに続く孝謙の治世ほど、それまで守られてきた神々への信仰、「神道」[※54]が実質的にないがしろにされ、脇に追いやられたと平城京の多くの人々に感じられた時代はありませんでした。たとえ、日本の古代国家の「文明開化」路線が仏教の普遍思想を支柱に据えたものであったにせよ、二人の姿勢は、生まれてこのかた日本古来と考えられる神々を信仰することに価値を見出してきた人々にとって耐えがたいものでした。

先帝の最後の八年間に仏の風下におかれていた由緒正しいとされる神々、天皇家の神々は、めでたく復権を果たしました。

そのかぎりのない祝福のなかで、天《あめ》の日《ひ》嗣《つぎ》――天皇の地位の継承とその血統遵守《じゅんしゅ》の掟は、見事に護持されることになりました。天皇家にまつわる神々はこうしてつかのま平穏な時をむかえることになります。[※55]

道鏡の死が朝廷の人々に伝えられたのはその二年後、宝亀三年（七七二）の四月のことでした。

四月六日、下野国《しもつけのくに》から報告があり、「薬師寺造営の責任者の道鏡が死去した」と言った。

（原文）

四月六日、下野国言《まう》さく、「造薬師寺別当道鏡死す」とまうす。（『続日本紀』）

亡くなった時の道鏡の肩書は、下野国薬師寺建立の責任者のままだったようです。下野《しもつけ》（現・栃木県）に追放されてから二年、その間のかれの様子を伝える記録は一切残っていません。おそらくロウソクが自然に尽きるように人生を終えたのでしょう。

道鏡の死亡について記す『続日本紀』の記事が、それに続けてかれの「法王」としての天皇まがいのふるまいと天皇の位を狙う野心を記す短い回顧、総括の一節をのせていたことはすでにのべた通りです。

それは、道鏡という「怪物」の死によって一つの時代が終わりを告げたことを淡々と伝える官僚的な文章です。

孝謙は恵美押勝《えみのおしかつ》の死にあたって、「心に穢《きたな》い悪党め」という最大限の罵倒、生々しい肉声を正史に残してはばかりませんでした。道鏡の死亡記事は、朝廷の運営をめぐる環境がとりあえずであれ「平常さ」を回復したことをその冷淡さのなかで証すことになりました。

道鏡の「よかったこと」

白壁王が光仁天皇に即位した直後の詔については、一部をすでに紹介しました。それは、自身が天地の神々の承認と助けをこうむりながら「天《あめ》の日嗣《ひつぎ》」、天照大御神（アマテラスオオミカミ）の系譜を引き継ぐ天皇として世を治める身となったことを明らかにするものでした。

その詔はこんな文言ではじまっています。

天皇としていまからのべる言葉を、親王・諸王・諸臣・百官の者たち、すべての民はうけたまわって聞け。

口にするのも恐れ多い奈良の宮で天下を治められた天皇（孝謙）は去る八月の崩御の折、天皇が治めるこの国で天下を治める事業をこのわたしにお引き継ぎになるべく、お任せになった。そのお言葉をうけたまわり、進退について思いあぐね、恐れ慎んでいるわたしの思いを皆の者は聞け。

（原文）
天皇《すめら》が詔旨《ほほみこと》らまと勅《の》りたまふ命《おほみこと》を、親王《みこたち》・諸王《おほきみたち》・諸臣《おみたち》・百官人等《もものつかさのひとども》、天下公民《あめのしたのおほみたから》、衆《もろもろ》聞きたまへと宣《の》る。挂《か》けまくも恐《かしこ》き奈良宮《ならのみや》に御宇《あめのしたしらしめ》しし倭根子《やまとねこ》天皇《すめらみこと》の去《い》にし八月《はつき》に、此《こ》の食国天下《をすくにあめのした》の業《わざ》を拙《つたな》く劣《をぢな》き朕《われ》に賜《たま》はりて仕《つか》へ奉《まつ》れと負《おほ》せ賜《たま》ひ授《さず》け賜ひきと勅りたまふ天皇が詔旨を、頂《いただき》に受け賜はり恐《かしこ》み、受け賜はり懼《お》ぢ、進みも知らに退《しりぞ》きも知らに、恐み坐《ま》さくと勅りたまふ命《おほみこと》を、衆《もろもろ》聞きたまへと宣る。（『続日本紀』）

文中に、自分は孝謙が亡くなったときに天皇の地位の継承をゆだねられたとあるのは、彼女の死を受けた閣僚たちの合議で自分が正式の後継者（皇太子）に指名されたことをさしています。光仁の詔は、天皇即位の際の宣言として、役人に用意された文言を用意された通りにのべたものですが、孝謙への敬意のトーンを保っており、近代的な官僚の中立性とはちがった意味での品位を感じさせます。

天皇の勅撰《ちょくせん》の正史が下世話な調子の文章をのせるわけがないだろうと言ってしまえばそれまでですが、謀叛《むほん》をくわだてた一味について、けっこうな「小物」が取り調べの際に吐いたせりふも場合によってはおさめる『続日本紀』です[※56]。

法王の「拝賀」の挙行など、相当なことをしたはずの孝謙・道鏡の「共治」に対するこの詔の意外なほどの悪意の希薄さはどこからきているのか。道鏡についてはすでにのべましたが、孝謙については、その人柄が決して卑しくなかったこと、崇仏《すうぶつ》の精神の純粋さは彼女を知る誰もが認めざるを得なかったことが、即位の詔の様式にのっとったとおぼしき無味乾燥なこれらの文章から透けてみえるようにも思えます。

　実際、孝謙はただの崇仏天皇ではありませんでした。神々の系譜を引くとされる天皇家の一員として、二度までも天皇をつとめた女性であり、朝廷に仕えるすべての人々が敬意をもって守るべき存在でした。少なくとも、「道鏡の塚からでた笠まつだけ」とか「道鏡に根まで入れろと詔」といった下卑《げび》た調子の興味でおもちゃにされるべき存在ではなかった。誰もが心からの敬意をもって押し戴《いただ》くべき聖なる君主だったのです。

　もちろん、人間は誰しも清濁併《せいだくあわ》せ飲む人生を送る生き物です。昭和を代表する時代小説家・池波正太郎（一九二三～九〇年）の言葉を借りれば、「良いことをしながら悪いことをする」[※57]人生を生きます。実際、「正史」に無難な文章を書いたお役人たちにしろ、酒の席ではべつの顔をみせたかもしれません。「いったいあの坊主のどこがそんなによかったんだ?」――。そして、酔いが回るうちに、酔っ払い特有の大胆かつあられもない想像力が気がつけば、「道鏡のよかったこと」、それは「巨根にちがいない」という悲惨なまでに陳腐な観念連合に結晶をとげていったとしても驚くには値しないでしょう。

口は災いの元

孝謙と道鏡の「掟破りの八年」に関する記述をふくむ『続日本紀』の全四十巻が完成するのは、七九七年、道鏡が亡くなってから二十五年後のことでした。

天皇勅撰の正史という性質上、朝廷の書庫に保管された公文書を資料に用いるため、実際の編《へん》纂《さん》にあたったのは文書行政に明るい律令官僚たちです。

歴史への造詣《ぞうけい》の深さで一目も二目もおかれたかれらも、ときには「ここだけの話」を楽しむ誘惑に負けたでしょうし、道鏡についての「みてきたような話」がいつしか「みた話」に変わることもあったかもしれません。

ただ、そんなかれらも、道鏡・孝謙のペアをめぐる朝廷関係者の無責任な放言ややりとりが、よもや文字の形で人目にふれること、驚くべきことに「令和の道鏡」[※58]といった言い回しで一二〇〇年以上も後の書き物の見出し、「憂国の発言」の道具に使われることになろうなどとは夢にも考えなかったでしょう。

「口は災いの元」を地でゆく話ですが、『続日本紀』が編まれたのはペアが世を去って四半世紀後、関係者はまだ生きていたとはいえ、天皇家の足元の危機はとりあえず去っていました。

だが、それは朝廷に仕える律令官僚たちにとっての話にすぎません。日本のファロスの歴史の語りに道鏡を引いた本書の話はここからはじまるのです。どのようにか？　そう、一二〇〇年余り昔の男たちの「ここだけの話」、その変貌の過程と結末をつぶさに追うことによって。

『続日本紀』が完成し桓武天皇に奉《たてまつ》られたのは平安京が開かれて三年目のことです。先ほどわたしは、平安初期の律令官僚たちは道鏡・孝謙のペアの下ネタが文章になるとは思っていなかった、と書きました。が、天網恢恢疎《てんもうかいかいそ》にして漏らさず、その思いこみはかれらの足元から崩れることになります。

『日本霊異記《りょういき》』――それは『続日本紀』と同じ頃に書かれた日本初の仏教説話集でした。著わしたのは、景戒《きょうかい》（生没年不詳）という紀伊国《きいのくに》（現・和歌山県）に住んだ在俗の無名の僧侶です。

かれは孝謙天皇の時代に薬師寺で修行した経験をもつ人物で、薬師寺は天武天皇が建立を命じた勅願寺《ちょくがんじ》。聖武天皇が退位後に移り住むなど朝廷とも関わりが深く、景戒は、当時の朝廷の内情に通じた僧侶たちから話を聞ける立場にありました。道鏡・孝謙ペアのスキャンダラスな噂も当然聞きこんでいたはずです。その際「噂」の中心を占めたのが、道鏡の持ち物にまつわる情報だったであろうことはいうまでもありません。

いま、『日本霊異記』は仏教説話集だとのべました。それは間違いのない話で、実際、『日本霊異記』が最も力をこめて語るのは、仏教の因果応報《いんがおうほう》の論理にもとづく教訓話のたぐいです。「善因前果《ぜんいんぜんか》、悪因悪果《あくいんあっか》」――善いことをすれば善い報いが得られ、悪いことをすれば悪い報いがあるというおなじみの論理です。そういう意味では、よくある仏教説話集の王道をゆく書物だったわけですが、ただ、景戒という人物の関心はそれにとどまりませんでした。『日本霊異記』という書名、「霊異」とは「世にも不思議な出来事」を意味します。その文脈で、仏教説話と称しながら因果応報の名を借りたべつの話、仏教とは直接関係のない下《しも》がかった話まで収められることになりました。

道鏡伝説のはじまり

景戒は僧侶でしたが、その一方で、今日でいういわゆる野次馬根性の持ち主だったようです。「霊異」とは仏教の教えに沿って厳密に定義すれば、「凡智《ぼんち》を以て測《はか》りがたい出来事」をさしますが、著者の趣味というか関心にもとづき、凡智を以て充分に測り得る話が、好奇心のおもむくままにつづられることになりました。

学僧ではないが、庶民でもなく、前者のまとめた学問の成果を平たい言葉で人々に伝える媒介者。景戒は、ある意味で最も自由に仏教を語れる立場にありました。

かれが実際にどれほどの修行を積んだかは明らかでありませんが、ある種の中途半端な出家者という点では、時代は異なりますが、『方丈記』の作者の鴨長明《かものちょうめい》（一一五五?〜一二一六年）と共通するところがあるかもしれません（鴨長明にも『発心集《ほっしんしゅう》』という仏教説話集があります）。『日本霊異記』は数多くの仏典を引用しますが、なかでも得意とするのはいわゆる「邪淫《じゃいん》ネタ」。かれはどうやらこの方面に舌なめずりするほどの関心をもっていたらしい。全三巻からなる『日本霊異記』の中巻第四十一話には、幼い息子を溺愛《できあい》するあまりフェラチオをしてやるようになった母親が死後しばらくして生まれ変わり、なんと、この頃には成人していた息子の妻となることに成功するが、前世の淫行《いんこう》の報いでこの夫（＝息子）に先立たれて墓前で悲嘆にくれる、という異様な話がでてきます。

「愛欲は一つに非《あら》ず」（愛欲のあり方は一つではない）というもっともらしい出だしのもとにつづられる話ですが、こういうのが好きな人もいるでしょうが、引く人もいるでしょう。

日本の古い仏教説話には、ときにぎょっとするほど猟奇的な話が登場することがあり、これらは――海外からの輸入話をのぞけば――日本仏教の土着化による「土俗」との融合といった言葉で説明されたりします。

それは大筋で間違いないのですが、一方で、われわれの先祖たちは仏教のありがたい教訓にかこつけて好色でグロテスクな話を楽しむ習慣があり、そういう「需要」に応えようという書き手が現われることになったという側面もどうやら無視できないようです。

『日本霊異記』は岩波書店の『新日本古典文学大系』の一巻となっており、それだけでありがたく思う人（絶滅最中の昭和の教養主義世代の生き残りのみか？）もいるでしょうが、右の性格から、日本初の「猟奇逸話集」「ゴシップ集」の名誉をになう書物だったという見方もできるかもしれません。

話が本題からややずれたようですが、さて道鏡です。

『日本霊異記』が道鏡を登場させるのは、下巻の第三十八話です。「災《さい》と善《ぜん》との表相先《へうさうま》づ現《あらは》れて、而《しか》る後《のち》に其《そ》の災と善との答《こたへ》を被《かがふ》りし縁《えん》」(吉凶の前兆が現われ、のちにそれが事実となったという因縁話)というタイトルのもと、孝謙天皇の両親である聖武天皇と光明皇后の頃の出来事がつづられています。

その一節に道鏡の名前がでてきます。ここでは、便宜上、まず原文、ついで現代語訳という順で紹介してみましょう。

「恐ろしいお方」の歌

大后《おほきさき》の坐《ま》しまし時に、天《あめ》の下の国挙《こぞ》りて歌詠《うた》ひて言ひしく、
法師等を裙着《もは》きたりと軽侮《あなづ》りそ。そが中に腰帯薦槌懸《こしおびこもづちさが》れるぞ。弥発《いやた》つ時々、畏《かしこ》き卿《きみ》や。
また咏《うた》ひて言ひしく、
我が黒みそひ股に宿給《ねたま》へ、人と成るまで。

是くの如く歌詠ひつ。帝姫・阿倍の天皇の御世《みよ》の天平神護の元年の歳《とし》の乙巳《きのとみ》に次《やど》れる年の始《はじめ》に、弓削の氏の僧・道鏡法師、皇后と同じ枕に交通《とつぎ》し、天の下の政《まつりごと》を相《たす》け摂《と》りて、天の下を治む。彼《そ》の咏歌《うた》は、是《こ》れ道鏡法師が皇后と同じ枕に交通し、天の下の政を摂りし表答《へうたふ》なりけり。

又、同じ大后の時に、咏ひて言ひしく、

正に木《こ》の本《もと》を相《み》れば、大徳《だいとく》食し肥《ふく》れてぞ立ち来《きた》る。

是《か》くの如く咏ひ言ひき。是れ当《まさ》に知れ、同じ時に道鏡法師を以て法皇とし……天の下の政を摂りし表答なることを。

（現代語訳）

光明皇太后の時代、日本国じゅうの人々が口をそろえてこんな歌をうたった。

〽坊さんたちを女みたいに裳《も》をはく奴らと馬鹿にするな。裳の下にはきらびやかな帯や男根があるのだからな。男根がそそり立つと恐ろしいお方なんだぞ。

またこんな歌もあった。

〽わしの黒皮の男根を股にはさんで、おやすみなされ、一人前の女性《にょしょう》になるまでね。

孝謙天皇の時代、天平神護元年（七六五）の初めに、弓削氏の僧・道鏡が女帝と枕を交わすことが起きた。つまり、この歌にうたわれたことが事実となって現われたのである。

また、やはり光明皇太后の時代に、

〽ほら、木の根元をみてごらん。飲んだり食ったりででっぷり太った徳の高いお坊さんがやってくるよ。

という歌も流行した。これもまた前兆であり、日をへて道鏡が法王となり……天下の政治をとりおこなうという事実となって現われたのである。

どうでしょうか？

右の話が「物事には吉であれ凶であれ必ず前兆がある」という意味のタイトルのもとに書かれていることは前に記しましたが、内容は完全なゴシップ仕立てになっています。

『日本霊異記』には仏教の因果応報の話が多いとはいえ、それ以外の話、すなわち仏教が説く基本教義とは直接関係のない話もふくまれていることは、すでにふれた通りです。

道鏡をあつかうこの下巻第三十八話がのべる教訓のようなもの、それは「物事には前兆がある」ということです。前兆とは、いうまでもなく、Yという出来事の前触れとして起きるXという出来事のこと。XとYの間に原因結果の関係はありません。つまり、下巻第三十八話は一見それらしい雰囲気をもつタイトルをつけながら、仏教の因果の教えとは関わりのない事柄をとりあげたもの、ということになります。

加えて、前兆があった云々ということ自体の信憑性《しんぴょう》の問題もあります。このたぐいのゴシップに信憑性を問題にする意味があるのかと言われればそれまでですが、文中に「孝謙天皇の時代、天平神護元年（七六五）の初めに弓削氏の僧・道鏡が女帝と枕を交わすことになった」とでてきます。

が、実際には、天平神護元年は恵美押勝が殺されて淳仁天皇が淡路島に流された翌年にあたる年。道鏡はとっくに大臣禅師になっていました。二人が男女の仲になったのは、この三年前の保良京にいたときのことです。孝謙が保良京に移った翌年のことでしたが、つじつまが合っていません。

高僧と貴婦人たち

また、景戒は、光明皇太后の在位中に二人の「交通《とつぎ》」（性交）の前兆とみられる歌が流行ったとのべます。

光明皇太后が亡くなったのは、娘の孝謙が病気を患って道鏡と出会う二年前。彼女の皇太后の在位中とはそれ以前、夫である聖武天皇が上皇になった以後の十一年間のことです。

景戒が流行ったと言う三つの歌ですが、まず第一の歌は「坊さんたちを馬鹿にするな。僧衣の下には男根がひかえているのだからな」とある通り、僧侶一般をうたったものです。道鏡個人をあげつらったものではありません。

第二と第三の歌は単数の坊さんに関する歌ですが、とくに道鏡を思わせるものは、名前もふくめてでてきません。もちろん孝謙についても同じです。

三つの歌はどれも僧侶を笑う内容からなります。第一の歌は僧侶たちを、第二と第三の歌はどこかの僧侶を「行いすました顔で説教をしていながら実際にしていることはなんだ」と笑い飛ばしている。女と寝、床を共にし、暖衣飽食の快楽に耽《ふけ》っている。それでは俗人と少しも変わらないではないか、とからかっているわけですね。

しかし、どの歌も内容を子細にみると孝謙のスキャンダルとの直接の結びつきはでてこない。道鏡や孝謙の一件との関わりは必ずしも明らかではない。それでも景戒は、この三つの歌が二人が男女の仲となって世間を騒がせた「前兆」だったと説くわけです。

なぜこんなことをわたしが言うかというと、光明が皇后、皇太后として在位した時代は、僧侶と宮中との関係が密接になり、出入りする高僧と貴婦人との密通の噂がよくとりざたされた時代でした。

光明自身――おそらく聖武天皇が病弱だったせいでしょう――看病禅師としても活躍した玄昉《げんぼう》という唐帰りのお坊さん※59との不倫関係を噂されたほどでした。

もし景戒の言う三つの歌がほんとうに光明皇太后の在位中に流行ったというならば、これらはじつは皇太后と僧侶たちとの関係をあげつらった歌だった可能性もでてくるわけです。

さきほど、道鏡と孝謙が男女の仲になった年の記述について、実際の年とずれがあると書きました。

景戒が孝謙・道鏡のペアとは同時代人で、しかも薬師寺内で宮中の噂に直接接することができる立場にあったことを考えると、なんだかずさんな話です。

結局、『日本霊異記』下巻第三十八話は、光明皇太后の時代に流行った歌を無理やり孝謙・道鏡ペアのスキャンダルに結びつけただけのしろものだったのではないか？

また、こうした歌が景戒が言うようにほんとうに「天《あめ》の下の国挙《こぞ》りて」、日本じゅうでうたわれたのか？　案外、景戒の周囲で酒に酔った坊さんの誰かがふざけてうたった即興歌をそう言っているだけではないのかという気さえしてきます。

「道鏡と孝謙」の奇妙な復活

ただ、問題はその先にあります。

景戒が『日本霊異記』にかかげた歌は、なるほど僧侶の男根を笑いの対象にします。だが、それは、江戸時代に道鏡・孝謙のペアをまな板の上にのせた川柳とちがって牧歌的な囃《はや》し歌の印象が強いものです。少なくとも、江戸のディレッタントたちが競うように詠んだ川柳にみられる底意地の悪さ、二人に対する陰湿な悪意、嘲笑はあまり感じられません。いかにも古代的な、素朴なものです。

もう一つ、不思議なことがあります。

これは仏教説話の研究者である田中貴子《たかこ》が著書のなかで指摘したことですが、[※60]道鏡関係の話(下《しも》がかった話)は、景戒の『日本霊異記』のこの話を最後になぜか顔をださなくなります。むろん、日常会話では語られていたのでしょうが、文献にはでてこなくなり、次に現われるのは二人の死後三百年近く過ぎた十一世紀の半ばのこと。平安貴族の政治が黄昏《たそがれ》に向かう、ほとんど中世が近くなってからのことでした。

そして平安末期から鎌倉にかけての中世に入るや、道鏡・孝謙をめぐる話の数は、説話類の世界で目立って増えはじめます。それだけではありません。以前にはみられなかった陰湿なトーンのなかで語られることになります。

それでは、二人はなぜ死後三百年近くもたって蘇ることになるのか?

そして、二人にまつわる話はその在世時代には認められなかった攻撃的な嘲笑、悪意に彩《いろど》られることになるのか? その奇妙な変化の背景にあるものは何か?

そこには、本書のテーマ、日本における「男根優位思想」の誕生と展開をみるうえで無視できない歴史の大きな流れが関わっていました。大きな流れは渦を描いて道鏡と孝謙の二人を巻きこみ、かれらの運命を変えてゆくことになります。

次章では、問題のその流れについて、二人の時代をさらにさかのぼり、掘り下げることにしたいと思います。

第二章

「イザナキ・イザナミ」神話の原風景

『古事記』の国生み神話

日本は仏教を六世紀に大陸経由で輸入しました。

本書は、この国におけるファロスの歴史を宗教の歴史、とりわけ仏教思想の受容とその後の展開（人間観や性愛観への影響）を視野におさめながら論じることを叙述の中味にしています。

第一章では、その入り口として八世紀、奈良の都を舞台に道鏡と孝謙天皇のペアが巻きおこした性的なスキャンダルをとりあげました。

弓削道鏡《ゆげのどうきょう》、この人物は文字通り天皇家に突き刺さった史上最もめざましいファロスであり、いまなお皇室の問題（たいていは「倫理的危機」の問題）を真面目に論じる人々のあいだで、「危険な教訓」あるいは「思い出すべき先例」としてその名前を取り沙汰される存在、有名人であり続けています。そのことはすでにふれた通りです。

実際、孝謙の死後、江戸時代の明正《めいしょう》天皇（在位一六二九〜四三年）までの八六〇年のあいだ女帝は誕生しなくなり、これは「孝謙の八年」の出来事が朝廷関係者一同に刻んだ歴史的トラウマ、簡単に言えば皆で懲りたのが一つの原因だとはよく言われるところです。こうして前代未聞の「大奸物《かんぶつ》」のレッテルを貼られた道鏡が、他方では「シンボルのシンボル」として、大衆の笑いの文化史に照り輝くチャンピオンになったこともみた通りですが、一つ注意すべきは、かれは天皇家にとってあくまで外部から突き刺さったファロスだったということです。

では、天皇家の内部で、そもそもファロスはどのようにあつかわれてきたのか？　物語られる歴史をもったのか？

それを教えてくれるのが、天皇家による歴史的な自画像とも呼ぶべき一連の文書です。『古事記』は和銅五年（七一二）に成立した、『日本書紀』（養老四年・七二〇）と並ぶ日本最古の歴史書のひとつです。

『日本書紀』が日本の国のかたちを建国神話をまじえながら国の内外に宣言する文字通りの公文書だったのに対して、『古事記』は同一の天皇（天武天皇）の発案を端緒《たんちょ》とする編纂という体裁をとりながら、天皇家のルーツを語る内輪向けの私的な文書としての性格が強いものになっています。[※1]

『古事記』には編纂の経緯をのべる「序」がついていますが、本文の冒頭に「天地《あめつち》の初め」の章があり、天上の世界に十五柱の男女の神々が生まれたことが語られます（ちなみに、今日のわれわれは神を数える際、つい無造作に「〜人」とやりがちですが、日本の神々の正式な単位は「柱」です）。

次にくるのが、イザナキノミコトとイザナミノミコト、日本最古の人格神ペアによる国土創出を伝える章です。

この章の初めで、天上の神々は、まだあいまいで固まらないままの島国を「きちんと作り固めよ」と若い二神に命じます。

二神は、国土の素《もと》が「海月《くらげ》のように」ぷかぷかと浮く海にホコを突き刺して掻き回します。ホコを引きあげるとその先から滴《したた》り落ちた潮水が固まり、島へと変貌しました。二神の「国生み」の物語はかれらがこの島――オノゴロ島と呼ばれる――に降り立ち、神聖な柱を立てるところからはじまります。

ちなみにこの二神はたがいに兄妹の間柄にありました。

この有名な物語は『日本書紀』にもあつかわれますが、ここからは『古事記』からその原文を引くことにしましょう。


その島に天降《あも》りまして、天《あめ》の御柱《みはしら》を見立て、八尋殿《やひろどの》を見立てたまひき。ここにその妹《いも》伊邪那《いざな》美命《みのみこと》に問ひて、「汝《な》が身は如何《いか》にか成れる」と曰《の》りたまへば、「吾《あ》が身は成り成りて、成り合はざる処一処《ところひとところ》あり」と答へたまひき。ここに伊邪那岐命《いざなきのみことの》詔りたまはく、「我が身は成り成りて、成り余れる処一処あり。かれ、この吾が身の成り余れる処をもちて、汝が身の成り合はざる処にさし塞《ふた》ぎて、国土《くに》を生み成さむとおもふ。生むこといかに」とのりたまへば、伊邪那美命、「然善《しかよ》けむ」と答へたまひき。

ここに伊邪那岐命詔りたまはく、「然《しか》らば、吾と汝とこの天の御柱を行き廻《めぐ》り逢ひて、みとのまぐはひせむ」とのりたまひき。

(現代語訳)

イザナキとイザナミはその島に降り下ると、神聖な柱を立て、広い御殿をお建てになった。男神のイザナキは妹の女神・イザナミに「おまえの身体《からだ》はどのように出来ているのか?」とたずねた。イザナミは「わたしの身体には成り整いながら成り合わない所が一つあります」と答えた。イザナキは「わたしの身体には成り整いながら成り余る所が一つある。それでは、このわたしの身体の成り余る所でおまえの体の成り合わない所をふさいで、国土《くに》を生み出すことにしたいと思うが、どうか?」と言った。イザナミは「それは善い考えです」と答えた。

そこでイザナキは「それならば、わたしたちはこの神聖な柱をたがいに反対に廻り、出会った所で性交しよう[※2]」と言った。

不都合な真実

よく知られた日本の国生み、国土創出のいきさつについて語る神話ですが、ここには第一章の最後にのべた、道鏡と孝謙のペアの中世における大々的で奇妙な復活とその後の展開のための土壌をつくった「大きな流れ」の秘密がすでにたっぷりとつまっています。

つめこんだのは『古事記』に伝えられた神話を語り継いできた古代の日本人たちですが、ここではそれらの語りが六世紀より以前、仏教が到来するずっと昔からはじまっていたことに注意してください。

『古事記』が成立したのは八世紀初めの七一二年。孝謙と道鏡が出会うちょうど半世紀前でしたが、天皇家はそれ以前から大陸の先進文明の導入に——個々の天皇による濃淡の差はあれ——基本的には積極的な姿勢をとっており、『古事記』にのせられた神話もその影響による原型の改変、「文明開化」の基準に照らした改ざん、つまり不都合な真実の変更を免れなかったといわれます。

そうした改ざんをうながした主な要因としては、外的な要因、その頃すでに日本[※3]の社会に流入していた中国大陸の思想、儒教・陰陽《いんよう》思想等をあげるのが一般的ですが、そう言ってすませるだけでよいのか、というのが本章での問題提起です。

具体的には、日本社会が中国やその周辺の社会から影響を受ける前に、類似の要因、メカニズムがすでに存在していた、内部の自生的な流れとして働いていたのではないか?

ざっくり言えばそういう話ですが、叙述の都合上、いまはその点はカッコに入れておくことにし、ここでは議論の前提としてイザナキ、イザナミについてかれらの名前の意味をおさえるところからはじめることにしましょう。

イザナキ・イザナミは「イザナ」という共通の語をもちます。「イザ」は「さあ」という感動詞で、イザナフ（誘う）はそれにつながる語。「キ」は男、「ミ」は女ですから、この二神は「さあと誘う男」、「さあと誘う女」の意味をもつペアの神だということになります。ここでいう「誘う」が求愛を意味することはいうまでもありません。

「夜這《よば》い」という言葉があります。夜、男が目当ての女の寝所に忍んでいくことで、第二次世界大戦の前（地域によってはその後も）まで各地方でみられた風習でしたが、これは「呼ばふ」が転化したもの。「呼ばふ」は、中世以前の日本で「求愛」をさすごく一般的な言葉でした。「昔、津（摂津）の国に住む女ありけり。それを呼ばふ男二人なむありける」と平安時代の『大和物語』[※4]にもある通りですが、ここでの「イザナ（フ）」も同類で、日本最古の人格神ペアはたがいに求愛するペア、つまり性的なペアであることを宿命として名に刻んで誕生したことになります。

女が先に口をきくと……

イザナキは性交、すなわち「身体の成り余る所」（男根）と「身体の成り合わない所」（女陰）を結合させて国を生むことを提案し、イザナミはそれを受け入れます。

次はそれに続く部分です。


かく期《ちぎ》りてすなはち、「汝は右より廻《めぐ》り逢へ。我は左より廻り逢はむ」と詔《の》りたまひ、約《ちぎ》り竟《を》へて廻る時、伊邪那美命先に「あなにやし、えをとこを」と言ひ、後に伊邪那岐命、「あなにやし、えをとめを」と言ひ、各言《おのおの》ひ竟《を》へし後、その妹に告げて「女人先に言へるは良からず」と曰《の》りたまひき。然《しか》れどもくみどに興《おこ》して、子水蛭子《ひるこ》を生みき。この子は葦船《あしぶね》に入れて流し去《う》てき。次に淡島《あはしま》を生みき。こも子の例《かず》には入らず。

ここに二柱の神議《はか》りて云《い》はく「今吾が生みし子良からず。なほ天《あま》つ神の御所《みもと》に白《まを》すべし」といひて、即ち共に参上《まゐのぼ》りて天つ神の命を請ひたまひき。ここに天つ神の命もちて、ふとまにに卜相《うらな》ひて詔りたまはく、「女先に言ひしによりて良からず。また還《かへ》り降《くだ》りて改め言へ」とのりたまひき。かれ、ここに返り降りて、更にその天《あめ》の御柱《みはしら》を往き廻ること先の如し。ここに伊邪那岐命先に「あなにやし、えをとめを」と言ひ、後に妹伊邪那美命「あなにやし、えをとこを」と言ひき。

かく言ひ竟へて、御合《みあひ》して生みし子は淡路之穂之狭別島《あはぢのほのさわけのしま》。次に伊予之二名島《いよのふたなのしま》を生みき。

(現代語訳)

このように取り決めがすみ、イザナキは「おまえはこの柱を右から廻《まわ》っておくれ。わたしは左から廻るから」と言い、二神はそうすることにした。そして柱を廻る際、イザナミは「ああ、なんて素敵な青年でしょう」と言い、その後に「ああ、なんて素敵な乙女だろう」とイザナキが言った。

イザナキはそのとき「女が先に言葉を口にしたのは良くない」と言ったが、結局その後に性交した。が、出来た子供には障害があったので、葦船《あしぶね》に乗せて流した。次に淡島を生んだが、やはり不出来だった。

　そこで二神は「いま生んだ子はよろしくなかった。天の神々に相談してみよう」と神々のもとへおもむいた。神々は鹿の骨を焼いて占って、「女から先に言ったのが良くなかった。あらためて言い直すように」と命じた。

　イザナキとイザナミは地に下ってふたたび神聖な柱を同じように廻った。こんどはイザナキが「ああ、なんて素敵な乙女だろう」と先に言い、その後にイザナミが「ああ、なんて素敵な青年でしょう」と言った。こうして二神は無事に淡路島を生んだ。次に生まれたのが四国である。

セキレイの教え

　どうでしょうか？

　女性蔑視を指摘されてもしかたがないような内容ですが、いずれにせよこれをきっかけに、のちに「天孫族」と呼ばれる天皇家の先祖が支配することになる国土が続々と生み落とされることになります。

イザナキとイザナミの話が『日本書紀』の冒頭にも登場することはすでにふれました。もとよりこうした神話は記紀（『古事記』『日本書紀』）が創造したものではなく、そのずっと昔から語り継がれてきた国作りの神話を編集したものです。

ただ、神話は多くの人々によって長期間伝えられる関係上、地域や集団（天皇一族のなかの諸系統もふくむ）によって内容に食いちがいが生まれることになるのは自然な話でしょう。『古事記』はそうした何種類もの言い伝えのなかから一つを選択し、再構成する方針で書かれましたが、『日本書紀』はそれとは異なり、一つの神話をのべたあとに「一書に曰《いわ》く」という形で「異伝」をいくつも付け加えるというスタイルを採用しました。※5

イザナキ・イザナミの「国生み」神話に至っては、じつに十もの異伝が列挙されています。その一つである「異伝五」を読むと、イザナキとイザナミはたがいに童貞と処女だったので性交の仕方がわからず困惑した。そこへたまたまセキレイが飛んできて、尾を上下に動かした。それをまねて、二人は性交することができた（「見して《みそなは》学《なら》ひて即ち交《とつぎ》の道を得つ」）とでてきます。

セキレイは水辺に多く住む長い尾が特徴の小鳥ですが、英語でもwagtail（wag＝振る、tail＝尾）というように、尾を上下に振る習性があります。日本でも、地面を叩くようにみえることから、地方によっては「石叩き鳥」の別名をもつことになりました。日本最古の人格神ペアはそれを参考にしたというわけですが、この話題を江戸の川柳詠みたちが放っておくはずがなく、さっそく破礼句《ばれく》のネタになりました。

実際、川柳にかぎらず、江戸の戯文家《ぎぶんか》たちは性的な事柄のルーツを古代の中国や日本の有名人の故事にこじつけるのが大好きで、日本真言宗の宗祖・弘法大師空海（七七四〜八三五年）はなぜか日本に「男色の道」を紹介した元祖とされました。※6

延宝六年（一六七八）にだされた『色道大鏡《しきどうおおかがみ》』（藤本箕山《きざん》）という遊女遊びの指南書がありますが、その序文は国生みの神話を枕にとりあげ、

我ガ朝《ちょう》ニ於《おい》テ草昧《そうまい》ノ際、鶺鴒《せきれい》ノ動作《うごき》ヲ覩《み》テ、始《はじめ》而テ媾合《まぐわい》ヲ為《な》ス。是《こ》レ本朝色道ノ権興《おこり》ナリ。爾来《じらい》、色欲ノ盛行《さかんなること》、幾許《いくばく》カナ。

（現代語訳）
日本がまだ未開だった頃、イザナキとイザナミがセキレイの動作をみて性交をおこなった。これが日本の色の道のそもそもの起こりである。それ以来、この国で人々の色欲の盛んになったことたるや、どれほどであることか。

と、国土創出の神聖な神話を「色の道」誕生の起源を説くものに見立てています。

『日本書紀』のこの伝説は異伝でありながら近世の庶民に広く親しまれたもので、「恋教鳥《こいおしえどり》」という可愛らしい異名がセキレイに生まれたほどでしたが、江戸の川柳の世界では、

こうするとよくなりますと教え鳥[※7]

とか、

馬鹿らしうと雄鶺鴒《おすせきれい》が教へずと[※8]

「オスのセキレイがあほらしがって教えなかったとさ」と、からかいのネタに使われることになりました。二番目の句には、イザナキとイザナミの二神が、飛んできた夫婦のセキレイに教えを乞うたという伝説の故意の（？）誤読、江戸時代に拡散した国生み神話の俗流解釈が使われています。つまり、イザナキ・イザナミの初心者ペアは結局なんとかいとなみをやりとげたわけですが、これはオスのセキレイにそっぽを向かれた二神に同情したメスのセキレイが教えてくれたおかげだった、というのがこの作品の前提となる解釈です。

鶺鴒不審《ふしん》口吸ふは誰《た》が伝授[※9]

首尾よく交わったイザナキとイザナミをみて、「性交は俺が教えたが、キスはいったい誰から教わったんだ？」とオスのセキレイが首をひねったという句です。

こういう句を読むと、明治維新の直後、西洋型国民国家の建設を焦る新政府の一部の道徳家たちが、なぜ「敬神愛国」を民衆の「性根を変える」（人民を国民に変える）教則の第一条にかかげたくなったのか、その気持ちがわかる気がしてきます。[※10] もっとも当時、この種の大都市の冷笑家たちと同じくらい、いや、それ以上にかれらの頭を悩ませたのは、天皇と聞いてもそもそもどこの誰だかまるでピンときていない辺地《へんち》の庶民たちだったのですが。[※11]

琉球の「アダムとエヴァ」伝説

ちなみに、最古の人間のペアが動物の交尾をみて交合のやり方を知るという話は、たとえば、伝説の宝庫として知られる南西諸島、沖縄地方一帯にも多くの例があることが知られています。沖縄には縄文時代から日本の本土の文化的な影響がおよんでおり、中央で消滅した神話が形を変え、また地元の伝承と混じり合う形で残ることになりました。

沖縄本島の伝説の一つに、

ある日、遠くから今帰仁《なきじん》に一組の男女がやってきた。二人は恋の道を知らず、夫婦のいとなみも知らなかった。そこで裸のまま洞窟に住んでいたが、たまたま好い天気に誘われて近くの島にわたった。風と雨がでてきて、二人が寒さのあまり抱き合っていると、海鳥が飛んできて「クーイ〳〵」と鳴きながら交尾した。それをみた二人は恋が何であるかを悟り、今帰仁にもどると無事に交わることができた。[※12]

今帰仁は、「ヤンバル」と呼ばれる沖縄本島北部にある、琉球王朝時代から栄えた中心地区でした。

同様の沖縄の伝説としてはさらに、

天の神が、「地上の国に行って子孫を伝えよ」と一組の男女に命じた。かれらははじめは天から食べ物をもらっていたが、やがてそれらを貯《たくわ》える知恵がつくと、食べ物は降らなくなった。男女は天に向かって食べ物を降ろしてくれと祈ったが、降ろされなかった。そこで男女は働くようになった。人間の農耕はこうしてはじめられた。[※13]

ある日、天から小さな男の子と女の子が降ろされた。二人が成長するまで、天から毎日モチが降ってきた。成長して働けるようになると、モチは降らなくなった。そこで二人は海で貝や魚を採ることにした。あるとき、働いている二人の目の前で一対のタツノオトシゴが恋をはじめた。それをみた二人は、その夜から恋をするようになった。それから子や孫ができて、子孫

が繁栄した。[※14]

前者は那覇市に伝わる伝説で、労働や農耕の起源について物語られています。後者は、労働の起源と人間の生殖活動の起源を合わせて説明する、沖縄本島南部・島尻郡の伝説です。

ある日、天から神様が一組の男女を連れて降りてきた。神様は「必ずおまえたちの同類が増えるから、そのために二人で仲良くしなさい」と言った。二人は「人間はどのようにして生まれるのですか？」とたずねたが、神様は「いつかおまえたちにもわかる日がくるだろう」とだけ答え、天に帰ってしまった。しばらくして、二人が暮らしている所へオスとメスのつがいのバッタが飛んできた。バッタたちは交尾をはじめた。二人がその交尾をまねていると、子供ができ、子孫たちが国を造りあげた。[※15]

これは沖縄本島西部の中頭郡《なかがみ》に伝わる伝説で、ここでの男女は文字通り最初の人類、アダムとエヴァの役割を負わされています。この伝説は国の起源と生殖の起源を並べて語る内容になっていますが、みての通り、伝説で交合の道を教えてくれる動物は多様で、他に、猫（中頭郡読谷《よみたん》村《そん》）、海の魚（同）、また奄美大島にはイモリなどを伝える例もあります。[※16]

性のいとなみと罪の意識

動物の交尾にまつわる話が登場するのは古い神話にかぎりません。時代ははるかに下り、九世紀初めの『日本霊異記《りょういき》』にも同様のものがでてきます。同書の中巻は、その第二話としてこんな話をのせます。著者の景戒《きょうかい》が心より尊敬する聖武天皇の時代の話です。

聖武天皇の頃、和泉国《いずみのくに》（現・大阪府）の泉郡で郡長をつとめる信厳《しんごん》という男がいた。かれの家の門の外に大木があり、オスとメスのつがいの烏《からす》が巣をもうけていた。ある日オスの烏がえさを探しにゆくと、べつのオスの烏がやってきて、雛《ひな》を抱くメスの烏と交尾した。交尾が終わると、メスの烏は新しいオスと一緒に気ままにどこかへ飛び去ってしまった。

やがて夫の烏がえさをくわえてもどってきたが、メスの烏がいない。夫の烏は棄てられた子をあわれみながら雛を抱いていたが、そのまま餓死してしまった。

それをみた信厳は世の中が厭《い》やになった。妻子を捨てると出家の道に入った。……

火を起こすときは火のつきやすい木切れが用意されるし、雨が降るときは石の表面が湿ってくる。男は鳥の卑しい行為をみて、尊い出家の心を起こした。仏は人を仏の道に導く手段として、まず苦しい思いをさせ、それにより道を悟らせるのである。

人間の世界と動物の世界の卑しいことはこの話の通りである。卑しい行為を厭《いと》う者はそれに背をそむけ、愚かな者はそれに耽《ふけ》る。


（原文）

禅師信厳《しんごん》は、和泉国泉郡《いづみのくにいづみのこほり》の大領《だいりやう》、血沼県主倭麻呂《ちぬのあがたぬしやまとまろ》なり。聖武天皇の御世の人なりき。此《こ》の大領の家の門に大きなる樹《き》有りき。烏《からす》、巣を作り児《こ》を産み抱《うだ》きて臥《ふ》せりき。雄烏《をからす》は遐邇《をちこち》に飛び行きて食《あさ》を求り、児を抱ける妻を養ひつ。食を求りて行ける頃《あひだ》に、他烏《あたしからす》、遞《たがひ》に来《きた》りて婚《つる》ぶ。今の夫に姧《かだ》み婚びて、心に就《つ》きて共に高く空に翥《はふ》り、北を指して飛び、児を棄てて睠《かへり》みず。

時に先の夫の烏、食物を哺《ふふ》み持ち来りて、見れば妻烏无《な》し。時に児を慈《あはれ》び、抱き臥せりて、食物を求らずして数《しまた》の日を経ぬ。大領見て、人をして樹に登り、其《そ》の巣を見しむるに、児を抱きて死にをり。大領見て、大きに悲しび、心に愍《あはれ》び、烏の邪淫を視《み》て、世を厭《いと》ひ、家を出でぬ。

……

夫《か》の大いなる矩《ひ》あらむとする時には、先《ま》づ蘭松《らんしょう》を備《まう》く。雨降らむとする時には、兼ねて石坂潤《うる》ふ。烏の鄙《とひと》なる事を示《み》て、領、道心を発《おこ》しぬ。先づ善の方便に、苦を見、道を悟ると者《い》へるは、其れ斯《こ》れを謂《い》ふなり。欲界雑類の鄙なる行是《わざか》くの如し。厭ふ者《ひと》は背《そむ》き、愚かなる者は貪《ふけ》る。

どうでしょうか？

この話に景戒がつけたタイトルは、「烏《からす》の邪淫《じゃいん》を見て世を厭《いと》ひ、善を修《おさ》めし縁《えん》（因縁話）」。景戒得意の邪淫物の動物ヴァージョンというわけですが、やたらに説教臭くなっており、日本古代における「文明開化」の成果を伝えます。

いうまでもなくこうした考えの前提にあるのは、邪淫であれ何であれ性行為は――人間と動物とを問わず――けがらわしく不浄なものであるというブッダの教えです。

江戸時代の禅僧至道無難《しどうむなん》（一六〇三～七六年）に、

男女は交《まじ》はるものなり。

という言葉があります。[※17] 〝ジャパニーズＺＥＮ〟のはじけっぷりを物語りますが、これは景戒の何百年も後、日本人が僧俗を問わず仏教に対してすれっからし、いや、教えを自家薬籠中《じかやくろうちゅう》の物とした後の話です。

日本の禅（ＺＥＮ）は中国、とりわけ宋代の「脱論理」の思潮に色濃く染まって誕生した仏教に起源をもちますが、宋の以前、隋唐の仏教の影響下にあった平安初頭の日本仏教はよくも悪くもまだうぶで、僧侶によるこうしたたぐいの言葉のサーカス（計算された自由奔放）の習慣はみられません。

『日本霊異記』がまとめられたのは、記紀が編まれた百年ほどのちのことでした。

イザナキとイザナミは――『日本書紀』がのせる「異伝五」によれば――性交の方法に戸惑《とまど》った。そこで、目の前に現われた野生の鳥を先生にすることにしました。性交は国土創出のために天の神々から託された神聖な使命にほかならず、そこにはなんの衒《てら》いも疑いもありませんでした。日本の神話の始源、「原型」が生まれたその段階では、人々は男女の性のいとなみに基本的に罪の意識を抱くことはありませんでした。あたりまえといえばあたりまえですが、ここではまずその点を頭に入れておいてください。

イザナキとイザナミの神話の後半は、「わきまえない女」への訓戒、それがもたらす災厄《さいやく》の話からなっていました。そもそも、世界の主要な宗教――「怪力乱神《かいりょくらんしん》を語らず」と言いながら、なぜか祖先祭祀《そせんさいし》の大切さを説く『論語』(孔子思想)の儒教もとりあえずはふくめて――のすべてが、女性蔑視の立場をうちだすのはなぜか？　「創唱者が男性器をぶらさげていたから」――子供でも思いつくような回答ですが、しかし天皇家の宗教は神道ということになっています。キリスト教のイエスやイスラム教のムハンマドのような特定の創唱者をもたないいわゆる自然宗教ですが、その最高祭司の家である天皇家の祖先神がどうして「わきまえない女」について警告を忘れずにいるのか？　戒めを説かねばならないのでしょうか？

神話をこえてさかのぼる

くりかえしますが、記紀が成立したのは奈良時代初期、八世紀の初めです。

そして、そのなかで語られた神話の原型が誕生したのは――具体的な時期こそはっきりしませんが――それより何百年、いやおそらく千年以上前のことだったでしょう。

しかし、そうした「原型」にもまたそれに先立つもの、つまりそれを生みだした何かがありま す。記紀はいうまでもなく文字で記されています。われわれがそのルーツ、いまのべた「原型」に先立つ何かをつかむには、日本列島の住人たちが文字を、さらに「神」の存在すらまともに知らなかった時代について調べる必要があります。

しかし、そんなことが可能なのか？　調べる手段があるのか？

本書はこれまで多くの研究者の仕事を参照してきましたが、ここでも頼りになるのは学問です。文字資料に頼れない世界を探索するためのアプローチの一つに、考古学的なアプローチがありま す。幸いなことに、日本には世界でもトップ・レヴェルの考古学の研究者たちが膨大な業績を積み重ねてくれています。

そんなわけで、以下、本書は文献資料を用いたアプローチをいったん捨て、考古学の力を借りることになるのですが、その際に「イザナキ・イザナミの問題に関する最新の考古学の知見は」などと力み返って切りだせば、その仰々しさに笑いだすのは、いままで折にふれて登場を願った江戸の戯文家や川柳の詠み手たちでしょう。

なぜなら、右にいう「イザナキ・イザナミの問題」とは、具体的にはかれらの国生み神話、そのルーツについての問題です。日本初の男女の交わりの神話の大元となった原風景、といってもかまいません。そして江戸の斜に構えた物書きたち、ディレッタントたちは、神話のルーツがどんなものか、誰に教わらなくてもとっくにご存じだったのです。

最新の考古学の成果を借りると言いながらこれからわたしがのべるのは、やがて西洋人から学ぶことになる近代考古学など知りもせず気楽に神話イジりを楽しんでいた日本人、江戸時代の人々が「常識」として勘づいていたイザナキ・イザナミ神話の「ありのままの真実」であり、それを考古学の成果をもとに裏づけるというそれだけの話にすぎません。

いや、それだけの話というと、考古学者の皆さんに失礼にあたります。これからのべるのはイザナキ・イザナミ神話の原風景を裏づける日本考古学上の貴重な成果の紹介にほかならない、と言い直すべきでしょう。

さて、ここで話は一挙に先史時代にさかのぼります。

「先史時代」とは、文字を使用する以前の人類の時代をさす用語です。

日本の先史時代は、数万年前からその事物の痕跡について語られるのが普通です。

ある日アフリカの大草原を発したわれわれの遠い祖先の集団が、アジア大陸をへてのちに日本と呼ばれることになった列島に上陸したくわしいいきさつ、経路は不明です。

いずれにせよ、かれらは長い旅路の間に環境に適応してメラニン色素を減らし、いま日本列島に暮らす人々の多くに近い肌色になっていたと思われます。

日本列島におけるピープリング（人の居住開始）を明かす最古の証拠物として今日認められているのは、後期旧石器時代の石器で約四万年前のものです。

かれらは氷河時代と呼ばれる、今日よりはるかに苛酷な気候のもと、それによる海水面の低下により狭まった海峡、露出した海底を通じてこの列島に足跡を印《しる》した人々でした。

現在の時点では最後となるこのときの氷期をウルム氷期と呼びますが、この氷期は——一時的な寒の戻り（ヤンガー・ドリアス期）をへつつ——約一万年前に終了し、やがて気温は全地球規模で上昇、日本列島は場所によっては今日よりも高い年間平均気温になるほど温暖な気候に恵まれます。

イザナキ・イザナミ神話がもつ「原風景」、その考古学上の証しが出現するのは、この少しあとのことでした。

記紀神話によれば、イザナキ・イザナミのペアは、まず第一に「生殖」を使命として誕生した性的なペアでした。

それは、男女のそれぞれがそなえる生命力の発現——イザナキの精液の注入とイザナミの出産というわかりやすい入り口と出口をもつ――という形でおこなわれましたが、その後もかれらの旺盛な生殖活動はつづき、三十数神の神々が次々と生み落とされることになります。

天皇家の祖先となるアマテラスオオミカミ（天照大御神）もイザナキの系譜に属する女神としてやがて誕生を迎えますが、第一章でのべた通り、日本の記紀神話では、神々の子孫として天皇家の一族が出現した、と語られているのが面白い特徴です。

三十数神のなかには岩や川の他、大地を潤《うるお》す水の源である分水嶺《ぶんすいれい》の神、穀物や食物の神などがふくまれており、イザナキ・イザナミの二神の生殖が、人間の生命の維持に不可欠な日々の食物の獲得、またそれらの栄養分の摂取に不可欠な自然の恵みをもたらしたがゆえに神聖視されたことがわかります。

いま、生命力という言葉を使いました。これは、現代のわれわれには生物学や医学など科学的なアプローチのもと「客観的に」とらえられるべきものですが、では、先史時代のこの列島の住人たち――日本という国号はおろか、国という概念すらまだ知らない人々――にとって、それはどのようにつかまれていた、いや、感じられていたのでしょうか？　そのことを教えてくれる具体的な証拠、ブツはあるのか？

豊穣と生殖の重ね合わせについて

人型土偶《ひとがたどぐう》という考古学上の発掘物があります。

人の姿をかたどった土製の人形ですが、縄文時代（一万六五〇〇年前～二三五〇年前頃[※18]）の比較的早い時期、一万年以上前から制作されたものです。

最初は手のひらにおさまるほどの小さなものでしたが、やがて四〇cmをこえる大型の土偶もつくられるようになりました。

縄文時代の発掘物としては、煮沸具《しゃふつぐ》（つまり鍋）などの土器や石斧《せきふ》（樹木伐採《ばっさい》用のオノ）また石鏃《せきぞく》（狩猟用の矢ジリ）などがありますが、人型土偶の特色はそれらとちがって非実用的な道具であることです。

もっとも、縄文土器の最も目につく特色は、よく知られているように、機能的にはなんの意味ももたない突起やしばしば驚くほど洗練された文様のデザイン［図⑤一四七頁］にあるわけで、この実用性と非実用性の日常道具における共存は、縄文人が生活のなかの美（とわれわれが呼ぶもの）の追求にひとかたならぬ関心を抱いていたことを教えてくれます。

日本人の欧米の考古学の受容は明治初期、東京の大森貝塚の発見で名高い米国人のモース博士[※19]

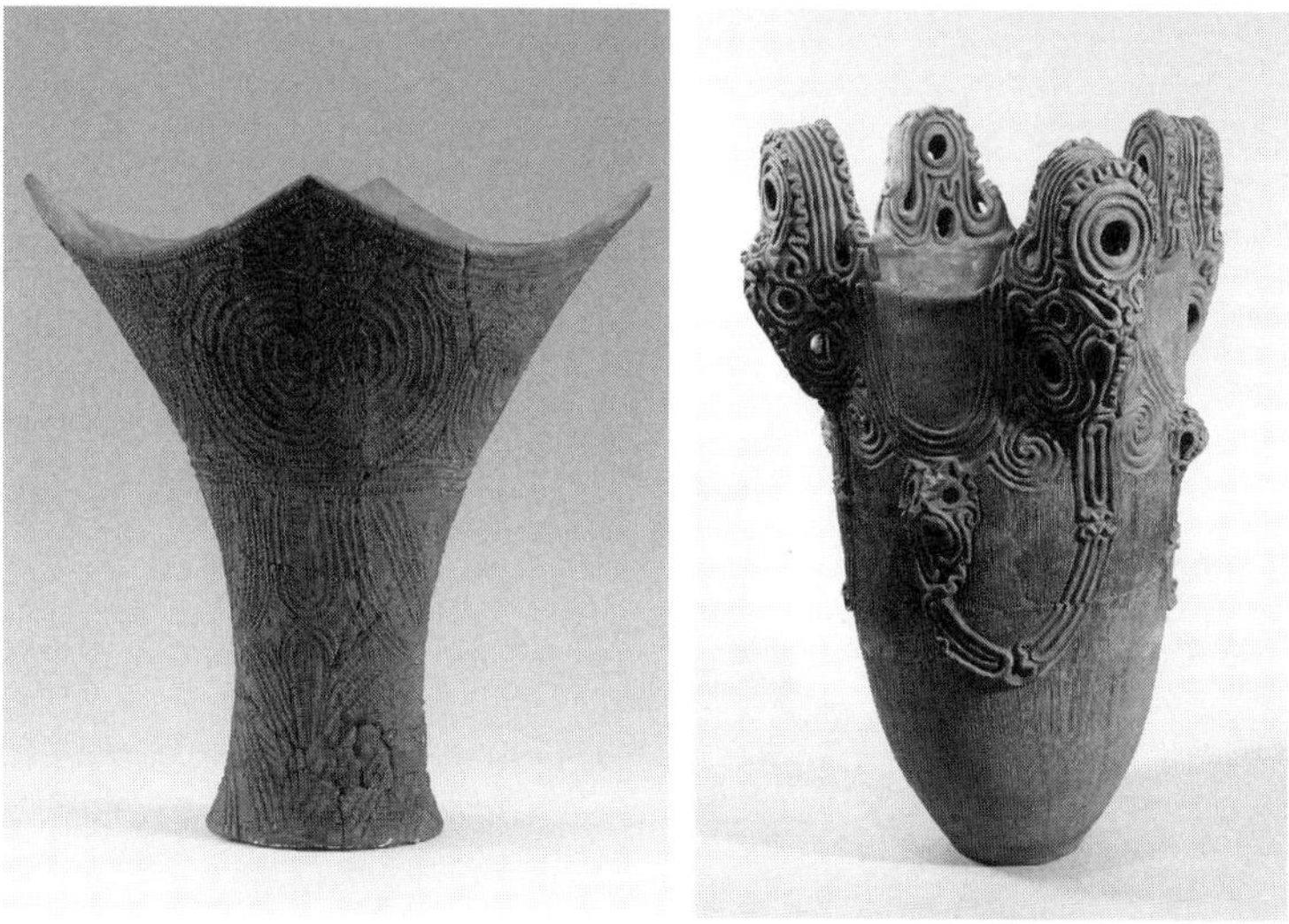

図⑤ 右／水煙文土器。山梨県甲州市安道寺遺跡出土、縄文時代中期後半。山梨県指定文化財。 左／深鉢形土器。山梨県北杜市天神遺跡出土、縄文時代前期後半。（共に山梨県立考古博物館所蔵）

にはじまります。縄文時代の「縄文」という言葉自体、大森貝塚からでた土器につけられた縄目のデザインに注目した博士が、貝塚の調査報告論文のなかで「cord marked pottery」と名づけたことに由来します。

まさに日本の近代考古学の恩人ですが、その後、そう呼ばれる時代の年代や時期区分は、放射性炭素年代測定法の発達などにより新たな議論を呼ぶものになりながらも、時代の名称自体は定着し、今日に至りました。

その間長く単なる考古学上の発掘品としてあつかわれていた縄文土器を、日本固有の美の達成、芸術の領域の対象に据えたのは、昭和を代表する前衛画家で「太陽の塔」の制作者、「芸術は爆発だ！」「グラスの底に顔があってもよいじゃないか」で知られる岡本太郎（一九一一～九六年）でした。[※20]

縄文の人型土偶（以下、土偶）の最盛期は土器の最盛期と重なりますが、前者の特色は同じ道具でも土器とちがって純粋に非実用的なものである点に求められます。

面白いことに、これと同種の人形は朝鮮半島からは――対馬海峡という最短地点で四十八㎞の狭い水域を隔てるにすぎないにもかかわらず――出土していません。前述の縄文土器も、中国大陸本土はもとより、朝鮮半島との文化交流もなしに、列島内部で独自に発達をとげたものでした。[※21]

縄文の土偶にはいくつかの共通した特色があります。その一つは、作品のほとんどが女性をかたどっているということです。男性の土偶もないではないが、例外的なものとしてしかつくられなかった。つまり、制作者たちの関心はもっぱら女性の人形を生み出す点におかれていた、ということになります。[※22]

二つめの特色は――一つめの特色から比較的容易に想像がつくと思いますが――男性のもたない身体的特徴が強調されることです。乳房、豊かな臀部《でんぶ》、正中線《せいちゅうせん》などですが、考古学者の山田康弘は、土偶がではじめてからごく初期の「乳房を表現したトルソー様の土偶」を例に、「この段階で女性に対する『なんらかの特別な視線』が存在した」とし、それは「生物学的にも女性にのみ可能である妊娠・出産という、新たな生命を産み出す特性」に対するものだったと指摘しています。[※23] この特別な視線は、おそらく男性にも女性にも共有されたものだったでしょう。

当時の人々が人間の生殖を穀物の稔《みの》り（豊穣）と同一視し、イメージのなかで重ね合わせたことはよく知られています。

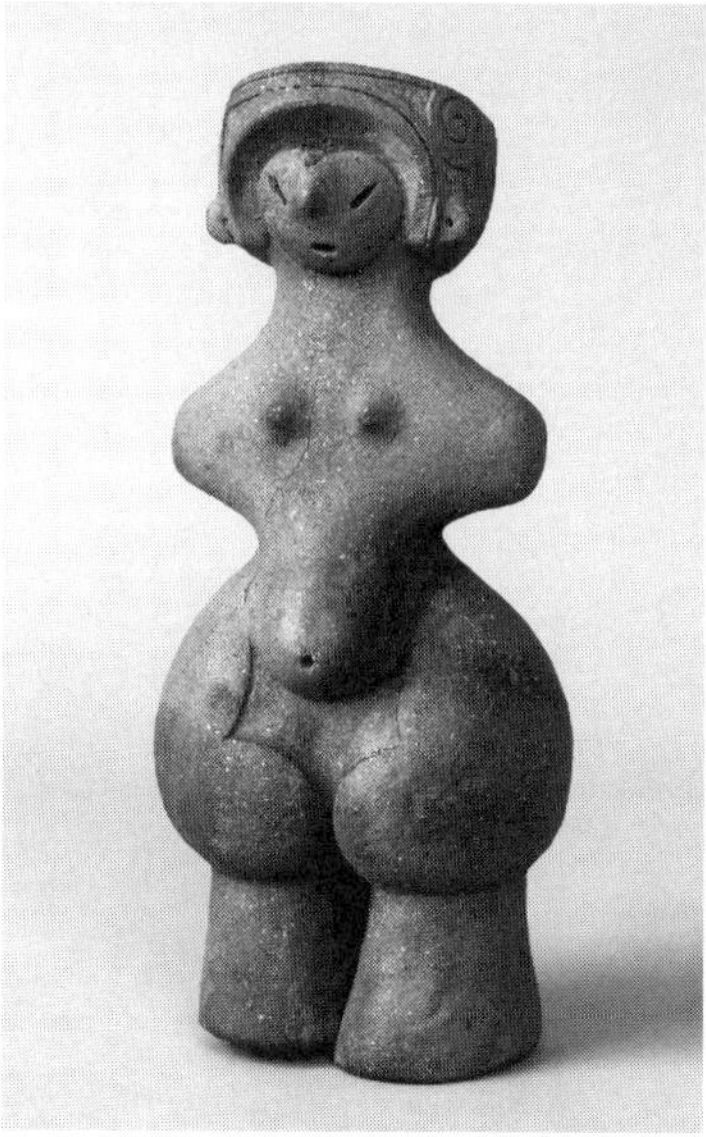

図⑥　国宝 土偶「縄文のビーナス」。長野県茅野市棚畑遺跡出土、縄文時代中期。（茅野市尖石縄文考古館所蔵）

生殖は男女双方の関与によって実現するものですが、縄文人が感じた生殖のパワーへの畏怖感情はもっぱら女性が発揮するそれに向けられていました。そしてそれは、血への信仰と結びつきます。生理時や出産の出血の印象からくるものですが、血は生命の神秘を宿した特別の力をもつものと受けとめられました。土偶にベンガラ（酸化鉄）を漆《うるし》に溶いて赤く塗られたものがあるのは、この信仰を表現したものだという研究者の見解にはうなずけるものがあります。[※24]

［図⑥一四九頁］は、一九八六年に長野県の八ケ岳山麓で発見され、その後国宝に指定された土偶です。縄文中期（五四七〇～四四二〇年前頃）のもので、赤みがかった粘土に雲母《うんも》片を練り込んだ魅力的なものです。「縄文のビーナス」という愛称がつけられており、メディアにもよく登場するので、縄文ファンでなくてもごぞんじの方も多いでしょう。

考古学者の三上徹也はこの土偶について、「絢爛豪華《けんらんごうか》な文様をつけた土器」が流行した時期に制作されたこの作品の「装飾性を完全にそいだ質素な姿」に独特の魅力を感じると語ります。

「手足は短くアンバランス、特別な文様で飾りたてられているわけでなく、自らを積極的に主張しているわけでもない。なのに目をクギづけにして離さない。新たな生命を抱えているのであろう、その豊かな腹部の繊細なカーブ、そして唯一文様の凝縮された頭部が調和し、さらに滑らかで不思議な光沢を放つ地肌があいまって、安らぎ、安心感を抱かせる」と三上はのべます。※25 わたしも実際に展示会場で対面したときは、同じような印象を受けました。

［図⑦一五一頁］もやはり縄文中期の土偶で、山形県の西ノ前遺跡で発掘されたものです。縄文土偶の代表作の一つとして、二〇〇九年の大英博物館の土偶展にも出展されました。高さ四十五cmという縄文土偶としては最大級のもので、作り手の、近代彫刻と錯覚しそうなデフォルメへの意志がきわだつ、赤褐色の作品です。土偶にくわしいライターの誉田《こんだ》亜希子は、この土偶の「筋肉質なエロス」に注目します。たしかに、ここにあるのは「縄文のビーナス」とは異なった視点から表現された母性です。

「どっしりとした太い角柱状の脚の上にバランスをとるように板状の上半身がのせられ、扇形をした頭が続きます。……まるで男性アスリートのような土偶です。すべてにおいて均整がとれ、作り手の並々ならぬ美意識を感じます。それでいながら、きゅっと括《くび》れたウエストや正中線、乳房の表現が純然たる女性を示している、不思議な土偶と言えるでしょう」

と誉田はのべます。※26

二つの土偶は、それぞれ下半身にイチョウの葉形、ハート形の女性器を強調する大きな部分を

図⑦ 国宝 土偶「縄文の女神」。山形県舟形町西ノ前遺跡出土、縄文時代中期。（山形県立博物館所蔵）

もち、女性の出産能力への驚異を交えた祈りがこめられています。それらは、多産の能力に代表される母性への崇拝からくるものでした。にもかかわらず、二つの作品が示す造形美の追求の仕方は感動的なほど対照的で、観る者を魅了する理由は個々の作品のすばらしさ以上に、制作者たちが示す芸術的感性の多様さにあるといえるほどです。

『古ヨーロッパの神々』

ところで、すでにみたように、縄文時代の土偶は日本列島で自生的に発達したものですが、そのことは地球上に似たものがないことを意味しません。

たとえば、東ヨーロッパの中央バルカン地方のヴィンチャ遺跡。主に今日のセルビア、コソボなど南東ヨーロッパ（バルカン半島）にあたる地域に存在する遺跡群で、この地域は持続的な人口増加を通じて先史時代にかつてない規模の集落（定住地）や人口をもつ繁栄地となり、多くの出土品を輩出することになりました。

また、今日のルーマニアやブルガリアにあたる東バルカン地方も「古ヨーロッパ」といわれる先史時代の文化遺跡をいくつも残していますが、どちらの遺跡からも、さきほど日本の先史時代の文化を代表する作品としてかかげた二つの土偶と類似のモチーフのもとにつくられた人型像が

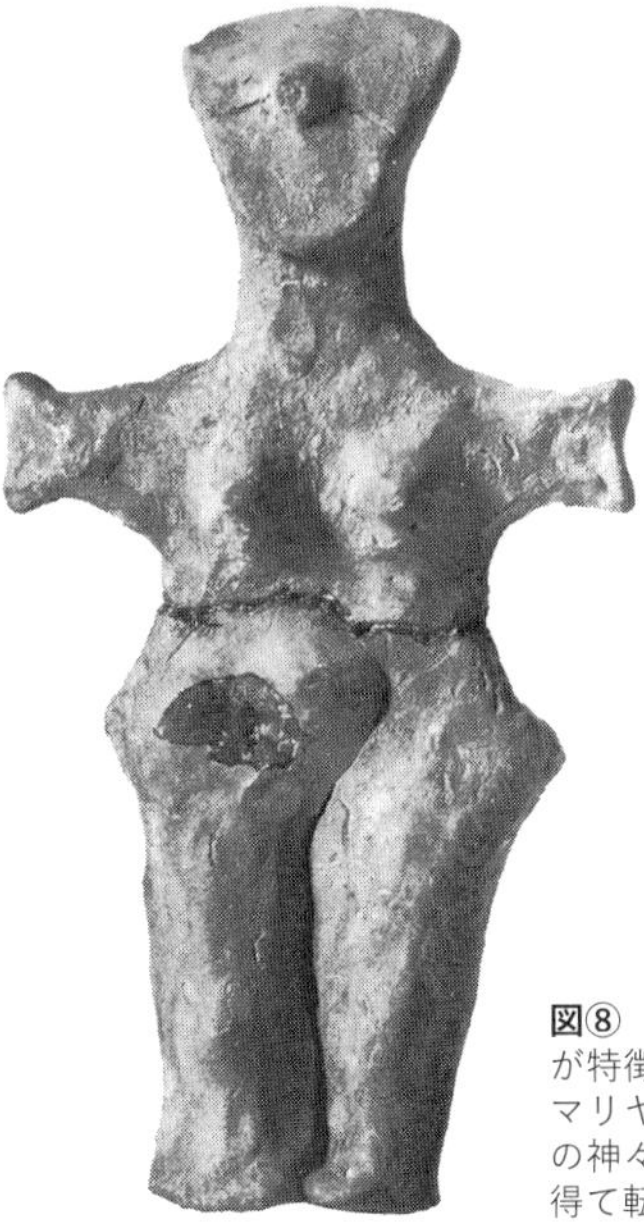

図⑧ 仮面の女性像。仮面の頭部と短い腕が特徴。ヴィンチャ遺跡、紀元前六千世紀。マリヤ・ギンブタス『新装版 古ヨーロッパの神々』（言叢社、一九九八年）より許諾を得て転載。

発見されています。

［図⑧一五三頁］は、いまから七〜八千年前、日本でいえば縄文時代の早期にあたる頃に制作されたと推定される小像です。縄文土偶とくらべるとやや単純ですが、自然のままに突きだされた乳房や強調された臀部などに共通の視線が認められます。

この像は仮面をかぶっているとされますが、［図⑦一五一頁］のアスリート体形の縄文土偶ももともとは皮革《かわ》製の仮面をかぶっていたのではという指摘があり、当時の祭りの文化をしのばせます。

ヴィンチャ遺跡の人型像には土製の他に、日本にはない大理石製のものもあります。一般に石製のものは土製のものにくらべて冷たい印象がありますが、日本の土偶と同様にあたたかみを伝えるものになっています。［図⑨一五四頁］

図⑨　大理石製小像。ユーゴスラヴィア南部、グラダツ出土。初期ヴィンチャ文化。マリヤ・ギンブタス前掲書より許諾を得て転載。

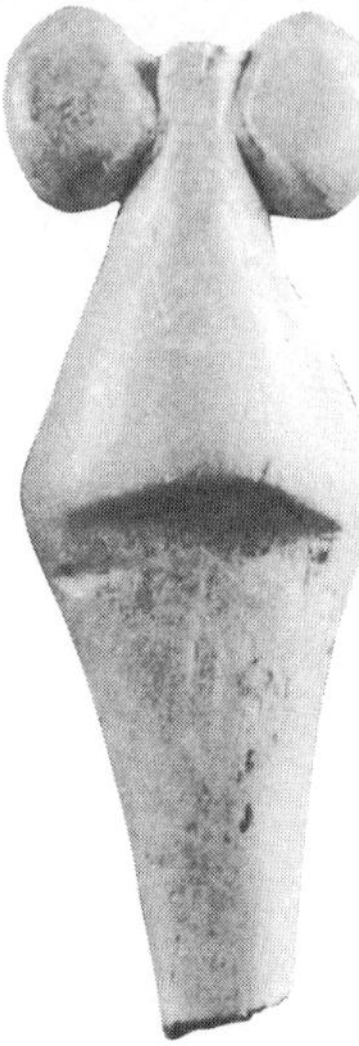

図⑩　骨製小像。ルーマニア南部、チェルニツァの墓所より出土。紀元前六千年紀後半。マリヤ・ギンブタス前掲書より許諾を得て転載。

は、旧ユーゴスラヴィア南部、グラダツから出土した初期ヴィンチャ文化の作品ですが、これも臀部のふくらみなど女性の肉体的な特徴が誇張される形で表現されています。〔図⑩一五四頁〕はルーマニア南部、チェルニツァの墓穴から出土した小像で、七〜八千年前の骨製の作品です。やはり腹部と一緒に陰部がこれでもかと強調されています。

いずれも、多産に象徴される母性への崇拝にもとづくモチーフによって制作されたものであることは明らかです。

右の三つの像はすべて、リトアニア出身の考古学者マリヤ・ギンブタス（一九二一〜九四年）の著書『古ヨーロッパの神々』（鶴岡真弓訳・言叢社・一九八八年）に図版として紹介されたものです。

「小像のうちで最も洗練された部類に属する

像は、社会のなかで卓越した才能をもっていた人々の手によって作られたに違いない。そこでは個々の作り手によって異なるさまざまな制作の動機や目的が作品の質に反映している」（ギンブタス前掲書四一頁）とギンブタスはのべます。

日本の土偶が、作品ごとに制作者がみせる個性の違いの点で、みる者に強い印象をあたえることはすでに記した通りですが、先史時代の日本とヨーロッパ南東部でこれほど似た感想を人々に抱かせる像が発見されるのは、両地域の住人たちがアフリカ生まれの共通のルーツをもつことを考慮にいれても感動的な話です。

小像芸術の内容と目的は、小像の主題のみならず、一定の集団のなかで是認され繰り返し表現されてきた形態をみていくことによって明らかにすることができる。そもそも芸術とは環境に対する人間の精神的応答を明確にしようとするものであり、芸術によって人間は現実を把握し、克服する。つまり自然を合理化し、神話化したあれこれの思念を視覚的なもので表現しようとするのである。……

小像のかたちが省略されているからといって、新石器時代の芸術家に丸彫りの像を作る技術がなかったと決めつけてはならない。むしろそうした表現形式は彼らの心に深く根ざした理念や信仰によって希求されたものなのである。一部軽蔑的な意味合いを込めて、しばしば、「原始的」と呼ばれてきた芸術を論じるからには、ここで少々横道にそれても新石器時代の彫刻家の能力を弁護する必要があるだろう。われわれとしては、彼らが不器用で素材の性質に通じていなかったり、然るべき技術を身につけていなかったために、非自然主義義的《アンナチュラリスティック》な表現しかできなかったと決めつけてはならないということ、いやそれどころか、もとより彼らの表現は非自然主義的なものだけに限られていたわけではないということを強調しておかねばなるまい。いわば古ヨーロッパの小像芸術とは、円熟した伝統を形成する熟達した職人芸のたまものなのである。（前掲書三六頁）※27

縄文土偶が物語る精神文化

ギンブタスの「古ヨーロッパ」の理解の仕方については——右の注27（四一三頁）でもふれておいたように——いくつかの議論を許すようですが、小像について熟達した職人芸のたまものとみること自体は間違いではないでしょう。

そしてわれわれとしては、南東ヨーロッパの新石器時代の小像をある意味で上回る腕前を発揮してくれた縄文土偶の作り手たちに感謝をささげたい気持ちになるのですが、いまのギンブタスの文中に、新石器時代の芸術が「神話化したあれこれの思念を視覚的なもので表現しようと（した）」とか、その表現形式は「信仰によって希求されたもの」だったという記述がでてきました。

日本の土偶研究者の多くもこうした説明を日本の土偶について踏襲するようですが、本書では、土偶制作の背景に「あの世」はもとより人格神の信仰を無条件にもちこむ大胆さについては、避けることにしたいと思います（後述）。

いま新石器時代という用語がでてきましたが、これは一般的にはごく簡単に「最終氷期（ウルム氷期）終了後の温暖化のもと、植物資源に頼って定住するようになった人類史段階」と定義することができます。[※28]

縄文時代はこの日本列島版ですが、それは用途ごとに多種多様な磨製《ませい》石器を発達させながらも、森林資源のあまりの豊かさから、農耕・牧畜社会を伴わずに狩猟・採集社会の基本的な形態を維持したまま、定住生活の漸次《ぜんじ》的な発展を通じて特有の精神文化を発達させる、という一風変わった特徴をもつ時代になりました。

華麗奇抜な土器やユニークにデフォルメされた土偶はそのわかりやすい証拠ですが、この時代の精神文化を証す発掘物はこれらだけにかぎりません。

さきほど仮面をつけた可能性のある土偶に

図⑪　重要文化財「鼻曲り土面」。岩手県一戸町蒔前遺跡出土、縄文時代晩期。（一戸町教育委員会提供）

ついて紹介しましたが、日本各地の縄文遺跡からは、実際に人間が装着していたと思われる土製の仮面（土面）が出土しています［図⑪一五七頁］。

おそらく祭礼の儀式などに用いたものでしょうが、仮面制作者の意識を想像してみると、制作の最も重要な前提の一つとなるのは「ほんとうの自分」という考え方です。「ほんとうの自分」から「べつの自分」につかのま変わるための道具、それが仮面です。いったい先史時代のわれわれの先祖たちは、なぜ「ほんとうの自分」を一時《いっとき》であれ消去する欲望に駆られたのでしょうか？そのとき「ほんとうの自分」と「べつの自分」は、仮面の装着が生みだす日常からの遊離感覚のなかで、どのように関係づけられ、影響し合うものとして理解されていたのでしょうか？

古典的な意味での「仮面の自分」とは異なりますが、オンラインゲームへの過度の没入により、「ほんとうの自分」とアバターとの距離のつけ方に失敗する精神的な障害の発生の報告を知るわれわれにとって、人間の進歩について考えさせられるものがあるようです（もっとも先史時代にも、仮面の装着にハマりすぎてオカシくなった人もなかにはいたかもしれませんが）。

精神文化は、それがいかに高度に発達したものであれ、その担い手は――ハレの日はハレの日としながら――いつもは日常生活を送る普通の人々です。その点は先史時代の先祖たちも今日のわれわれも変わりはありません。

そして、そんなかれらのなかのある種の人々は、明らかに「日常生活のなかの美」の探求と創造に格別の情熱を抱いていました。かれらの築いた精神文化が――ギンブタスの言葉を借りるまでもなく――「原始的」の一言では片づけられないものをもっていたことは明らかです。美の自覚的、個性的な追求はその顕著な証しですが、かれらの精神能力の発揮の場はそこだけにとどまりません。

土偶にみられる美の追求は母性、つまり女性のみがもつたくましい生命力への崇拝に付随する形で発揮されたものでした。

先史時代の人々が、人間の生命力の最も強烈な表現である出産と穀物の稔《みの》りをイメージのなかで重ね合わせる思考の習慣をもっていたことは、すでにのべた通りです。「多産」と「豊穣」、この二つは、不作による飢えと死に苦しむことの多かった当時の人々にとって、最も切実で真剣そのものの祈りでした。

二つはたがいに結びつきつつ、かれら自身と子孫の繁栄を保証してくれる神聖な恵み、とアナロジー（類推）の思考のなかで意識されたわけですが、一方でその祈りは、自然に対するたぐいまれな観察力の発揮へとかれらを導くことになりました。

ストーンサークルに立つ日時計

縄文時代の後期（四四二〇〜三三二〇年前頃）に、東北地方や北海道で大規模に発達した構造物に環状列石《かんじょうれっせき》（ストーンサークル）があります。

［図⑫一六一頁］は縄文時代後期前半、約四千年前の秋田県伊勢堂岱《いせどうたい》遺跡（二〇二一年、ユネスコ世界文化遺産登録）。標高四十二〜四十五ｍの河岸段丘の台地の上にあり、これでわかる通り、四つのサークルが築かれています。

サークルＡ（直径三〇ｍ）、サークルＢ（全長十五ｍ）、サークルＣ（直径四十五ｍ）、サークルＤ（直径三十六ｍ）と、かなり大きな規模をもつストーンサークルです。構築の際には、凹凸のある地面を掘削工事で平らにしたり、必要な盛り土をしたりと丁寧な整地がほどこされた跡がみてとれます。[※29]

注目すべきはその立地で、台地周辺は環状列石のある北部だけが遠くに眺望が開け、周囲の山並みがみえることです。この山並みは、縄文人たちが山を覆う木々の紅葉や落葉、また山頂部の冠雪のはじまりにより、季節の移り変わりをつかむ一番の手がかりを提供していました。

四つのサークルの外側には、「日時計」と研究者たちが名づけた特有の形をした組石がおかれ

図⑫　史跡 伊勢堂岱遺跡。秋田県北秋田市。
（出典／ JOMON ARCHIVES、撮影／縄文遺跡群世界遺産保存活用協議会）

図⑬　特別史跡 大湯環状列石。右側が万座環状列石、左側が野中堂環状列石。秋田県鹿角市。（出典／ JOMON ARCHIVES、撮影／縄文遺跡群世界遺産保存活用協議会）

ています。サークルAは北東・南西方向に長軸をもちますが、そのすぐ外側の「日時計」からサークルの中心を見通した先に夏至の太陽が沈むようにつくられています。

サークルAには円《まる》い果実のつるのような部分がついており、サークル内で祭祀をおこなう際に出入りするための通路として設計されたものと推定されています。

四つのサークルの周囲からはいまの「日時計」の組石の他に、掘立柱《ほったてばしら》建物、土坑《どこう》墓（土を掘ってくぼめた穴に遺体を安置した墓）、土器類の埋設遺構、ゴミ捨て場の各跡が発見されており、板状の土偶や土器なども出土しています。

この遺跡では、かなりの直径で環状に配置される石の内側に死者を埋葬する墓が発見されており、墓地とともに築かれた大規模な祭祀のためのモニュメントであったことがうかがわれます。〔図⑬一六一頁〕は秋田県鹿角《かづの》市の大湯《おおゆ》環状列石で、二つのサークルが平たい台地を横切る形で並んでいます。大きなほうは直径が五十二mに達し、現在発見されている日本の環状列石としては最大規模のものです。

もう一つのサークルは四十四mの直径とやや小ぶりですが、二つのサークルの共通点は、ともに棒状の石を立てた「日時計」の組石をもつことです。小さなサークルの中心に立って、その「日時計」を眺めると、大きな方のサークルの「日時計」が同じ視線上に重なるばかりか、その延長線の先に夏至の日の太陽が沈むことになります。その瞬間、二つの「日時計」の中心にそそり立つ棒状の石の影が長々と、サークルに立つ者にむかってのびてきます。

大湯の環状列石の配石の置かれた地中からは、伊勢堂岱遺跡の場合と同じように、墓の土坑跡が発見されており、やはり共同墓地の設けられた場所だったとみられています。

大湯環状列石の北東には黒又山《くろまたやま》という標高二八〇m余りの山がそびえ、二つのサークルからはきれいな三角形にみえて、これも環状列石の建設地を選定するうえでの目安になった可能性が指摘されています。

考古学者の松木武彦は、いまのべた「日時計」の影の創出についてふれ、二つのサークルが「夏至にこうした演出がおこなえる位置関係にあることは、偶然ではないだろう。太陽の動きに関わるまつりのために、意図して周到に設計した配置だった可能性がきわめて強い」(『縄文とケルト――辺境の比較考古学』筑摩書房・二〇一七年の一三三頁)とのべています。

さきほど、不作による飢えと死に苦しむ縄文時代の人々にとって、多産と豊穣は強い切実さで祈られたものだったと書きました。

豊穣をもたらすものは何よりも太陽と水、なかでも宇宙的な存在感を放つのは、頭上に輝く太陽です。日照りのもたらす死の記憶は、その存在感をさらに圧倒的なものにします。

ここに太陽に対する真摯《しんし》そのものの祈り、そしてその運行の「法則」にまつわる抜きんでた観察力が人々のあいだにはぐくまれることになりました。

三内丸山《さんないまるやま》遺跡という縄文時代の遺跡があります。青森県の青森市郊外、沖館《おきだて》川右岸の河岸段丘に立地する縄文時代前期中頃から後期(約五九〇〇~四二〇〇年前頃)にかけていとなまれた巨

図⑭　特別史跡 三内丸山遺跡の大型掘立柱建物（復元）。木組みの形については議論がある。青森県青森市。（出典／JOMON ARCHIVES、撮影／青森県教育委員会）

大な集落の跡です。

集落の跡地からは八百軒近い住居の他、墓、ごみ捨て場、粘土採掘場、道路に加え、集団の祭祀に使われたとみられる六本の大型木柱列の跡が発見されました［図⑭一六四頁］。

興味深いのは、ここでも周囲の山の景観が自然観測のためにとりこまれていることです。木柱列はすべて、夏至・冬至・春分・秋分の二至二分を意識して組み立てられたことが調査の結果、判明しています。

まず方位の関係であるが、その長軸方向は北から63・5度であり、ほぼ夏至の日の出と冬至の日の入方向に、対角線方向は北から90度で春分・秋分の日の出、日の入、即ち東西方向に向くことがわかる。また、南側の各木柱と北側の木柱間の中間点を結ぶ方向は、南北に向くことが読み取れる。山との関係で言うと、長軸の東側延長方向と高森山、西側延長方向と岩木山、対角線の東側延長上と三角岳、真北と駒ケ岳が対応することになる。（『縄文ランドスケープ』小林達雄編著・アムプロモーション・二〇〇五年）※30

夏至は太陽の活動が最高潮に達し、冬至は活動が一年で最も衰弱したと人々に意識された太陽の運行上の「折り返し点[※31]」です。

そしてそれが昔から人々の観察の対象となってきたことは、世界共通です。

日本各地にいまでも残る古い祭りに、夏至や冬至の祭りを起源とするものが多くみられることは周知の通りですが、三内丸山遺跡の木柱列はその先史時代における起源を興味深く示す例を提供してくれます。

ブリテン島の先史遺跡

いま世界共通という語を使いましたが、先史時代の巨石遺跡として有名なものに、英国のストーンヘンジ〔図⑮一六六頁〕があります。

英国本土、ブリテン島の南部エーヴベリーの近くにあり、いまから五一〇〇年前頃に最初は木の建造物の樹立からはじまり、ついで石の柱が立てられた。そして四〇〇〇年前頃に、今日の形になりました。日本でいえば、縄文時代の中期から後期前半にあたる頃の遺跡です。

ストーンヘンジ中央部の石の環は、直径一〇〇m余りの土手と塀に囲まれています。この二つ

図⑮　ストーンヘンジ。英国ブリテン島。

図⑯　メイズハウ遺跡。英国オークニー諸島。2013 年撮影。Photo by summonedbyfells

の構造物はいくつかの切れ目をもちますが、北東側の切れ目が特別に大きくつくられている。そしてこの切れ目から北東方向に「アベニュー」と呼ばれる通路が一直線にのびており、それは夏至の太陽が昇る方向にほかなりません。夏至の夜明け、ストーンヘンジの中心に立った人々は、アベニューを通じて到来する太陽の光を全身で迎え入れる。類似の切れ目の通路（「果物のつる」）をもつモニュメントである日本のストーンサークルと同様に、自然が出現させた「光のショー」の演出[※32]のなかで、祭祀の行事がくりひろげられたと推測されています。

また、［図⑯一六六頁］はブリテン島の最北部、オークニー諸島のメイズハウ遺跡。約五〇〇〇年前のものですが、ここを訪れた考古学者の谷口康浩によると、ここには直径三十五m、高さ七mの円形の石室墓があり、外からは十〇mの細長い通路を通って入る構造になっている。

注目すべきは、石室が築かれた方向とその設計がもたらす効果で、冬至とその前後の数日間だけは、日没時の太陽光線が細長い通路を抜け、石室の奥の壁を照らす仕組みになっているという。[※33]もちろんその瞬間、そこには光を迎え入れる一群の人々がいたはずです。かれらは、おそらくは歓喜に頬を紅潮させながら、われわれには想像をめぐらせるほかない何かの祭祀をおこなったことでしょう。

冬至、それは一年で最も太陽が衰えるがゆえに、人々が最も心をこめてその復活を祈る日でした。

記紀が伝えて名高いアメノウズメの踊り——次章でとりあげるように、洞窟に隠れた太陽神のアマテラスを誘いだすための裸踊りでしたが――も、じつは、冬至の祭りにおこなわれたものでした[※34]。

　冬至の祭りは秋の収穫作業のあとにおこなわれます。

　冬至は一年で最も太陽が力を失い、植物が枯れ果てるときです。アメノウズメの踊りは居並ぶ者たちの哄笑《こうしょう》を引き起こす激しいもので、太陽の生命力の復活を象徴的にうながす役目を果たします。太陽が蘇りふたたび豊かな稔りのあらんことを祈る――彼女を見守る神々の期待を背に、巫女神アメノウズメの身ぶりはいやでも過激で情熱的なものにならざるを得ません。

　ただ、アマテラスやアメノウズメといった人格神が日本で登場したのは、伊勢堂岱《いせどうたい》や大湯の環状遺跡の頃よりも、だいぶのちになってからのことでした。

　二人の女神をめぐる右の逸話は、日本の先史時代以来の冬至の祭りを古代の人々が神話の形で再構成したものでした。

　本章で以下あつかうのは、環状列石が成立した、いや、それ以前からの時期にまさに原型として生まれた祭りですが、いずれにせよ冬至の祭りは縄文時代の人々にとって、太陽の復活を祝う夏至の祭りよりも強い祈りに満ちたものだったと思われます。

ホモ・サピエンスの認知の普遍性

人々が日々体内に摂《と》り入れ、生命を絶やさない糧《かて》とする穀物。その稔りを人間の生殖と結びつける発想、それは縄文時代の人々にとってきわめて自然なものでした。

それと同じ考え方が、古ヨーロッパと呼ばれる東ヨーロッパの遺跡の小像にもみてとれることを、われわれはギンブタスの叙述を通して知ることができました。

穀物の稔りに最大の力をあたえる自然の活動は太陽の輝きでしたが、では、太陽の運行それ自体は、どんなイメージでとらえられていたのでしょうか？　縄文時代の人々の意識のなかで何と結びつけられ、重ね合わされていたのでしょうか？

日本とヨーロッパの西端の島国で先史時代の人々がストーンサークルを築く文化を共有し、類似の太陽崇拝の儀式をおこなっていたことは前節でみた通りです。

ただ、こうした遺跡が伝える構築物のありようやそこでの人々のふるまいの共通性は、英国の遺跡との間にだけみられるものではありません。

たとえば、アイルランドのベルタニー遺跡には、約五〇〇〇年前につくられた直径四十四ｍのストーンサークルがあります。その北西部分に立つ目を惹いて高い石から南東部分で最も高い石

図⑰　チカモリ遺跡の環状木柱列（復元）。縄文時代終盤期。石川県金沢市。（金沢市提供）

をのぞむと、その延長線上にベスティ・ベルという山がみえる。そして、冬至にはそこから太陽が昇る――つまり、特定の選ばれた地形がモニュメントの建設の成立要素に取り込まれており、この景観の取り入れ方も東西の遺跡の共通点の一つにあげられるかもしれません。※35

また、そもそも、これらのモニュメントが「輪」をつくるという共通点をもつことも忘れてはならないでしょう。石作りの輪だけではありません。石川県の金沢にある縄文時代の終盤期（三〇〇〇～二三〇〇年前頃）と推定されるチカモリ遺跡からは、サークル状の木柱列の跡が発見されています［図⑰一七〇頁］。木柱部分を復元した形で保存されていますが、サークル部分には出口がついており、内部で何かの祭祀をおこなうための施設だったとみられています。

以前にもふれたように、縄文時代のストーンサークルの大型のものは、東北地方や北海道に集中しています。サークル状の構築物としては、伊勢堂岱や大湯の他にも、三内丸山遺跡の南にある小牧野《こまきの》遺跡にあるものや北海道千歳《ちとせ》市のキウスにある環状土塁群など、文字通り枚挙にいとまがありません。

それでは、形はよいとして、遺跡の機能面では他にどんな類似、共通点が東西の間でみられるでしょうか？　なんといっても目立つのは、これらの遺跡の多くが共通して集団の墓地だったことでしょう。

ブリテン島のストーンヘンジでは、何世紀にもわたり埋葬がおこなわれ、そこが祭祀がもよおされたモニュメントの施設だったことが確認されています。メイズハウの石室が墓であることはいうまでもありません。

つまり、遺跡があったのは生者と死者が交流する場所でした。そしてそこでの行事は、日本であれ英国であれ、しばしばその地に暮らす人々の太陽の運行への深い関心とともにくりひろげられていたのです。※36

前出の松木武彦はこんなふうにのべています。

このような類似や符号は、おそらく、地球上のホモ・サピエンスが等しく共通してもつ認知、すなわち心の働き方の同一性に根ざした現象であろう。こうした、ホモ・サピエンスに共通する認知の一つとして、別個の事象の間に類似のパターンやイメージを見つけ出し、それを介して本来は無関係であるはずの両者を関連づけるという働きがみられる。いわゆる「アナロジー」である。

太陽が昇り、そして沈むことと、生命がうまれ、そして死ぬこと。自らの営みを根本から左右する二大事象をアナロジーとして結びつけるというのは、地球上のどこにいようと、ホモ・サピエンスにとっては、普遍的かつ必然的な心の働きであった。後世になって、両者は同じパターンやイメージとして心に映るけれども、実際には異なる原理による、たがいに独立した別個の事象だという認識が当然のこととして共有されるより前には、この素朴なアナロジーが、社会を律する文化の枠組みの一つとなっていた。言いかえれば、「文明」に上塗りされるよりも前の文化は、ホモ・サピエンスの本源的な認知にむき出しの形で根ざしたものであり、そうであるからこそ、地球上どの地域においても共通の、素朴な普遍性を保っていたと考えられる。新石器時代の「非文明」の本質は、まさにその点に求めることができるだろう。（松木、前掲書・一四四頁）

石棒の出現

イザナキ・イザナミ神話の原風景をたどる本章で、わたしが日本の環状列石、さらに外国との比較、バルカン地方の遺跡や英国のストーンサークルにまで話を遠回りさせたのも、そのイメージをつかみやすくしてもらうためでした。

松木は、ユーラシア大陸の東西端、はるか遠く離れた日本列島とブリテン島（とその周辺）で、人々が共通の認知にもとづき同じ祭祀の文化を築きあげたことを感慨をこめて語ります。が、それは英国にかぎらず、世界のあらゆる地域についても言えることです。

先史時代の日本人はこの「アナロジー」の力により、穀物の稔りを女性の出産能力と結びつけました。

土偶はその最もわかりやすく象徴的な表現物でした。

縄文時代はいまから約一万六五〇〇年前にはじまり、二三五〇年前頃に終わったとされる時代です。

縄文という名は――すでに記したように――この時代につくられた土器の、制作者たちが縄を押しつけて刻んだ独特の模様にもとづくものです。日本という国号が生まれてその名の下に国家が建設されてから一三〇〇年余り、その間の文化の変貌ぶりには驚くべきものがあります。技術《テクノロジー》の進歩の速度が今日とは比較にならないほど緩慢だったことを計算に入れても、縄文の一万数千年という長い時間のあいだに、人々の文化に様々な変化が生じたであろうことは容易に想像のつくところです。

土偶は「縄文文化の華《はな》」、とはよく言われます。華の由来は、土偶のもつ芸術性、造形者たち

図⑱　北沢の大石棒（当時）。長野県南佐久郡佐久穂町、縄文時代中期。佐久穂町指定文化財。（一七四・一七五頁共に佐久穂町教育委員会提供）

がこれらの制作物に注ぎこんだ情熱、美への執念にあります。

それは一見、近代的な「美のための美」の意識の登場とみまがいそうな妖しい魅力を秘めつつ、しかし基本的には生命力崇拝のきわめて洗練された表現物として理解できるものでした。

また、そうであるからこそ特有の素朴さをたもち、われわれの時代にはない美しさでみる者を魅了することになったわけです。

はじめは手のひらにおさまるほどの土製の板切れまがいのものだった土偶は、やがて現代の目の肥えたアートの鑑賞者たちをも感嘆させる、見事と呼ぶしかない「非実用品」に成長をとげます。が、縄文人が生みだした非実用的な道具、それは土偶だけではありませんでした。

そして、そのことがイザナキとイザナミの神話の原風景を探るうえで重要な意味をもちます。

縄文の土偶が、出現後、時とともに大型化したことはすでにのべました、それは人々の定住化の進展にともなうものでした。

そして、土偶の誕生から約五〇〇〇年過ぎた縄文時代の半ば、われわれは、かれらが生みだしたもう一つの非実用的な道具を見いだすことになります。それは土偶とはおよそ異質の印象を放つ奇妙な道具でした。

［図⑱一七四、一七五頁］をごらんください。これは「北沢の大石棒」と呼ばれた、そんな道具の一つです。石棒とは縄文人がつくった石の棒の名ですが、そのうち大型のものを大石棒といいます。

これは、長野県八ヶ岳《やつがたけ》東麓《とうろく》、千曲川《ちくまがわ》支流の北沢川沿いの田園地帯に二〇二二年の秋まで立っていた大石棒です。いまは劣化が進んだため撤去され、べつの場所に保管されています。

制作年代は縄文時代の中期と推定される頃（約四五〇〇年前頃）。

全長二二三cm、直径二十五cmにおよぶ巨大なもので、これまで日本各地で発掘された大型石棒のなかでは最も大きなものですが、みての通り、男根をかたどっています。

縄文時代の生命力崇拝については、これまで何度もふれました。大型石棒（以下、石棒）は、土偶とともに縄文時代の信仰に関わる「代表選手」[※37]であるとされます。

土偶は女性を象《かたど》ります。女性の生命力を証す出産能力への崇拝を表わすためにつくられたものでした。

それでは、もう一方の石棒は何を表わしているのか？　男性の生殖能力を象ったもの、女性の出産のきっかけをつくる能動的な活力・射精能力への崇拝の表現物だったととりあえずは言えます。

しかし、そう考えると、一つの疑問が湧いてきます。

縄文時代の日本列島を生きた人々のあいだで、人間がもつ生命力への崇拝は、その初期に属する頃から生まれていました。それならば、なぜその後の長い時期、五〇〇〇年もの間、その表現形式は土偶だけだったのか？　石棒はつくられずにきたのか？　男性の生殖能力は忘れ去られたままだったのでしょうか？

スピリチュアリズムではない……？

この疑問に答えるのは結構厄介です。

実際、もし生殖能力に対する人々の評価が、縄文時代にあって両性について平等だったならば、土偶は男性像と女性像が同じくらいの比率でつくられていてもよかったはずです。造形の面からみても、肉体的な特徴を表現するのは、女性像より男性像の方が容易《やさ》しい。女性像の場合は乳房や臀部《でんぶ》のふくらみ、正中線《せいちゅうせん》、女性器と色々手間がかかりますが、男性像ならば平べったい体につけるものを一つつけるだけでよいのですから。それは誰にでもわかる理屈です。

それでは、縄文時代の人々はなぜそれをほとんどせず、女性の土偶ばかりせっせとつくり続けたのでしょうか？　逆の言い方をすると、男の生殖能力の崇拝の証しである石棒は、なぜ五〇〇〇年も遅れて縄文社会に登場することになったのでしょうか？

ここに至って、思い浮かぶ要因が一つあります。

男女間の力関係の変化

がそれです。

さきほど、土偶や石棒は縄文時代の列島人の信仰を示すものと一般にはみられている、と書きました。

そして女性を象る土偶については、これらの人々が帰依《きえ》していた女神への信仰を表現するためにつくられたという説明がなされることがあります[※38]。

半ば通説化しているようですが、すでにふれた通り、わたし自身はこうした見方には疑問を抱きます。

実際、土偶をみても、造形者の造形の面白さの追求の情熱――芸術的情熱と呼ぼうが呼ぶまいが――こそ伝わってくるものの、それ以上の「みえない」何かへの信仰の気配が伝わってくるとは思えないからです。

似たことは石棒についても言えます。考古学者のあいだでは、これを縄文人のスピリチュアリズム、人格神のようなものへの信仰と結びつけて考える人はけっこう多いようです。が、それは、同じ先史時代でも、石棒の発達がみられただいぶのちに、相当の長い時間をかけて発生した考え方ではなかったのか？

スピリチュアルとは、目にみえない何かの存在とつながる感覚をさします。そうした超自然的な何かに、人類は「霊」や「神」の名をあたえてきました。が、石棒のそばに立ち、間近にみても、そうした感覚はあまり伝わってきません。伝わってくるのは「これを使って何かの集団的な行事をしたのだろうな」という祭りの気配、空気感だけです。表現は適切でないかもしれませんが、土偶のもつあたたかさに対して、どこか暴力的な荒々しさすら感じるほどです。

「父系優先思想」の遠いウブ声

いまのところで、「集団的」という言葉を用いました。これは土偶と石棒のちがいを説明するうえで重要な言葉の一つです。土偶は、最も大型のものであっても個人かせいぜい小人数のためにつくられたものという感じしかあたえません。ところが、石棒は明らかに集団の行事のために男たちの手で造られたという印象を——土偶との対比のなかで——目の前に立つわれわれにもた

らします。[※39]

今日の日本で活躍する考古学者の一人、谷口康浩に『土偶と石棒』（雄山閣・二〇二一年）という著書があります。

ここにいう石棒も本書と同様に「大型石棒」の意味で使われていますが、その表紙の帯に、「土偶と石棒という異質なシンボルは何を意味するのか」「儀礼考古学の挑戦」とある通り、石棒が土偶からはるかに遅れて出現した「謎」の解明をテーマの一つに書かれた書物です。

石棒に関する最新の研究としてはおそらく最もまとまったものの一つですが、谷口はそのなかで、

女性性の象徴物といわれる土偶が歴史的にかなり先行して出現したのは、それが基礎的な生産や生命そのものに関係し、豊穣や多産を祈る性格のものであったためだと考えられるが、石棒の出現はそれとはまったく異なった観念が現れてきたことを示唆している。[※40]

とし、その異質性の理由を「父系出自の観念の強まり[※41]」、つまり母性崇拝に代わる父性崇拝の台頭に求めています。

人々のあいだで出自に対する関心の強まり、崇拝対象をめぐる変化があったというわけですが、では、その変化は何によりもたらされたのか？　谷口はその背景を定住化の進展に伴う縄文社会

の構造の変化に求めます。[※42] 狩猟・採集生活の基本形態は移動です。食物となる鹿やイノシシ、木の実を探して、小集団をいとなむ人々が土地から土地へ移り住んでゆく。

ところが、寒冷期が終わり、気候が温暖化して資源が豊富になると人々の生活スタイルに変化が生じます。一つの土地への一定期間の定住という新しい生活スタイルがそれです。

そして定住生活が通年化し、あたりまえになるうちに、一つの考えが人々のあいだに生まれることになります。ある種排他的な「われわれの土地」という考えです。この考えは当然なことに、「われわれ」対「かれら」の意識のかつてない発達、先鋭化をうながすことになります。それは集落単位の定住生活の規模の拡大、質の向上にしたがって強化されてゆくことになりました。

石棒は、縄文時代の定住化が進展をとげた後、土偶の出現から数千年ののちに登場しました。

石棒誕生の秘密はここにあります。それは「われわれの集団」、つまり所属する共同体と「かれらの集団」との牽制《けんせい》、競争のなかで、自身の属する集団を維持・発展させてゆくために最もふさわしいと縄文人に目された人々、すなわち男たちが、生殖能力崇拝の文化の力を利用しながら発明したもの、大型化をとげた祭具でした。

つまり、石棒は男女間の力学の変化を証す、男性優位社会の芽生えを象徴するという意味で、最初から政治的な集団の祭具として生まれたものだった。同じ祭具でありながら、土偶に対して石棒という道具がもつ異質性の理由はここに求められる——。

どうでしょうか?

いま「集団」という語を使いました。それがいわゆる血縁関係にある人々、すなわち同じ血を引くとみなされた集団であったことは理解しやすい話でしょう。[※43]

かれらは集団的アイデンティティの結集先として共通の血の創出者、「父方の祖先」を求めた。石棒はその崇拝のために動員されるシンボルとなりました。ここに、のちの『古事記』の「国生み」神話に横たわる神聖な父系優先の思想が、遠いウブ声をあげることになります。

信州佐久の縄文人たち

すでにみたように、縄文人のもつ人間の生殖能力への崇拝の古形、現在把握し得るかぎりの最初の形態は、女性の出産能力への崇拝でした。男性の射精能力への崇拝はより弱い形で存在するものにすぎませんでしたが、定住生活の深化のなかで社会的な主導権を手にした男たちは、それを政治的に怒張させ、ついに二mを超える超大型の祭具、文字通り仰ぎみるシンボルをつくりあげることになったというわけです。

ちなみに、一口に石棒といっても、その発見場所や制作の傾向には地域差がみられます。

土偶が朝鮮半島から発見されていないことはすでにふれましたが、この点は石棒も同様です。そして石棒の主な出土地は今日の中部地方以東、つまり東日本が中心になっています。

ただ、同じ東日本といっても、細かくみると、土偶と同様、石棒についても制作にまつわる地域色が認められるようです。

たとえば、さきほど「北沢の大石棒」をとりあげましたが、これは長野県東部の佐久地方に出土したものです。この石棒について紹介した佐久考古学会発行のパンフレット（二〇二〇年）によると、

佐久では土偶というものにはあまり執着していなかったようで、もっとも多くつくられる（縄文）中期でも、出土数は他地域に比べ少ない。これに対し、石棒には強いこだわりがある。日本最大の大きさを誇る北沢の大石棒をはじめ、佐久市入沢の大宮諏訪神社に奉納されている石棒はそれに次ぐ長さ１５２㎝と、これまた全国でも有数の大きさを誇示する。また、小海町《こうみまち》の穴沢《あなざわ》遺跡からは縄文時代中期初頭という国内でも最古級の石棒が出土、全国でもいち早く石棒を使い始めている地域なのである。佐久は石棒信仰の拠点といってよいだろう。

一般に中部地方から関東にかけて、とりわけ八ヶ岳の西南麓から霧ヶ峰の南麓（現在の山梨県北杜《ほくと》市から長野県富士見町、原村、茅野《ちの》市周辺）の一帯は「縄文遺跡の宝庫」といわれるほどで、縄文時代の中期には日本列島で最も栄えた地域でした。※44

「縄文のビーナス」も茅野市で発掘されたものですが、それに対し、同じ縄文文化の中心地にあ

りながら、佐久の人たちはなぜ土偶に関心をもたず、ファロスのシンボルである石棒にばかり制作の情熱を燃やしたのか？　地域に影響力をもつ「大物」の個人的な趣味を反映したものだったのか、あるいはたまたまホモソーシャル度の高い集落があつまっていたのか？　理由がわからないぶん、想像をかきたてられるところです。

「霊」と「神」の定義とは

さきほど、土偶にはスピリチュアルな匂いを感じないと書きました。

スピリチュアルとは一般に目にみえないもの、「霊」や「神」の概念とともに語られる言葉です。石棒についても同様ですが、ここで、日本語で「霊」とか「神」と言う場合の意味について簡単に整理しておきましょう。

「霊」とは、人、動物、植物、山、川、岩、人工物、さらには言葉までをふくむ万物に宿る超自然的な力をさします。

古代の日本人は霊的な存在を「タマ」と呼び、これはいまでも「御霊（ミタマ）」という語に残されていますが、この「霊」のうち特別に際立った力を発揮するものが「カミ」と呼ばれました（こちらは「神」の訓《よ》みとして今日まで引き継がれました）。

霊も神も目にみえないものとされますが、そうした存在の「力」に人間が働きかけようとするとき、べつの言葉で言えば祈ろうとするとき、そこに「呪術」がはじまりました。

その呪術を誰よりも上手に使う専門家が巫《みこ》で、割合としては女性が多かったようですが、日本の神話でアメノウズメがその元祖となったことはよく知られているところです。

昔の日本人が、自然のなかで際立つ存在感を放つ太陽に「霊」を感じたのは当然の話で、太陽霊はやがて太陽神に昇格をとげることになります。その神が人格化されたものこそ、『古事記』がイザナキの血を引くと記す、最高神として天皇家にゆかりの深いアマテラスオオミカミ（天照大御神）でした。

ただ、くりかえしますが、こうした人格神たち、典型的には記紀神話のキャラクターとして物語られる神々の登場は、かなり遅いものでした。その原型の出現についていえば、縄文時代が終わり、弥生時代に移ってからの話だったと思われます。『日本書紀』の正伝で天の岩屋の前でアメノウズメが踊る際、彼女が「ホコ」を手にした姿で描かれるのはその点で象徴的です。ホコは弥生時代に新しく大陸からもたらされた金属製の武器だったからです。

また、人格神の出現するずっと以前から存在したとされる霊の観念についても、日本の先史時代において非常に初期の段階からみられたかどうかは不透明です。

先史時代の人々の築いた精神文化の豊かさには目をみはるものがあります。かれらが、土偶制作などの形で「美」の追求の心の発達を、また、ストーンサークル建設の形で自然法則への並外れた観察力の発達をわれわれに印象づけることはすでにみた通りです。

ただ、「霊」や「神」と名づけられるものへの信仰の発生が、これまで語ってきた「生活のなかの美」への関心の発生より先立つと考える理由がどこにもないことは、あらためて強調しておく必要があるかもしれません。

たとえば、山川草木に「霊」のはたらきを見だすというアニミズム。日本では大昔からあるとされますが、これも人形などの道具をもてあそび、「心」を吹きこんでいるうちに生じたものだった、つまり、感情移入の対象を道具から自然に拡張したところに生じたという見方も充分に可能なのではないかと思われます。※45

スピリチュアルというのは、聞いただけでなんとなくわかったような気になる取り扱い注意の言葉です。

人間は先入観の生き物です。「墓」と聞けば、現代の感覚で「あの世」の信仰と結びつけるのもそうした事例の一つです。これは日本人にかぎった話ではないものの、文字も知られない時代の人々のあれこれに思いをはせるとき、われわれは無意識のうちに「かれらはおよそ近代科学が支持できない迷信をふくむスピリチュアルな関心に支配されて生きていたのだろう」というゴーグルをつけて眺めるくせがついています。

ですが、おそらく先史時代の大半の時代を通じて、「スピリチュアル」などは人類にとって不必要なものにすぎなかった。苛酷な環境を生きぬくために、かれらには他に考えるべき事柄がいくらでもあったということは、おぼえておく必要があるかもしれません。縄文時代という先史時代の長い時間を生きのびた日本列島の人々もまた例外ではなかったはずです。

縄文人の死生観の特色

ただ、一方で人間にはこんな側面もあります。それは夢想をむさぼる生き物であるということです。スピリチュアルな関心もそのなかに生まれたものでしたが、それは人間がはぐくむ夢想のほんの一部を占めるにすぎません。縄文人の夢想についてもそのことはあてはまります。そしてかれらの夢想には、動物としての本能に即した「生」と「死」とが最も強く関わっていた。人間は生き、そして死ぬ生き物である。この単純な事実がかれらに迫る夢想――スピリチュアル抜きの死生観と呼べそうな夢想――は、人間の生殖と死をダイレクトに結びつけるという興味深い特色をたずさえていました。

さきほど縄文時代の遺跡をいくつか紹介した際、そのほとんどすべてに集団墓と住居があったことに気づかれたと思います。

縄文時代の定住化の進展が生んだ集落に「環状集落」があります。広場を中心に、住民の住居がそれをぐるりと環状に囲む形態の集落ですが、日本ではあとにも先にも縄文時代にしかみられないものです。[※46] そして住民たちが日常生活を送るその広場の下にはしばしば、死者を埋めた集団の墓があります。このことは、縄文時代に生きた人々がもっていた死生観の特色となるものを示唆してくれます。

かれらは、少なくとも後の時代の日本人のようには死者を恐れなかった。それどころか、身近にいてもらっても問題のない、親しい存在と感じていました。[※47] 住民たちがつねに死者と共に暮らす環状集落の構造は、そのことを端的に教えてくれます。

ただ、死者に親しむことと死に親しむことは別の話です。自分にもいずれは訪れるだろう死そのものはかれらにとってやはり怖いものでした。そしてどうやら避けがたく、また理解をこえた現象である死に対し、かれらは恐怖をまぎらわし、克服するために精神的な「文化」をつくりあげます。

そのことを教えてくれるのが、石棒の使い方です。

石棒はしばしば墓場の遺跡から出土します。土坑墓《どこうぼ》と推定される場所の底から発見される場合も少なくありませんし、埋葬人骨の脇に石棒が添えられている例もあります。

また、集落の明らかに墓域として造営された配石のなかから多くの石棒がでてきたり、大湯遺跡のような墓域をもつ環状列石の内部から出土する場合もあります。

これらの事例は葬送の際に石棒が用いられたことを明かしていますが、それではわれわれの先祖たちは、石棒を具体的にどんなやり方であつかっていたのでしょうか?

それを示すのが石棒に残された傷跡、つまり使用痕《こん》です。

石棒は形態上の特徴として、丸い頭部と細長い胴体部に分かれます。石棒のなかにはこの頭部がつるつるにすり減っているものがよくみられます。また、胴体部に縦方向の線状の傷跡を残すものがたくさん発見されている。これは、それを使用した人々が石棒をべつの何か、硬い対象物にこすりつける作業をおこなっていたことを表わしています。[※48]

石棒と石皿が明かすもの

石棒の行事における実際の使用法を示唆するものがあります。それは石皿と研究者が呼ぶ、石を丸く座布団型に加工した祭具です。石皿はしばしば石棒とセットになってでてくることで知られています。

石棒が男根の表現物であることはすでにのべました。では、この石皿は何を表現しているのか？　もう想像がついたと思いますが、女性器です。

縄文人たちは葬送のとき、石棒を抱えて擬似的な性交、つまり性交のものまねをおこなっていたと推定されます。そこにみられたのはもはや今日のわれわれが慣れ親しむ、しみじみと物静かな葬送ではありません。荒々しい掛け声——「それ突け、やれ突け！」に類した——や、底抜け

図⑲　石棒と石皿による性交隠喩。富山県立山町二ツ塚遺跡出土。
（富山県埋蔵文化財センター提供）

の昂奮と馬鹿笑いに満ちたもの、現代人の目にはほとんど正視に耐えない暴力的な羽目はずし、乱痴気騒ぎに近いものだったでしょう。

それでは、なぜこの時代の人々、縄文人たちはそんなふるまいを演じたのでしょうか？　ここに、さきほどのべた二つの夢想の結合、かれらが死に対する夢想と生殖に関する夢想を精神生活のなかで結びつけたという話が関わってきます。

性交とは、いうまでもなく生殖のための作業です。生殖は――英語でreproductionと書くように――人間の生命の再生を実現する行為にほかなりません。石棒を用いた性交の擬似的な再現、その行事はこの生命の再生を象徴的に演じるものでした。

縄文時代の人々が、太陽の盛衰を生き物の生死とアナロジーで結びつけたことは前にのべた通りです。その一方で、かれらは、生殖という最も身近なおこないを死という最も危機的《クリティカル》な現象と結びつけたわけです。

縄文人も死者が二度と蘇ってこないことは経験的に知っていたでしょう。それでもかれらは、そうした象徴的な儀式を演じることで死者がもう一度目の前に現われることを祈りたい衝動を禁じ得なかった。そうした儀式の際の熱狂、それが、身近な者を失ったことによるかれらの心の空白、喪失感情を埋め合わせる役割をになったことはいうまでもありません。※49

石棒と石皿の行事は戸外でおこなわれましたが、やがて時がたつと屋内でもよおされることになったようです。こちらは、やや小ぶりなものですが、［図⑲一九〇頁］は、縄文時代の中期から後期にかけて、大規模な集落がいとなまれたことで知られる富山県の二ツ塚遺跡の住居跡で発見された石棒と石皿の画像です。細長いのが石棒、丸い大きな石が石皿でたがいに対になっています。これは、行事の主宰者が村落などの大集団から一つの住居に暮らす家族へおりてきたことを示す変化とみられています。

江戸時代に入って、それまで寺でおこなわれていた仏教の祭りが小型の仏壇の普及を通じて一般の民家にとりこまれていった変化を連想させる点で面白い現象といえますが、石棒は葬送にかぎらず、他にも季節の祭り、春分や秋分などの祭りでも儀式を盛りあげる中心的な祭具として用いられたことでしょう。

研究者によると、石棒はふだんは地に横たえる形で保管――個人の住居か共同の建物かは明らかでありませんが――されていたようです。

そして、広場の集団行事では、それが今日みる伝統的な祭りの山車《だし》のように引き出され、立てられることになりました。

まえに紹介した「北沢の大石棒」も、土中に横たわる状態で大正時代に発見されましたが、その後われわれが縄文時代の祭りを想像しやすいように立てられたものでした。

縄文人の男性の平均身長は一五九㎝前後、女性はそれより小柄だったとされます。[※50] 超大型の石棒は、文字通り見上げる高さです。かれらは昼間の太陽の下で、また夜の焚き火のそばで、どのような表情で石棒をみあげ、どんな会話を交わしたのでしょうか?

本章は、最新の考古学の成果を引きながら、イザナキ・イザナミの神話の原風景を再現することを狙いに書かれました。

考古学の成果は、江戸時代の多くの日本人が直感的につかんでいたその「原風景」観の正しさを証すものでした。

土偶や石棒をめぐる研究は、日本で最も古くから親しまれた男女のペアの国生み神話について、すでに大きな示唆をわれわれにもたらしてくれました。

われわれの先祖がまだ文字も知らなかった時代の石棒という異質の祭具の出現、それは日本列島におけるファロスの文化の誕生、端緒の風景を最もわかりやすい形で明かす出来事でした。

その文化は、やがて、ホモ・サピエンスが自然から授《さず》かった虚構創出の能力[※51]と情熱にうながされるままに、壮大な「物語」の創造へと人々を導いてゆきます。日本列島の誕生を告げる記紀の国生み神話は、文字でまとめられた最初期の成果でした。

ただ、あらゆる風景は——自然のものであれ人工物のものであれ——変貌するために存在します。ファロスをめぐる文化もまた例外ではありません。それでは縄文人の発明したファロスの文化は、その後どんな新しい風景を生みだしたでしょうか?

次章では、イザナキ・イザナミ神話の記述にもう一度立ち返ることにより、ファロスの文化の日本における行方とその後をフォローしたいと思います。

第三章
男と女が柱を廻るとき

孝謙女帝がみた歌垣

日本の古代史に興味をもつ方ならば、歌垣（うたがき）という言葉を耳にされたことのある方も多いかもしれません。

奈良時代以前から日本の各地で盛んにおこなわれていた、男女の出会いの行事のことです。『風土記《ふどき》』『万葉集』など奈良時代（八世紀）に編まれた多くの文献のなかに登場し、「嬥歌《かがい》」などとも呼ばれていたことを教えてくれます。※1

いつの時代でも男女にかぎらず人々は出会いの機会を求めますが、その形はさまざまです。二〇二二年の秋には、最近結婚した夫婦の十三・六％がSNSやマッチングアプリのインターネットサービスを通じて知り合ったというアンケート結果が話題になりましたが、※2 歌垣は、古代の民衆が風光明媚な山中や水辺、にぎやかな市《いち》などで歌を掛け合って恋の相手や生涯のパートナーを得る、最もありふれた機会を提供する場でした。

この歌垣は、じつは第一章でとりあげた孝謙女帝と道鏡に関する正史のなかにもでてきます。宝亀《ほうき》元年（七七〇）、孝謙が人生最後の行幸《ぎょうこう》をおこなったときのことです。

行先は孝謙が道鏡のために建設を命じた河内の西京《にしのきょう》で、『続日本紀』の同年三月二十八日の記事は、彼女が地元の人々の演じる歌垣の行事を楽しんだことを伝えます。

二十八日、葛井《ふぢゐ》・船《ふね》・津《つ》・文《ふみ》・武生《たけふ》・蔵《くら》の六氏の男女二百三十人、歌垣に供奉《つかへまつ》る。その服は並《ならび》に青揩《あをすり》の細布衣《たへのころも》を著《き》、紅《くれなゐ》の長紐《ながひも》を垂る。男女相並びて、行《つら》を分けて徐《おもむろ》に進む。

歌ひて曰《い》はく、
「少女《をとめ》らに男《をとこ》立ち添ひ踏み平《なら》す西の都は万世《よろづよ》の宮《みや》」
といふ。

その歌垣に歌ひて曰はく、
「淵《ふち》も瀬も清く爽《さや》けし博多川千歳《ちとせ》を待ちて澄める川かも」
といふ。哥《うた》の曲折毎《きょくせつごと》に、袂《たもと》を挙げて節《ふし》を為す。その餘《ほか》の四首は並《ならび》に是れ古詩なり。復煩《またわづらは》しくは載《の》せず。時に、五位已上と内舎人《うとねり》と女孺《にょじゅ》とに詔《みことのり》して、亦《また》その歌垣の中に列《つらな》らしむ。歌、数関《すくゑつ》訖《をは》りて河内大夫《かちふのだいぶ》従四位上藤原朝臣雄田麻呂《ふじわらのあそんおだまろ》已下、和儛《やまとまひ》を奏《つかへまつ》る。六氏の哥垣の人に、商布《しやうふ》二千段、綿《わた》五十屯《とん》を賜ふ。

（現代語訳）

二十八日。この日、河内の氏族である葛井《ふじい》・船《ふね》・津《つ》・文《ふみ》・武生《たけふ》・蔵《くら》の六氏の男女二百三十人が歌垣を天皇の御前に演じたてまつった。

男女はそれぞれ青摺《あおず》り染めの衣に紅い長紐《ながひも》を垂らし、二列に向かい合って並ぶと、おもむろに進みでて歌を掛け合った。

最初の歌に、

〽乙女らに男たちが立ち添い、地を踏み鳴らして祝うこの西京《にしのきょう》は、永遠に栄える都になるだろうよ

それに応《こた》える歌に、

〽川は淵《ふち》も瀬も澄みわたり、清くさわやかな博多川は、千年の後もきよらかに澄み続けることでしょう

歌の切れ目ごとに、踊り手はたもとをあげながら節をつけた。他に四首の歌がうたわれたが、古い歌でもあり煩《わずら》わしくなるのでここでは省くことにする。

天皇は五位以上の人々や下級の官人たちに命じて、歌垣に飛び入り参加させた。歌垣が終わると、河内大夫従四位上の藤原朝臣雄田麻呂《ふじわらのあそんおだまろ》たちが和舞《やまとまい》を天皇にささげた。天皇は歌垣を演じた人々に、それぞれ布二千段・真綿五百屯を賜った。

西京の建設は、孝謙の死後、中止されて廃都となりました。

孝謙はこの歌垣の日から四カ月余りのちに亡くなりました。

きらびやかな衣装をまとった若者たちが踊る優美な宴《うたげ》の有り様が目に浮かぶようですが、もち

ろんこのとき孝謙のかたわらには法王の衣をまとった道鏡が寄り添っていたことでしょう。

歌垣を演じる男たちが女性を相手に「地を踏み鳴らす」のは、性的な意味合いをもつ動作だったとされますが、もとよりこのときの歌垣は求愛目的のものではなく、天皇肝いりの陪都《ばいと》（副都）の繁栄を祈る、寿《ことほ》ぎの行事としておこなわれたものでした。

ペー族の求愛の行事

このように、孝謙の時代に宮中や行幸先の宴でおこなわれた歌垣は、品良く儀式化された、洗練されたものでしたが、同時代の庶民のあいだでみられた普通の歌垣が、恋人や結婚相手を求める泥臭い性格のものだったことは、想像のつくところでしょう。

ちなみにこの歌垣の風習は、日本だけにみられたものではありません。

それどころか、中国の少数民族のあいだでは、つい最近まで守られてきた風習で、二〇〇二年には現地での調査結果をまとめた日本人研究者たちによるぶ厚い報告書がだされているほどです（『中国少数民族歌垣調査全記録１９９８』工藤隆、岡部隆志、大修館書店・二〇〇〇年）。

この報告書には、一九九八年、中国南部の雲南省（ミャンマー、ラオス、ベトナムとの国境に接した省）のペー族[※3]が居住地の湖畔《こはん》でもよおした歌垣が登場しますが、歌われる内容は率直そのものでも生活感あふれるものです。
日本の神話で「国生み」のペアとなったイザナキとイザナミは兄妹でしたが、ペー族の歌垣でも男が女を「妹」、女が男を「兄」と呼びます。日本で昔使われた言葉に「妹背《いもせ》の仲」というものがありますが、この「背」は「兄」のことで、男女の仲をさしました。

（掛け合いの歌）

男　妹（あなた）は情の深い人なので、私は山また山を越えて会いにきました。私がこんなに苦労してここに来たのは、あなたも知っているはずです。何カ月もかかって、私は歩いてくるつもりでした。妹はとても立派な人ですから、一緒に愛を成就できるようにしましょう。

女　そんな気持ちがあるのなら、どこにも行かずにここにいてください。遠い所に行かないでください。私も別のところには行きません。二人でずっとここにいましょう。どこにも行かないようにしてください。

男　どこにも行きません。私の心にはずっとあなたがいます。私は（あなたとのことで）何も心配することがないので、何をしてもいいですよ。ここは山も道もきれいで、山紫《さんし》水明《すいめい》の場所です。ここで一泊しましょうか。

女　そう言われて私もうれしいです。私もそういう人を探しています。ぜひここにいましょ

う。ここにしばらく留《とど》まっていましょう。一晩泊まってもいいです。（私は）うれしいです。※4（カッコ内原文）

ペー族の信仰のなかには、中国の方位や年月日を表わす十二支の考えや、仏教の輪廻・地獄の思想などの顕著な影響がみられます。ペー族の伝統的な信仰を本主《ベンヂュ》信仰と呼びますが、調査団が現地のペー族文化研究者から受けた説明によると、「本主は生きている人を守るためのもの。仏教は死者を守るためのもの」で、ペー族の信仰には「その両方が混ざっている」のが特徴だという。※5

これなどは、日本の「生きているあいだは神道、死んだあとは仏教」という昔からある言われ方、宗教の役割分担の考えを連想させて面白いところです。

男　あなたは何歳でしょうか？　本当の年齢を教えてくれれば、十二支を調べ、結婚できるかどうか調べてから結婚しましょう。

女　本当の年齢を教えてください。私をだまさないでください。今年何歳ですか？
　　私はもう23歳です。ちょうど、満23歳です。このくらいの年齢は（恋愛には）ちょうどいい年齢です。きょうあなたに会えて、私はとても心が安らいでいます。

男　兄である私も、譬《たと》えられないほど喜んでいます。二人が夫婦になれるのは、私が前世で修行した縁によるものです。一生、死ぬまであなたと一緒にいたいです。
女　二人とも修行したので、夫婦になれるわけです。夫婦になれるのは、修行した縁だと私は思っています。
男　こんな立派な夫婦になれるのはなによりいいことです。これはもう秘密にすることはないと思います。
女　そう言われると、私も心からあなたを愛します。夫婦になれないなら、愛人関係でもいいです。ずっとあなたと愛し合うことができれば、満足です。（カッコ内原文）

「高く屹立したもの」の周囲を廻る

右に引用したのはわかりやすい求愛のやりとりですが、報告書をまとめた一人の岡部隆志によると、当事者の置かれた状況によっては、たがいに素姓を探ろうとする「駆け引きに満ちた」「一つの論理では説明できない、複雑なもの」[※6]になるのだといいます。

収録された湖畔での歌垣は集団でおこなわれたもので、引用した掛け合いはその なかのカップルたちのものでした。

一度の歌垣に費やされる時間については数時間におよぶのがざらで、こちらはジンポー族とい

うべつの少数民族の例ですが、昔は数日間にわたって歌を掛け合う場合もあったというから驚きです。[※7]

ちなみに調査に加わった一人の工藤隆は、外国文化が本格的に流入した七世紀以降を日本の「古代の近代化」の時代と名づけたうえで、「伝統的な日本民俗学から見える古代像や、『古事記』『万葉集』といった〈古代の近代化〉の作品の表層から見える古代像だけでは〈古代の古代〉の日本は見えないということになる。仏教の流入と神道の形成そのほかによって大きく変質する以前のヤマト族文化は、（外国の）少数民族文化などを参考にしながらモデル的に復元する以外ない」と報告書のなかでのべます。[※8]

その通りでしょうが、そうした少数民族の文化もまた外部の文化の影響を免れないことは、ペー族の例にみる通りです。一方で、非常に孤立した、外部の影響を受けずにきた少数民族が自生的な変化を何一つ生みださずにきたと考えるのなら、それも偏《かたよ》った見方で、かれらの文化の「原型」を現状から復元する作業のむずかしさの指摘される理由がここにあります。

そして、そこに考古学の出番がでてくるというわけですが、文化人類学者・神話学者の松本信広（一八九七〜一九八一年）の『日本神話の研究』（平凡社東洋文庫・一九七一年）[※9]によると、歌垣的な祭りは中国から東南アジア一帯に普通にみられたもの。その際、「高く屹立《きつりつ》したもの」の周囲を男女が廻る風習が共通のものとして認められたという。

中国の少数民族は南部の国境地帯に多く住みます。雲南省の隣の貴州省の少数民族のあいだでは、春の歌垣で立木の周囲を男女が踊りながら配偶者を選ぶ行事がありますが、その際の立木は「ファルス《ママ》のシンボル」だという。[※10]

またインドのムンダ族のあいだには、結婚の当日、新郎新婦はその日のために特別に設けられた立木を植えた壇《だん》の周囲を廻る風習があったという。

松本は、ベトナムの地方の村で見聞された「木のファルス」を立てる祭りを同様の例としてあげていますが、「高く屹立したもの」を男女の行事に据える習俗はアジアにかぎってみられるものではありません。

たとえば、今日でも北欧で毎年おこなわれる夏至祭。広場に高い柱を立て、その周囲で男女が一晩じゅうダンスをし、焚火《たきび》をたいたりする。これも男女の縁結びに関わる行事であることは明らかで、フィンランドでは、夏至祭の日、未婚の女性が全裸で森の泉をのぞくと未来の夫が映るという意味ありげな古い言い伝えがあったといいます。

同じことは、英国やドイツなどの五月祭にもいえます。春（地域によっては夏）の訪れを祝う行事として定着しているものですが、広場の真ん中に森から伐《き》りだしてきた柱（五月柱《メイポール》と呼ばれる）を立て、その周囲で男女が歌や踊りを楽しむ行事です［図⑳二〇五頁］。

「近代化」の時代をへた今日では、もとより子供たちが参加する無害な行事ですが、それ以前は五月柱の周囲で乱痴気騒ぎがくりひろげられるのが常でした。十六世紀の英国の五月祭では、夜を徹しておこなわれる「愉《たの》しい遊び」が終わると、参加した処女の女性の三分の二が「純潔を

図⑳　五月柱（メイポール）の周りで踊る人々。17 世紀。
(Photo by Charles Phelps Cushing/ClassicStock/Getty Images)

失っていた」という当時の観察者の記録[※11]が残っていますから、どんな中味の祭だったかは想像がつきます。

英国人の歴史好きはしばしば聞くところですが、仮に祭りの「歴史的起源」に忠実でありたいのなら、「五月の男根祭」と改称すべきだということになりますが、賛成する人はほとんどいないでしょう。また、柱の周囲で無邪気に踊る子供たちに目を細めながら祭りの「遠い起源」の想像にふけったりすれば「変質者」あつかいされてもおかしくなく、この種の行事がいかに「本来の属性」を消去され、漂白化されたものになっているかがわかります。

ペー族の歌垣も、いまは穏やかな行事になっていますが、やはりハレの祝祭日におこなわれるもので、ヨーロッパの五月祭と同様、いわゆる「近代化」――われわれが使用に慣れた歴史区分をあえてあてはめるならば、「古代から現代」まで時代ごとの要請にもとづき、ぎくしゃくとであれ、断続的・継続的に試みられる――以前の歌垣は、想像以上に過激な中味をもつ集団行事だったと思われます。

そして、その最初期の「近代化」の時代をさらにさかのぼれば、そこはもはや先史時代、「高く屹立したもの」の周囲でくりひろげられる集団性交、剥《む》き出しのファロス崇拝の行事にゆきついたと思われる点も、他の宗教圏に伝わる出会い系の祭りと共通するところです。

orgy（オージー）の訳語について

右の文章で「集団性交」という言葉を用いましたが、これは英語の「orgy」の訳語として使ったものです。

いま、手元にある旺文社の『新英和中辞典』でorgyを引くと、

（1）飲めや歌えのお祭り騒ぎ、酒宴、ばか騒ぎ。
（2）（古代ギリシア・ローマでDionysus［Bacchus］を祭る）秘密酒神祭。
（3）乱交パーティー、セックスパーティー。
（4）夢中、やりすぎ。

とでてきます（カッコ内原文）。

このうち歴史上の古い意味は、（2）にある、古代ギリシャでブドウ栽培とともに酒神となったディオニュソス（別名バッカス。古代ローマでは最初からバッカス）を祀る祭りのほう。日常の鬱憤を晴らす暴飲暴食、狂熱的な歌や踊りを伴ったこの祭りの性格から（1）の意味が生まれ、

近親相姦など性的な無礼講《ぶれいこう》が一部で許されたことから（3）の意味につながりました。

このように本来は特定の地域の宗教の祭儀を表わす言葉でしたが、（3）については、動物としての人間が（1）にかまければ、理性の意図的なマヒの帰結として容易に（3）に移行するわけで、両者の線引きは実際にはむずかしいかもしれません。

ディオニュソスは、ギリシャのオリンポスの神話に登場する「豊穣とブドウと乱酔（酩酊）」をつかさどるとされる神ですが、日本の神話でこの宗教的なorgyに近いものを探すならば、『古事記』の天《あめ》の岩屋の逸話がそれかもしれません。

弟のスサノオノミコトの演じる素行《そこう》の悪さに疲れ果てた太陽神アマテラスオオミカミが、天の岩屋という洞窟に引きこもってしまった。それを知った巫女神《みこしん》のアメノウズメは、岩屋の前で乳房を露わにむきだし、腰ひもを解いてぐいと陰部をさらけだし（「胸乳《むなち》をかき出で、裳緒《もひも》をほとにおし垂れ」）、神々の爆笑を誘うことでアマテラスの注意を引き、まんまと外におびきだす。太陽神が隠れたせいで永遠の暗闇と化していた世界の危機を救ったという話で、アメノウズメの裸踊りをみて、岩屋の外に集まった神々はどっと笑った（「八百万《やほよろず》の神共に咲《わら》ひき」）とあるように、お祭り騒ぎの酒宴だったとわかります。

この話は『日本書紀』にもでてきますが、どちらの場合も、このアマテラス誘い出し作戦を立案したのは思金神《おもいかねのかみ》（思兼神）という名をもつ思慮深さで知られた神だったとされています。

有名な天孫降臨の場面にも名をだす、情勢判断能力の的確さを買われていた神ですが、ただ、

『日本書紀』は、問題の裸踊りについては「神憑《かみがか》りしたように喋り踊った」（「顕神明之憑談《かむがかりす》す」）とするだけで、性的なしぐさの描写は慎重に避けています。

アメノウズメのこの踊りについて伝える『古事記』は『日本書紀』とともに、天皇自らが編纂を企画した勅撰《ちょくせん》の書物でした。

そして、神聖なはずのこうした歴史上の書物にエロティックな場面がでてくるのは、戦前のある時期、かぎりない天皇崇拝に生きることを誇りとする国粋派の知識人のある人々にとっては我慢のならないものだったらしい。

戦前から戦後にかけて、『標註旧事紀《くじき》校本』『古語拾遺《しゅうい》新講』など神道関係の研究書を著わした国文学者に飯田季治《すえはる》（一八八二〜一九六〇年）という人物がいます。

戦前・戦中に右派のイデオローグとして活躍した学者ですが、昭和十一年（一九三六）に出版した『日本書紀新講』（明文社）上巻〔図㉑二一一頁〕のなかで、飯田は「天岩屋《あめのいわや》の史蹟《しせき》に就《つ》きて」という附説の一節をわざわざ設けて、『日本書紀』とくらべながら『古事記』のアメノウズメの踊りの記述の「軽薄」を非難しています。

『古事記』はエロティックか？

古事記に於《お》ける神楽《かぐら》の伝へは、天鈿女命《あめのうずめのみこと》は、此時《このとき》に胸乳《むなち》を掛出《かけい》で、裳緒《もひも》を陰《ほど》に押垂《おした》れて踊った故《ゆえ》に、八百万《やおよろず》の神達が哄《どっ》と笑ったと伝へてゐるが、是《これ》は亦《ま》た何たる不謹慎《ぶしつけ》ぞや。……是《これ》が芝居か小説などの類《たぐい》ならば、成《な》るほど筋《すじ》が巧《うま》く通ってゐるとも言はれよう。

然《しか》し此の天岩屋の條《くだり》は、特に思慮広大《しりょこうだい》に坐《まし》ます思兼神《おもいかねのかみ》が、深く思ひ、遠く慮《おもんぱか》って、常暗《とこやみ》の世を開くべき議案を樹《た》てられたのを、挙国一致して其《そ》の議を是《ぜ》とし、遂《つい》に之《これ》を決行して国難に処したので、我が国史上、最も貴重にして尤《もっと》も意義ある一大事蹟《じせき》たるに係《かかわ》らず、記（古事記）の伝ふる所は恰《あたか》も芝居の筋書の如く、甚《はなは》だ軽佻浮薄《けいちょうふはく》である。……

苟《いやしく》も国家の大事の場合に際して、全国民が謀《しめ》し合はせて、挙《こぞ》って至尊《かみ》を欺《あざむ》き奉《たてまつ》ると云ふ事は、其の手段の如何《いかん》に係らず、断じて是を許さないのが、即ち大和民族の取り伝へた道で、之《こ》れ我が国民性の偉大なる誇りである。然るに古事記の伝へは全然之れを裏切ってゐる。……之を要するに古事記の伝は、古伝《こでん》に小刀細工《こがたなざいく》を加へて、後人《こうじん》が面白く作為《さくい》を施《ほどこ》せる伝とみるべきである。即ち之を別伝として伝ふるには妨げないが、素《もと》よりの正伝では無いと知られる（飯田前掲書・二一九～二二〇頁）。

戦前の漢文世代のこの手の文章、若い人にはなんだか昂奮した宇宙人の文章のように思えるかもしれませんが、かみくだいて言えば、要するに裸踊りで神、それも最高神をおびきだすなどきわめて不敬、日本人としてあり得ない。『古事記』の記述をそのまま受け取れば、「八百万《やおよろず》の神達は、恐れ多くも天照大神《あまてらすおおみかみ》を欺瞞《ぎまん》し奉《たてまつ》り、詭計《ぺてん》に掛けて天岩窟《あめのいわや》から誑誘《おび》き出し奉れる趣《おもむ》き」になってしまう。神を畏《おそ》れぬ許されざるふるまいではないか。けしからん、とそういうことですね。

これは純粋といえば純粋な考え方で、そういう考え方もあっておかしくないなというものです。もっとも、わたしなどは太陽が世界から消え失せる危急存亡《ききゅうそんぼう》の時、裸踊りだろうが何だろうがペテンを演じてくれてありがとうと思うくちですが、日米開戦に向けてキナ臭く――この本の出版の前年が政府の国体明徴《こくたいめいちょう》声明、翌月が日独防共協定[※12]――なりつつあるこの時期の世界的危機感に燃える日本の国粋主義者に、そんな日和《ひよ》った態度は通じません。

図㉑　飯田季治『日本書紀新講』（明文社）上・中・下巻。

時代の雰囲気がひしひしと伝わってきますが、ただ、なぜ飯田がこのように『古事記』を激越にけなしているかといえば、ペテン云々もさることながら、アメノウズメのエロティックなしぐさを描いているのが気に入らなかったらしい。その点、『日本書紀』はそうした描写を欠くのですばらしいということになります。

日本書紀の伝《つたえ》は、記（古事記）の伝ふる所とは全然異なり、徹頭徹尾、八百万《ママ》の神達が誠心誠意を籠《こ》めて、日神《ひのかみ》（天照大御神《あまてらすすおおみかみ》）の神慮《みこころ》を涼しめ奉り、御心《みこころ》を和《なご》め参らせむが為《た》めに、岩戸の前に於て壮厳なる一大祭典を行なひ、斯《か》くして大御神《おおみかみ》（天照大御神）を出《いだ》し奉れる趣《おもむ》きに伝へてゐる。（同前二一八頁）

つまり、すべてが神の心をおもんばかる真心に満ちあふれている。神々とはまことにこう描かれるべきであり『日本書紀』は信頼がおける、というわけですが、もっともそうは言いながらも一方で、飯田も神々がアマテラスの注意を引くためにお祭りをしたことは認めています。ただ、それはどんなお祭りだったのかといえば、「何処《どこ》までも敬虔なる信念と謹厳なる態度とを以て、日神《ひのかみ》の神慮《みこころ》を和《なご》め清《すず》しめ奉るべく神楽《かぐら》を奏した」（同前二一九頁）のだという。

そのときの神楽の舞い手がアメノウズメだったというわけですが、飯田の見方では、神の一人が「広く厚く徳をたたえる」祝詞《のりと》をアマテラスにささげた。それを耳にして、アマテラスがでてきた。それだけが出来事の真相であり、それ以上のものでもそれ以下のものでもないという。

なんだかつまらなそうなお祭りですが、なるほどこれなら親や教師も安心して子供に教えられる話にはなりそうです。

一九三〇年代の国粋主義者

焉《ここ》に此《こ》の（日本）書紀の伝ふる所の思兼神《おもいかねのかみ》の深謀遠慮《おもんばかり》は、初めより権謀術数を弄《もてあそ》ぶごとき詭《き》道《どう》に據《よ》らず、億兆《おくちょう》心を一つにして、誠心誠意を以て祭事《まつりごと》を仕《つか》へ奉《たてまつ》り、日神《ひのかみ》の神慮を和《なご》め涼しめ奉るべく謀《はか》り做《な》した事の以外には、別に何物も存してゐない。是《こ》れ思兼神の思慮の偉大に坐々《ましま》す所以《ゆえん》で、実に万世《ばんせい》に範を垂るべき遠謀と拝察される。

斯《か》くの如《ごと》くにして、始めて此の天岩屋の史伝の意義深き事が胸に刻まれる。即ち皇謨《こうぼ》の深遠なる意義も、是《これ》に因《よ》って明《あきらか》に暁《さと》るを得《う》べく、祭政一致を以て国是《こくぜ》とする所以も亦《ま》た茲《ここ》に存し、古神道の本義も亦た焉《ここ》に知られ、教育の淵源も亦た此《ここ》に発し、我が民族の国民性の誇りも亦た爰《ここ》に輝く。即ち天岩屋の祭典《まつりごと》の意義の波及する所は、実に広大無辺《こうだいむへん》に亙《わた》るものが有《あ》るのである。

（同前二二一頁）

万巻の書を友にした国文学者ならではの格調の高い文章ですが、飯田の言わんとするところは、「祭政一致」「古神道の本義」「教育の淵源」と、わたしが原文に傍点を振ったいくつかの言葉で大体の見当がつくと思います。

古神道の伝える祭政一致の想起は、この時期の国粋派のスローガンの一つでした。
文中にでてくる「皇謨《こうぼ》」はもはや死語に等しい語ですが、天子、ここでは天皇のはかりごとの意味です。「祭事」や「祭典」に「まつりごと」と飯田自身がルビを振っているのは、祭政一致を強調するためのものです。

一般には、天の岩屋の逸話の主役はアメノウズメですが、飯田の解説書ではほとんどの人は名前も知らないような思兼神《おもいかねのかみ》という神様の思慮深さが絶賛され、アメノウズメを押しのける形でクローズアップされています。

なお、さきほどわたしは飯田が神の一人が祝詞を読みあげたとしていると書きましたが、『日本書紀』の正伝は何も記しません。ただ、その異伝三に天児屋命《あめのこやねのみこと》という名の神が祝詞でアマテラスを喜ばせたとでてきますので、博士の創作ではありません。

『古事記』は七一二年、『日本書紀』は七二〇年と成立の時期は異なり、すでにみたように『古事記』は『日本書紀』にくらべてどちらかといえば天皇家の私的な、内輪向けの文書ですが、ともに天皇直々の企画発案で編纂された勅撰の書物です。

いくら気に食わないからとはいえ、そのなかの記述の一つを「軽佻浮薄」と切って捨てる勇気には頭がさがりますが、『日本書紀』の執筆陣は先行する『古事記』の裸踊りの記述は知っていただろうが、正しい言い伝えではないとして採用しなかった、とこれが飯田の解釈のようです。

飯田はダメを押します。

何が故《ゆえ》に八十万の神達は……思兼神《おもいかねのかみ》（思金神）をして深謀を運《めぐ》らさしめし乎《か》。また何が故に天津神《あまつかみ》達は、思兼神の思慮を是《ぜ》とせし耶《か》……と云《い》ふ本義に思ひを及ぼさねばならぬ。諸子《しょし》、請《こ》ふ是《こ》れを考量せよ。（同前二二一頁）

そう、『日本書紀』は神々の行いにひそむ深遠な「本義」こそが眼《まなこ》を当てるべきものなのです。眼光紙背に徹し、かつ行間が醸《かも》す「神の思慮」を感じ取らねばならない。文中に「八十万」と書かれていますが、これは『日本書紀』の記述についてのべた箇所だからで、日本神話の神々の数は『古事記』や『万葉集』では八百万、『日本書紀』では八十万と語られますが、どちらも多いということを強調した数字であることに変わりはありません。

ちなみに、文中で「天津神」とあるのは天上の世界に住む神々のことです。この世界を高天原《たかまがはら》といい、天の岩屋（岩戸）もここにあります。

考古学者で人文地理学者の西岡秀雄（一九一三〜二〇一一年）は、その著書『日本性神史』（高橋書店・一九六一年）の一節「天鈿女命《あめのうずめみこと》と性的舞踏」のなかで、

「わが国の神話において、高天原で天照大神が天岩戸にこもられた際、天鈿女命が岩戸の前にて舞踏を試み、相当挑発的な姿態をなして、集《つど》う八百万神を歓喜《たんき》せしめ、これが我が国の神楽《かぐら》の源流をなした話は有名である」

とし、「天鈿女命の大胆不敵な行為」については、従来から人々のあいだで「色々議論の焦点」となってきたとのべます。

西岡は、そうした議論の一つとして飯田がこの『日本書紀新講』で展開した議論をとりあげて、

この所論は現在から眺めれば、いささか右傾に過ぎ、時流に阿諛《おもね》った感が深く、左傾に過ぎた色眼鏡《いろめがね》的所論と同様に正常な判断とは思われない。※13

とコメントしています。

飯田博士がはたして過熱しつつある国粋主義下の日本で「時流に阿諛った」のか、性急な判断は控えることにしますが（案外、そうした時流が起きる前から同じことを主張していたかもしれないので）、穏健中道な立場に立つ学者の見解として、紹介しておきたいと思います。

「これは見せてはならぬもの」

アメノウズメは日本の巫女の元祖といわれます。

天の岩屋の逸話に顔をだす神々のなかで民衆の心をとらえたのは、思慮深い思金神よりも明ら

かにアメノウズメで、彼女は巫女神として崇められました。

そんなわけで、各地の村祭りなどでは、彼女を模した「大胆不敵な」舞楽が楽しまれるのが恒例になりましたが、同時にそれと対になる形で男性による性的な舞楽も演じられることになりました。

画家で民俗学の研究者だった太田三郎（一八八四〜一九六九年）に『性崇拝』（黎明《れいめい》書房・一九八六年）という書物があります。

自身の豊富な見聞を交えながら国内外のファロス信仰について論じた好著ですが、そのなかに昭和二十年代に愛知県の旧・段嶺《だみね》村（現・設楽《したら》町）の津島神社でもよおされた祭の目撃談がでてきます。[※14]

文中に「ファリュス」とあるのはファロスのことです。


段嶺村の津島神社で、十一月十七日の夜の十一時ごろから翌十八日の朝にかけて行われる「さん候《ぞろ》祭」（参候祭）でも、人はまたファリュスの誇示を見た。

舞楽の次第は、不動、蛭子《えびす》、毘《び》沙門《しゃもん》、大黒《だいこく》、弁財天《べんざいてん》、布袋《ほてい》、寿老神《じゅろうじん》、福禄寿《ふくろくじゅ》、駒、殿面、さい払《ばら》面、獅子《しし》等が出て、禰宜《ねぎ》といろいろ問答をし、氏子《うじこ》繁盛五穀成就《はんじょうごこくじょうじゅ》を約束するというのが大要であり、ファリュスは、その大黒によって境内いっぱいに生気を横溢《おういつ》させられるのであった。

最初、祭の座を訪れた大黒は、身に帯びたものについて一つ一つ禰宜から尋問《じんもん》せられ、答えと共にそれを体から取りはずしてゆくのであったが、最後に、腰につけた「ぬめくら棒」（木製ファリュス）について追求せられて、

〽これは見せてはならぬもの
〽どうぞ御披露《ごひろう》、御披露
〽見せてはならぬもの、ならぬもの
〽どうぞ、どうぞ

と押し問答の末……「うちままよ（ええい、仕方がない）、ぬめくら棒の披露々々」と終《つい》に水引掛けのその一物《いちもつ》の紙を引き除いて、それを両手に握って上下させながら、もうもうとした湯気の大釜の周りを駆けまわったり、さっと参拝者の中に突入したりしながら、境内に満ちる群衆をキャッキャと湧《わ》き立たせたのであった［図㉒二一九頁］。

図㉒　太田三郎画「さん候祭のぬめくら棒」。太田三郎『性崇拝』（黎明書房、一九八六年）より許諾を得て転載。さん候祭は今日も健在である（二〇二三年現在）。

しょう。

ホコとは男根のこと

「キャッキャ」と反応したなかには当然、若い女の子や小さな子供たちもふくまれていたことでしょう。

こうした場合のファロスにはホコもよく使われました。

ホコといえば、第二章でイザナキ・イザナミが国生みの際に海にホコを突き刺し、その先からぽたぽたと滴《したた》り落ちた水から島（オノゴロ島）をつくったという『古事記』の記述についてふれました。

文芸評論家でクリスチャンだった村松剛《ごう》（一九二九〜九四年）に『死の日本文学史』（角川書店・一九八一年）という著書があります。一九七一年にカナダのトロント大学の大学院でおこなった講義のノートにもとづき、日本文学にみる日本人の「死の想念」の歴史的な変遷を明快な筆致でつづった著作です。※15

村松はそのなかの一節で記紀の国生み神話をとりあげ、江戸時代初期の知識人不干斎《ふかんさい》ハビアン（一五六五〜一六二一年）がそれについてのべた批評を紹介しています。

不干斎ハビアンは、キリシタンとして、日本で初めてキリスト教の立場から、三教、すなわち神道・仏教・儒教への徹底的な批判の書である『妙貞問答《みょうていもんどう》』（慶長十年・一六〇五）を著わした人物として知られています（もっとも、晩年には、なんらかの理由から棄教し[※16]、一転激越なキリスト教批判の書『破提宇子《はだいうす》』（元和《げんな》六年・一六二〇）を書いて、日本キリスト教史に残る悪人となるのですが）。

その『妙貞問答』のなかで、ハビアンはイザナキ・イザナミの神話について、持ち前の合理主義的立場から、そこで語られる話が性的な含意《がんい》をもつものであることを示唆します。

先瓊矛《まづぬぼこ》をさしをろしたると云《いふ》ことを沙汰《さた》すること、其《そ》の下心《したごころ》、御身《おんみ》とはわらわが中《うち》にてさへも面《おも》はゆく、云《い》はれさふらはねば。申すまでもなし。鉾《ほこ》とは何、しただりとは何とある事を推《は》量《か》りたまへ。

（現代語訳）

海にホコを突きさしてみせたこと、その本当の意味するところは、私とあなたとの間でも恥ずかしくて口にできるものじゃない。ホコとは何か、したたりとは何か、ご自身でお考えになってください。

と、ハビアンは意味深長な調子で嘲笑を加えています。

『妙貞問答』は女性の読者を対象に書かれた書物で、尼僧二人の問答の形式をとります。ハビアンは彼女たちの発言を借りて自分の考えを読者に伝えるわけですが、村松剛はハビアンの右の解釈について、

「鉾《ほこ》は男根であり、すべては性的象徴である、と彼はいっているのである。記紀の建国神話のフロイト的解釈は、たぶんこれが最初だろう」（村松前掲書三二八頁）

とのべています。しかし、はたしてそうでしょうか？

神楽のなかでホコが「男根」の象徴として使われることは、江戸時代の人々ならば誰もが知っていました。それは当時の日本人にとって常識であり、江戸時代初期の人である不干斎ハビアンも当然見知っていたでしょう。ハビアンがイザナキとイザナミの神話を解釈するとき、かれはなにも「フロイト的解釈」などを用いる必要はなかったはずです。ハビアンは「ああ、あれか」と誰もがピンとくることを指摘し、嘲笑してみせたにすぎなかったのです。

センシティブな話題

国文学者の飯田季治が『日本書紀』のアメノウズメの舞踏の記述について絶賛していたことは、

すでにふれました。そこには『古事記』のような「不謹慎《ぶしつけ》」な描写はないこと、それゆえに「古神道の本義」を伝え、「教育の淵源」にかなっているというのが絶賛の理由でした。
ただ、その『日本書紀』をよく読むと、こんなくだりがでてきます。

天鈿女命《あめのうずめのみこと》、則《すなわ》ち手に茅纏《ちまき》の矟《ほこ》を持ち、天岩窟戸《あめのいはやと》の前に立たして、巧《たくみ》に作俳優《わざをき》す。

（現代語訳）
アメノウズメは茅草《ちぐさ》を巻いたホコを手にし、天の岩屋の前に立って巧みに踊りを演じた。

昭和二十年（一九四五）の第二次世界大戦の敗戦を境に、どの地域でも教育委員会などがうるさくなり、地方の神社の神楽の演出も控えめなものが多くなりました。
飯田の一九三〇年代の主著である『日本書紀新講』は全三巻、文字通りの大著です。飯田はこの日本古代が誇る勅撰の史書のあらゆる文章に和漢の深い教養に裏打ちされた素晴らしい注釈を加えています。
ただ、不思議なことに、アメノウズメが手にしたホコについては、「矟《ほこ》」にまつわる一般的な解説を並べるだけで、実質的な説明を避けています。[※17]
明治十五年（一八八二）生まれの飯田が、当時日本の各地の祭礼でみられたホコの使い方について知らなかったとは思えません。それとも、そんな土俗はどこかよその国の話、よほどの無菌状態の上品なインテリ家庭に育ったのでしょうか？

日本の国生み神話に宿るファロスの文化の影。それは天皇勅撰の史書『日本書紀』の神聖さを疑わない国文学者にとって、あつかいのむずかしいセンシティブな話題だったようです。

「天の御柱」の元をたどる

日本の天皇家は、現在の天皇で百二十六代目、古代からの息の長い歴史をもつ王家として知られています。

その王家の内部でファロスはどのように語られてきたのでしょうか？

それをつかむには、天皇家のルーツを探らねばなりません。ルーツとは神話の神々であり、記紀神話の冒頭で国生みにあたったのがイザナキとイザナミのペアでした。

その二神の事蹟を伝えるとき、記紀がなぜかれらを「柱」と呼んでいたのか？　その疑問が本章の関心事の一つとなりました。

ここでは煩わしさを承知で、もう一度『古事記』から問題の、オノゴロ島での国生みの場面を引いてみましょう。

イザナキとイザナミはその島に降り下ると、神聖な柱を立て、広い御殿をお建てになった。男神のイザナキは妹の女神・イザナミに「おまえの身体《からだ》はどのように出来ているのか？」とたずねた。イザナミは「わたしの身体には成り整いながら成り合わない所が一つあります」と答えた。イザナキは「わたしの身体には成り整いながら成り余る所が一つある。それでは、このわたしの身体の成り余る所でおまえの体の成り合わない所をふさいで、国土《くに》を生み出すことにしたいと思うが、どうか？」と言った。イザナミは「それは善い考えです」と答えた。

そこでイザナキは「それならば、わたしたちはこの神聖な柱をたがいに反対に廻り、出会った所で性交しようと言った。

こうして取り決めを交わした二神は、イザナキの提案により、柱をたがいに反対に廻ることになります。

この話で場面の中心となるのは神聖な柱。この柱が、われわれの先祖が太古の頃から尊び、その周りで祭りをくりひろげた「高く屹立するもの」をさすことは明らかでしょう。※18「国生み神話」のまさに原風景ですが、ここでは第二章にのせた「北沢の大石棒」の写真（二七四、二七五頁）を想い起こしてもらえば、話はさらにクリアになるでしょう。ここにみられるのは飯田季治のいう「古神道」の淵源の風景ですが、『古事記』はイザナキ・イザナミの廻った柱を表わすのに「天《あめ》の御柱《みはしら》」という言葉を用います。『日本書紀』の正伝では「国中《くになか》の柱《みはしら》」（異伝一では「天柱《あめのみはしら》」の語が使われましたが、飯田は『日本書紀新講』のなかで両者は同一のものであるとし、当時の日本人は「原始時代の天文学」を基礎として「地軸」（地球の中心から天へと貫く一本の柱）をそう名づけたのだとします。[※19]が、これは二重の意味で「近代」の匂いのする解釈です。一つには、飯田自身が「原始時代の天文学」という西洋由来の近代科学——天の意思を解読することで飢饉・洪水・叛乱など地上の異変を占った伝統的な天文学とは違う——の用語を動員した点で。もう一つには、中国の古典を参照してそこに表わされた思想でオノゴロ島の柱を説明するという、日本の『古事記』に認められる「古代の近代化」の態度を飯田が認識し、問題なく受け入れている点で。

日本人は「地」と対立するものとしての「天」という考えを、五世紀から六世紀にかけて中国の知識社会から輸入しました。

『日本書紀』の冒頭の一文は、中国の古典『淮南子《えなんじ》』のなかの「天地未剖《てんちいまだわかれず》。陰陽未判《いんよういまだわかれず》」をそっくり借用したもので、同書は紀元前二世紀頃に成立していますが、「天の御柱」という言葉こそないものの、中国古来の「天」の思想を前提にしています。[※20]

こうした借用なしに格調の高い歴史書は書き得なかった。それは自然な話だったとして、ここでの問題は、

天地をつなぐ「天の御柱」の考え方を知る以前の日本人にとって、神聖な柱とは何を意味した

のか？

という一点にあります。最前のくりかえしになりますが、江戸時代の庶民ならば簡単に答えられたでしょう。「神聖な柱」が男根をさすことはかれらのあいだで常識だったのですから。江戸時代の祭礼の日には神楽が頻繁に演じられました。当時の川柳集にはそれを詠む句がたくさんでてきます。たとえばこんな作品です。

神子《みこ》を見てふとしく立てる宮柱《みやはしら》

神子とは巫女《みこ》のことで、江戸時代の神社では、一年で一番の稼ぎ時の御開帳《ごかいちょう》などで客寄せのためにエロティックな神楽舞《まい》を演じさせることが珍しくありませんでした。川柳集『誹風柳多留《はいふうやなぎだる》』（以下『柳多留』）三二（文化二年・一八〇五）に収められた句で、宮柱とは皇居など神聖な建物の柱をさし、「ふとしく」は「太敷く」で、巫女の舞のしぐさをみた男たちがいっせいに勃起している光景を詠んだ句です。

宮柱ふとしく立って神子《みこ》を見る

と、これは寛政三年（一七九一）の破礼句集《ばれくしゅう》『末摘花《すえつむはな》』三所収の句ですが、文中にある「宮柱ふとしく立って」は、そもそも神官が神前で読む祝詞《のりと》の決まり文句をそのまま拝借したもので、神道へのからかいをこめた作品でした。また江戸後期の川柳集『誹風柳多留拾遺』所収の句には「つめりたい柳を包む緋《ひ》のはかま」（宝暦十三年・一七六三）とあり、「つめる」とはこの場合は「強くひねる」こと。江戸時代、相手の尻をひねるのは「あなたと寝たい」という最も直接的なメッセージでした。

句全体の趣意は「柳腰《やなぎごし》を包んだ緋色《ひいろ》のはかまをはいた巫女の尻をつねりたい」というもので、「柳腰」の語は最近では使われなくなりましたが、「細くしなやかな腰」をさし、この時代、神楽を舞う巫女が男たちの欲情を誘う存在だったことを端的に伝えるものとなっています。

宮柱の男根が登場するのは川柳だけではありません。

幕末期の江戸の俗謡の一節に、

〽宮柱立てて和尚は芳町《よしちょう》へ

とあり、芳町は現在の東京都中央区、日本橋人形町のあたりにあった色街。男色専門の男娼（陰間《かげま》）を置く陰間茶屋が集まる、湯島天神の門前、芝神明《しんめい》の門前と並ぶ江戸の三大男娼街の一つで、当時お坊さんは一番の常連客《おとくい》でした。これは、僧衣の下で一物をそそり立たせながらいそいそと芳町へ向かう姿をうたった歌です。

宮柱は天皇の御在所《おざいしょ》、つまり神道の信仰世界に由来する用語で、お坊さんが股間《こかん》に立てるのは変な話なのですが、江戸時代の民衆は神仏の区別などは気にしません。「神聖な柱」と聞けばあたりまえのように男根（ファロス）を連想していた。これがここでのポイントになります。

インテリと民衆

では、江戸時代の人々には、なぜそんな連想が可能だったのでしょうか？

アメノウズメが踊りで手にした祭具のホコについてはすでにのべました。

それが男根を意味することを江戸時代の庶民に教えてくれたのは、神楽で目にするホコの使われ方でした。

それでは、国生み神話の「天の御柱」の正体についてはどうか？

かれらはどんな手立てを通して、その原初の姿を察することができたのでしょうか？

日本の各地に、かつて「柱廻《はしらまわ》り」という民間の風習があったのをごぞんじでしょうか？「石柱廻り」「陽石《ようせき》廻り」ともいいますが、江戸時代、さらに明治時代になっても地方によってはおこなわれていました。

ただ、これは江戸時代にはじまったものではなく、戦国時代の以前から存在したことが文献によって確認できます。

室町時代に今川貞世《さだよ》（一三二六年～没年不詳）という武将がいました。今川了俊《りょうしゅん》とも呼ばれ、歌人としても名高く、『二《に》言抄《ごんしょう》』『言塵集《ごんじんしゅう》』など多くの和歌・連歌論を著わした当時第一級の教養人として知られています。

三代将軍足利義満の時代に、当時南朝の勢力が残っていた九州を平定するために九州探題に任命され、辣腕《らつわん》をふるった人物です。

その貞世に『道行《みちゆ》きぶり』（応安四年・一三七一）という著作があります。九州探題として赴任先におもむく途中、京都から長門《ながと》（現・山口県）までの間の見聞をつづった紀行随筆ですが、そのなかに、現在の兵庫県の播磨国《はりまのくに》で遭遇した習俗のこんな目撃談がでてきます。

> 川のほとり近くに石の塚一つ侍《はべ》り。これは神のいます所なりけり。出雲路の社《やしろ》の御前に見ゆる物の型ども、一、二侍りしを、「なにぞ」と尋《たず》ねしかば、「此《こ》の道を初めて通る旅人は高きも卑しきも、必ずこれを取り持ちて、石の塚をめぐりて後、男女の振舞《ふるまひ》のまねをして通る事」と申ししか、いとかたはらいたきわざにてなむ侍りしかな。
>
> まことや此の神の御《お》社《やしろ》は、ほど近き所の海の中に立ち給ひたるが、「かやうにまなび侍るたびごとに、仏社のゆるぎ侍る」となん申すめり。あらたなることとなるべし。

伝へきく神代《かみよ》のみとの目合《まぐは》ひを
うつす誓ひのほどもかしこし

(現代語訳)

川のほとり近くに石の塚が一つあった。ここは神のおわします所だという。京都の出雲路《いずもじ》の社《やしろ》の前にある物と同じ形のものが一つ二つあったので、「これは何だ」と土地の者にたずねると、「この道を初めて通る旅人は、身分の高い人も卑しい人も、この石を抱えて石の塚を廻ったあと、男女の振る舞いのまねをするのがならわしだ」という。

まったく笑うべき風習というほかない。

そういえば、この神の本社は近くの海中に立っているが、土地の者が言うには「旅人が石塚の周囲で男女の振る舞いをするたびに、その社が震動します」とのこと。まったく霊験《れいげん》あらたかなことである。

(以下、和歌)

記紀の時代に伝え聞く神々のみとのまぐわいをまねる願かけの風習とは、畏《おそ》れ多いことだわい。

「霊験あらたか」とか「畏れ多い」とあるのはもちろん貞世の皮肉です。

詩歌論で右にでる者がいなかったというインテリ武将らしい冷笑的なトーンで一貫した文章で

すが、文中で傍点をつけた「男女の振る舞い」とは性交のことを貞世が婉曲に表現したものです。末尾の和歌に「みとの目合《まぐわ》ひ」とでてきました。これはさきに紹介した『古事記』のイザナキがイザナミに口にしたせりふ、

然《しか》らば吾《あ》と汝《な》とこの天《あめ》の御柱《みはしら》を行き廻《めぐ》り逢《あ》ひてみとのまぐはひせむ。

に登場した男女の性交を意味する言葉でした。

記紀のたぐいは、江戸時代、国学者がことさら尊重したもので民衆レヴェルではほとんど知られていなかった、という意見を耳にすることがありますが、当時の民間の習俗をみるとそうではないということがわかります。

もちろん、一般の民衆は記紀の細部についてのくわしい知識はもたなかったでしょう。ただ、神話の要《かなめ》、中核と呼ぶべき部分については、「高きも卑しきも」語り伝えを通して親しんでおり、イザナキ・イザナミ両神の国生み神話はその代表格でした。

人々はこの日本最古の有名ペアの神の霊験にあやかろうと、道端の石の前でそのものまねをした。むろんそれは深夜の秘事などではありません。白昼堂々、人目もはばからず、男女仲良くキャッキャッと笑いながら、陽気に打ち興じていたわけですね。

ファロスを祀る習俗

江戸時代の医者で文人だった橘南谿《たちばななんけい》（一七五三〜一八〇五年）に『東遊記』という書物がありました。天明《てんめい》四年（一七八四）から足かけ三年医学修行のため各地を旅したときの見聞をまとめた紀行書ですが、その巻の三に「幸《さい》の神」とか「岐《ふなと》の神」[※21]と呼ばれる神がでてきます。村の境界や四辻に邪悪なものの襲来を防ぐために置かれた男根型の石神でしたが、交通の発達とともに旅人が道中の安全を願って、祈りをささげ、物を奉納するようになりました。

こうした石は「道祖神《どうそじん》」とも呼ばれましたが、この名の由来については諸説があるようです。民俗学者の五来重《ごらいしげる》（一九〇八〜九三年）によると、この「道祖」は共通の祖先をもつ者を意味する「同祖」の転化したものだったそうで、[※22]もしその通りならば、まさに縄文時代の石棒の系譜に属する守り神だったということになります。

［図㉓二三四頁］の写真は、群馬県と栃木県の境にある金精《こんせい》峠、旧金精明神に祀られていた道祖神の祠《ほこら》と奉納物です。海抜二〇〇〇m、天空のファロスというところですが、「西洋人の目」を意識した明治維新後の政府による破却政策にもかかわらず、戦前まで地方の村の入り口や辻にはこうした石神たちが普通に立っていました。

図㉓　栃木県上都賀郡金精峠の旧金精明神の祠と奉納された男根。西岡秀雄『日本性神史』（高橋書店、一九六一年）より許諾を得て転載。

急病による行き倒れが珍しくなかった江戸時代にあって、これらの石神――「性器形態神」と学問分類上は名づけられる――は頼もしがられる存在で、各地のパワー・スポットとなりました。そのなかで、全国的に知られていたのが京都の今出川《いまでがわ》通りの北にあった「幸の神」で、橘南谿はこう記しています。

京都の今出川の上《かみ》にある所の幸《さひ》の神といふは、いかなる神にてましますや。すべて田舎《でんしゃ》には色々の名は替《かは》りあれども、陰茎《いんきょう》の形の石、陰門《いんもん》の形の石を神体《しんたい》として、所《ところ》の氏神抔《うじがみなど》に祝ひまつりて尊びかしずく所多し。日本の古風にや。神代《じんだい》の巻《まき》にいふ所、或は鶺鴒《せきれい》の古事抔ふるく云ひ伝うる事多ければ、神道《しんとう》の秘事《ひじ》にはかかる事も有るべしとぞおもふ。

（現代語訳）
京都の今出川の北にある幸《さい》の神とはいかなる神なのだろう。田舎には、色々と名は変わりながら、男根や女性器の形をした石をご神体とし、氏神《うじがみ》の祭りなどで拝むところが多い。日本の伝統的な風俗というわけか。『日本書紀』のセキレイの故事など昔から伝わっている話も多く、古い神道の秘事とはこんなものであったのかと思う（『東遊記』巻之三「幸の神」）。

「鶺鴒《せきれい》の古事」（セキレイの故事）とはいうまでもなくイザナキ・イザナミの話で、各地の氏神様の祭りなどでは、飾り立てられた石の周囲で人々は羽目をはずす騒ぎを演じていたわけです。

そうした風俗を見慣れた当時の人々にとって、イザナキとイザナミがその周りを廻って性交をおこなった「天《あめ》の御柱《みはしら》」なるものがなんであったか、偉い学者に教わるまでもなく、自明でした。それが川柳で宮柱《みやはしら》が男根になる背景だったわけです。

ちなみに国文学者の稲田利徳《としのり》は、『道行きぶり』に登場する石の塚について、「男根を型どった石棒の類」だったろうとしています。[※23] 稲田のいう「石棒」が本書の第二章であつかった大型石棒を意味するのかは不明ですが、日本の神社が、土中に埋もれあるいは野ざらしになっていた石棒を、先史時代の遺物とも知らずに境内の内外に立てたり、ご神体として神殿の奥に祀《まつ》ることは珍しくもない話でした。長野県佐久市の大宮諏訪神社に全国で有数の長さを誇る縄文時代の石棒がいまでも奉納されている話は第二章にもでてきた通りです。

橘南谿の文章のなかに、地方では男根のほかに女性器をかたどった石を拝む所が多い、とありました。これは、文字通り、縄文時代の石棒と石皿の儀式を引き継いだものでしょう。中国の陰陽思想では男は陽、女は陰に分類されましたが、そこから男性器をかたどった石は陽石、女性器を模した石は陰石と名づけられました。

これらにはそれぞれの形に似た自然石を使う場合もあれば、自然石を加工して性器の形に似せる彫刻型の石を置く場合もありました。陽石と陰石と、数の上では前者がまさっていましたが、陰陽石と称して両者一組で拝まれる社も全国の各地でみられました。

金精大明神をめぐる騒動

いま川柳の話をだしましたが、日本人のファロス崇拝の風俗を伝える江戸時代の川柳にこんなものがあります。

何度も引用した破礼句集《ばれく》『末摘花《すえつむはな》』の第三篇（寛政三年・一七九一）におさめられたものです。

大黒《だいこく》とへのこ手桶《ておけ》でごろっちゃあ

「へのこ」が男根の古語であることは第一章でふれましたが、この句にいう「へのこ」は本物ではありません。男根を模した張り子の置物です。紙を何枚も厚く張り、乾いてから型を抜いて仕上げた男根で、正月にはこれを「金精大明神《こんせいだいみょうじん》」と呼び、店や自宅の神棚に飾って祀りました。

金精様とも呼ばれた金精大明神は、江戸時代には東日本で多く信仰された代表的な性神で、顔も手足もなく、ただ男根の形をしており、精力増進や商売繁盛の神様として、娼家はもとより普通の商家のあいだでもある意味で招き猫以上の人気を集めました。

張り子の「金精大明神」は江戸では年末が近づくと浅草の歳《とし》の市で正月用の雑貨と一緒に売り

出され、それが右の川柳にいう「へのこ」です。

一緒にある「大黒」は大黒天ですが、こちらも縁起がよいとされる置物で、[図㉔二三九頁]にある通り、表は大黒天ですが裏からみると男根になっている。大黒天は元の名前をマハーカーラといい、ヒンドゥー教のシヴァ神に由来する神ですが、日本では金精大明神などよりもずっと古く、中世から性神としてあがめられ、江戸時代には一般の家庭にももちこまれました。

こうした性的な縁起物は西洋でも古代からみられ、ファロス崇拝の世界的な「普遍性」を伝えています[図㉕二四〇頁]。

「手桶でごろっちゃあ」とは、歳の市で買った「へのこ」と「大黒」の二つが客の手桶のなかでごろごろとぶつかる、それが年の瀬の気分を盛りあげるという趣意の句となっています。

享和《きょうわ》元年（一八〇一）に『末摘花』の第四篇におさめられた句に、

普陀落《ふだらく》に二日へのこの山を築《つ》き

とでてきます。「普陀落」は「補陀落」とも書き、サンスクリット語「ポータラカ」の音写語ですが、観音様の居場所、ここでは浅草寺をさしています。「二日」とは歳の市がもよおされる十二月十七日と十八日のこと。「へのこ」はさきほどの男根の置物で、この句に言う通り、それらが店先にずらりと並び、山を築くのがこの江戸で一番の市の名物になっていました。

図㉔　陽形大黒（備前焼）。西岡秀雄『日本性神史』（高橋書店、一九六一年）より許諾を得て転載。

図㉕　右／ファロスに組み込まれた修道士。左／聖職者像。下半身の蓋をおろすとファロスが飛び出す仕掛けだ。どちらもフランスの民間芸術。共にジャック・コロアレック・コレクション。アラン・ダニエルー『ファロスの神話』（青土社、一九九六年）より許諾を得て転載。

そして、客に買われて大事に持ち帰られた品は、家の人々から、

棚のへのこへ上げる燈明《とうみょう》

と神棚に祀《まつ》られ手を合わされることになります（『末摘花』三・寛政三年・一七九一所収）。

これらは、どちらもＴＶの時代劇などには絶対にでてこない風景であり、光景です。

金精大明神が、峠や辻などに盛大に祀られていたことは［図㉓二三四頁］で示した通りですが、水戸黄門の名で有名になった水戸藩の二代目藩主水戸光圀《みつくに》（一六二八〜一七〇一年）はこうしたたぐいの祠によほど我慢がならなかったらしく、家臣に命じて三十年の治世の間に領内の「淫祠《いんし》三千八十八祠」を破却させたという話は有名です。

この数字自体は誇張かもしれませんが、今川貞世の例を引くまでもなく、「上に立つ」知識層の人々がこうした民間信仰を嫌った点では、中世も近世もちがいはありません。

やがて、水戸国学の本拠地として明治維新のイデオロギー上の一大震源地となる水戸藩でしたが、右の話は領内の村落がさまざまな性神であふれていたことをうかがわせます。

光圀は徳川家康の孫という毛並のよいサラブレッド大名でしたが、その徳川幕府も文化元年（一八〇四年）十二月に、性的な置物、縁起物類を念頭に「張子男根之類商売致間敷旨《はりこだんこんのたぐいしょうばいいたすまじきむね》」という禁令をだし、

此節《このせつ》、張子《はりこ》ニ致シ候《そうろう》男根之類《だんこんのたぐい》、顕然《けんぜん》ト見世売致候類有之《うりいたしそうろうのたぐいこれあり》、如何之《いかがの》御沙汰《ごさた》ニ候間《そうろうあいだ》、早々右類《みぎたぐい》ハ商売致候儀《しょうばいいたしそうろうぎ》、差止可然候《さしとめしかるべくそうろう》……。

(現代語訳)

このごろ張り子にした男根のたぐいが公然と店先で売られているが、これはいかがなものか。早々にこの手の商品の売買は差し止めるべきである。

と撤去を命じましたが、まったくあらたまりませんでした。

「このごろ」と初めて気づいたような書き方をしていますが、これは「お上」の面目を保つための言い回しで、そうした置物が店に並ぶのはよほど以前のことからでした。禁令自体も、一種の反抗気分からかえって流通を助長する結果に終わったようです。

消失した雑魚寝文化

明治になって「西洋近代化」を一大国策とした新政府は、明治五年(一八七二)三月に太政官《だじょうかん》布告《ふこく》を発して、旧幕府の「淫風一掃」政策を受け継ぐ形で、従来遊女屋《ゆうじょや》其外《そのほか》客宿ニ祭リアル金精明神義、風俗ニ害アルヲ以《もっ》テ自今《いまより》早々取捨《とりす》テ踏潰《ふみつぶ》スベシ。

と命じました。その際、右のように遊女屋その他の宿に限定したのは、一般の商家まで取り締まりの網をかけるのは実際上困難なので、せめて不特定多数の人間（とりわけ外国人）の出入りする場所にある「淫神《いんしん》」だけは除去しろ、という判断によるものでした。

その他、屋外の「淫神」についても、明治中期に日光に別荘をもった米国公使が近くにあった「淫祠《いんし》」の撤去を強硬に申し入れるという「国恥之土俗《こくちのどぞく》」騒動などもあり、[※24]政府は人目につかない場所に置くよう指導に躍起になりましたが、[※25]昭和になってもきちんとカメラに撮られていたことは、すでにみた通りです。

金精大明神は光り輝く男根の神として、「金魔羅神《カナマラ》」とも呼ばれました。明治五年の太政官布告の発令の際には、「カナマラ」を「カナヤマ」にあらためるよう行政の指導がなされたものの、信仰者が多かったことから二〇二三年現在まで生き残っています。神奈川県川崎市の金山神社が例祭を「かなまら祭」と銘打って、男根神輿《みこし》をにぎやかにくりだす運営路線で、外国人観光客もふくめて人気を集めているのは祭りマニアのあいだではよく知られているところです［図㉖二四四頁］。

金山神社は明治維新以前からその名でつづく神社で、「かなまら祭」も江戸時代の「地べた祭」を信者の人々の協力のもとに現代風にアレンジしながら再興したもの。

男根を例祭にかかげる神社は他にもあって、ＳＮＳ社会にみうけられる道徳的教条主義者

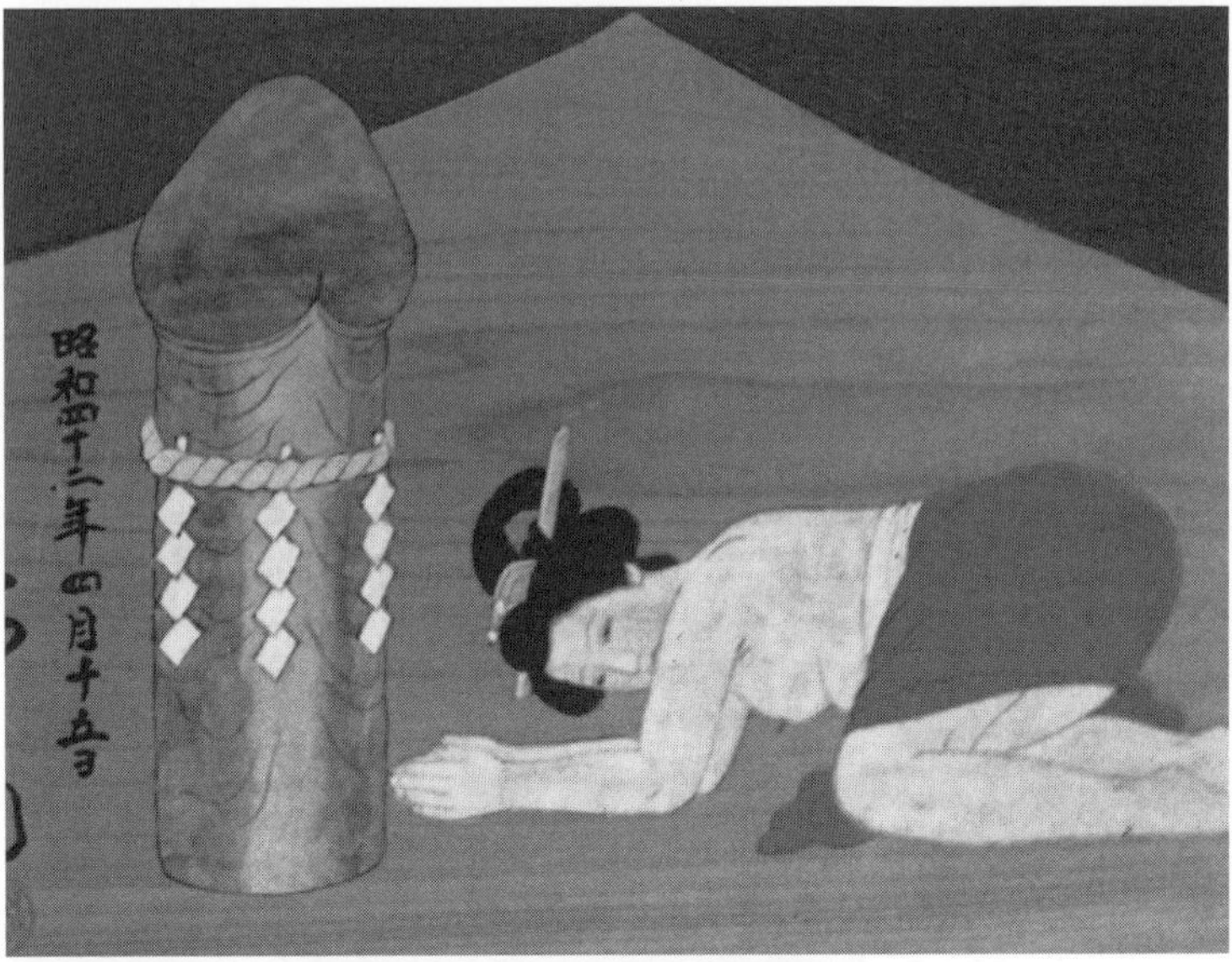

図㉖　上／金山神社に奉納された絵馬。九重京司『にっぽんの性神』（けいせい出版、一九八一年）より転載。 下／若宮八幡宮境内にある金山神社。神奈川県川崎市。イザナミから化生したカナヤマヒコノカミ（男神）とカナヤマヒメノカミ（女神）のペアを祭神とする。（若宮八幡宮・金山神社提供）

（？）たちの批判にもめげず、「奇祭」の名のもとにしぶとく「土俗」の伝統を伝えています。

こうしてみると、現代の日本人がなぜイザナキ・イザナミ神話の「原風景」に鈍感なままでいるのか不思議に思われてくるほどですが、その背景としては二つの理由が考えられます。

一つは明治以後、とりわけ戦中の愛国主義の白熱期に神話が「批判を許されない神聖化」の対象とされたこと。土台を提供したのは、明治二十一年（一八八八）の伊藤博文（一八四一〜一九〇九年）の憲法演説が示した天皇家を「国家の基軸」[※26]とする基幹政策でしたが、その一環としておこなわれた全国の村々の祭神をもつ小社の大幅な整理による消滅は、身近の「土俗」を通じて神話に親しんできた人々の伝統的な回路が切断される結果を招きました。そしてもう一つには、敗戦後には一転して、GHQの指示などにより神話そのものが学校教育の現場から締めだされたうえ、今日もその方針がことなかれ式に引き継がれたままになっていることです。

この二つは一見正反対にみえますが、国民を神話から遠ざける結果となっている点では一致しています。明治維新から百五十年余り、いまなおこうした状態が続いていれば、江戸時代の人々が普通にもてた記紀神話にまつわる「常識」が生きのびる素地が失われたとしても驚くには値しないでしょう。

ただ、現代の日本人に古代神話の「原風景」についての感覚を失わせた理由は、政府の教育政策の影響だけにあったわけではありません。それはたしかに大きなものでしたが、もう一つ、戦後の高度経済成長のなかで起きた、全国レヴェルの都市化の進展による「雑魚寝《ざこね》」文化の消失が背景としてあったのでは、というのがわたしの見方です。

雑魚寝とは何か？　試みにわたしが愛用する『新明解国語辞典』（三省堂）で「雑魚寝」を引くと、「雑魚《ざこ》」の項に、

〔――寝《ね》〕おおぜい（の男女）が一緒にごろ寝すること

とでてきます。ちなみに（　）内は原文にあるもので、わたしが所有する同辞典は一九七二年の初版ですが、この時点で編者が（の男女）を加えたところになんとも面白い時代の空気を感じます。

次にかかげるのは『古語辞典』（旺文社）にのる「雑魚寝」の項の説明です。


民間風俗の一つ。節分の夜などに男女が参籠《さんろう》して共寝をした行事

「共寝をした行事」とありますが、これは婉曲《えんきょく》な書き方で、文字通り男女入り乱れての乱交の風習をさしています。

わたしは一九九〇年代の初めに、二十歳前後の学生たちに日本の仏教文化について教えたことがありましたが、たまたま息抜きのよもやま話に「雑魚寝」の話をしたところ、そのエロティッ

クなニュアンスが伝わらないことに気づき、時代の流れを感じたものでした。

わたしは一九五三年の東京生まれ、学生は七〇年代初めの生まれで、全員が地方出身者でしたが、雑魚寝の記憶が日本の各地で――時間差をともないつつ――五〇年代、六〇年代を通じて滅びたことを実感することになりました。

祭りの夜のパートナー

国文学者で民俗学者の池田彌三郎《いけだやさぶろう》（一九一四～八二年）に、『はだか風土記』（講談社・一九五八年）という著作があります。のちに『性の民族誌』と改題して、現在は講談社学術文庫の一冊となっていますが、折口信夫《おりぐちしのぶ》の門下生だった著者が各地でのフィールドワークの知見を活かしながら、日本の古代から現代に至る性の風俗を論じたものです。

ＴＶのクイズバラエティ番組などで活躍した著者にふさわしく、ユーモアのなかにもピリッと辛口の批評が光る面白い読み物になっています。

そのなかに昭和十年（一九三五）頃、長野県のある村に滞在したときの回想として、こんな話がでてきます。

徹夜で祭りが行われた翌朝のことだ。――祭りがすんだ日の村は、静まっていく興奮のなごりが、行きずりの旅人にもヒタヒタと感じられて、旅の感傷を刺激する。その祭りが、前日の午後から、よっぴて（徹夜で）行なわれるような、組織の大きな祭りであればあるほど、疲労が興奮を持続させるから、祭りの場所を去って、朝の日のいっぱいにあたっている村の道を歩いて行く時の気持ちは、また格別に印象的である。

三三五五、帰りかける村の人々にまじって歩いていくと、すれ違いに自転車に乗って町の方に出かけてゆく若い人が、丁寧に挨拶をしていく。見知らぬ人だがと思っていると、並んで歩いている村の人が、あれが昨日、鬼の面をかぶって出た青年ですよ、などと教えてくれる。祭りの骨休めもしないで、町の製材所に行くのだという。

道連れになった村の人に誘われて、農家に立ち寄り、こたつに入れてもらってお茶をよばれた。お茶うけは、信州特有の（島木）赤彦のいう「黄に透《とお》りたる漬《つ》け菜《な》」である。祭りの話など聞いているうちに、いつの間にか向かい合わせにこたつにはいっていた。その家の中年の夫婦が、つい何でもない、平静な会話で、夫が妻に、「昨日のお前の相手は誰だったか」と聞いた。相手といってもダンスパーティーのパートナーではない。

あんまり普通の口調の話しぶりなので、そのことばの意味するところを、ひょいと聞きすごしてしまって、少したってから、アッと驚いた経験が、今もなお鮮やかによみがえる。その時の女の人の答えが、なにがしという相手の固有名詞をあげたのだったか、顔も名も知らぬと答えたのだったか、残念ながら覚えていないのだが、冗談を言うなと怒ったようなうけ答えでなかったことはたしかである。ともかく東京育ちの私には異様な体験であったことだけはたしかである。（学術文庫版一八〇頁）

池田は本人が言うように東京育ちで、それも銀座の真ん中の生まれ、「カルチュラル・ショック」はよけいに大きかったのかもしれません。

同じ東京でも、現在の府中にある大國魂《おおくにたま》神社の例祭、通称「くらやみ祭」での乱交は明治維新後も盛んで、これについては司馬遼太郎が新選組副長・土方歳三《ひじかたとしぞう》の生涯を描いた『燃えよ剣』（文藝春秋社・一九六四年）の冒頭近くで登場させているので、司馬文学ファンにはごぞんじの方も多いかもしれません。

この他、熊本県天草の粟島《あわしま》神社で明治二十年代までおこなわれた「豆倒《まめだお》し」という大祭の前夜の大乱交の行事[※27]とか、山形県の慈覚《じかく》上人の開いた由緒ただしい山寺での七夕《たなばた》の乱交、その近くにある「メタクタ村」（滅茶苦茶《めちゃくちゃ》村の意）の放埓《ほうらつ》ぶりなど[※28]、例をあげてゆけばきりがありません。

事情はどこでも同じで、全国で雑魚寝やそれに類した風習は盛んでした。雑魚寝の文化を支えたのはいうまでもなく伝統的共同体です。戦後の経済成長が村落を中心とする共同体を解体へと追いやるなかで、これらの性的な風習が死滅へ向かったとしても驚くには値しないでしょう。

そして、それは人々が神話を「肌感覚」で知る機会の消滅を意味しました。

神話は楽しむもの

さきに、雑魚寝の語の説明のところで『新明解国語辞典』の説明文を紹介しました（二四六頁）。この辞典は複数の学者による編集ですが、初版は編集主幹の山田忠雄（国語学者。一九一六〜九六年）がほぼ独力で執筆にあたりました。山田は東京生まれでしたが、敗戦の年に二十九歳という年齢からみて、雑魚寝（やそれに当たる風習）は当然知っていたでしょう。と同時に、その社会的な記憶が確実に死滅に向かいつつあることも、一九七二年の肌感覚としてわかっていた。それが「の男女」とつけ加えつつ、（　）に入れるという微妙な説明の仕方につながったのだと思われます。

雑魚寝の風習については、今日ではどの神社や寺も「忘れたい過去」として口をぬぐい、公式ホームページの説明文にものせません。個人的にはもったいない気もします（神道はもっとかみしもを脱いだものであってほしいので）が、明治以後、神道の世界の先達が費やした「淫風一掃」の努力をないがしろにするわけにもゆかず、やむを得ないところかもしれません。

ただ、そうした「西洋近代化」の圧力下の神道など知らない江戸時代の人々にとって神話はずっと身近なもの、自由にからかいながら皆で楽しむものだったということだけは、あえて記しておきたいと思います。

ここでもう一度、イザナキ・イザナミの話にもどることにしましょう。オノゴロ島に降り立った二神は、たがいに身体の「成り合わない所」と「成り余る所」を確認します。かれらは「天《あめ》の御柱《みはしら》」という神聖な柱を立てる。イザナキはその柱をたがいに反対に廻り、出会ったところで交わろうと提案し、イザナミは承知します。それは国生みのために交わした取り決めでした。以下はその後に続く『古事記』の記事の再引用です。

このように取り決めがすみ、イザナキは「おまえはこの柱を右から廻《まわ》っておくれ。わたしは左から廻るから」と言い、二神はそうすることにした。そして柱を廻る際、イザナミは「ああ、なんて素敵な青年でしょう」と言い、その後に「ああ、なんて素敵な乙女だろう」とイザナキが言った。

イザナキはそのとき「女が先に言葉を口にしたのは良くない」と言ったが、結局その後に性交した。が、出来た子供には障害があったので、葦船《あしぶね》に乗せて流した。次に淡島を生んだが、やはり不出来だった。

そこで二神は「いま生んだ子はよろしくなかった。天の神々に相談してみよう」と神々のもとへおもむいた。神々は鹿の骨を焼いて占って「女から先に言ったのが良くなかった。あらためて言い直すように」と命じた。

イザナキとイザナミは地に下ってふたたび神聖な柱を同じように廻った。こんどはイザナキが「ああ、なんて素敵な乙女だろう」と先に言い、その後にイザナミが「ああ、なんて素敵な青年でしょう」と言った。こうして二神は無事に淡路島を生んだ。次に生まれたのが四国である。

現代の「男系・女系天皇論争」

どうでしょうか?

さきにもふれたように、『古事記』のこの部分はさまざまな論争のなかで引き合いにだされるものになりました。

最近では、皇室をめぐる「男系・女系論争」、女系の天皇を認めるべきか否かという熾烈《しれつ》な論争のなかで、自説を補強する「材料」の一つとしてこの逸話がとりあげられたのは記憶に新しいところです。

材料としたのは女系天皇容認論者の側で、『古事記』の右の箇所は七世紀から八世紀にかけて天皇家が躍起になって推進していた「古代の近代化」、文明開化路線のなかで、五世紀から活発化した外来思想、具体的には中国思想の影響を受けて「改ざん」されたもので、もともと存在したイザナキ・イザナミ神話の古形にこうした「男尊女卑」思想はふくまれていなかった、というのが主張の骨子です。

神道学・日本古代史が専門の高森明勅《あきのり》もそうした主張者の一人で、かれはまず『古事記』や『日本書紀』のイザナキ・イザナミの二神がそなえていた名称の「平等性」に注目します。

イザナキ・イザナミ。

2神がほとんど同一の名であることに気づくだろう。「イザナ」プラス「キ」、または「ミ」。一字が相違するだけだ。「イザナ」というのは動詞の「誘う」の語幹。「キ」「ミ」はそれぞれ男性、女性を表す語だ。だから、この2神の名前は「誘う男性」「誘う女性」という意味になる。神話の中では、この2神は「大八島」を生む〝国生み〟のための性交を誘い合っている。

ここで注目すべきなのは、この男女の2神の名に、まったく上下、尊卑の意識が見られないという点だ。同じイザナという語を共有し、性別を示すキ・ミを付加しただけの神名になっている。しかも「誘う」という行為自体、当事者同士の間に、いっさい、上下、尊卑を予想しないことも重要だ。

これが「召す」なら事情が違う。はっきりと上下関係が生まれる。「娶《めと》る」も同様だろう。〝めとる〟は「妻取《めと》る」の意味で、「取る」には、その物をしっかり握って自分の自由にする、

という含意があるからだ。「誘う」はそうではない。（『歴史で読み解く女性天皇』ベストセラーズ・二〇二二年）[※29]

高森はこうのべたうえで、「ただし、部分的に『男尊女卑』的な場面もある」とし、イザナミが先に声をかけた結果障害をもつ子が生まれた、というさきほどの箇所をあげます。そしてそれは中国の「男尊女卑」思想の影響によるものだとします。[※30]

この影響については多くの人が指摘するところで、中国の儒教で特別に尊重される文献を「経《けい》書《しょ》」といいます。仏教の主要経典にあたるものですが、これらを神秘主義的に解釈した書物を「緯《い》書《しょ》」といい、紀元をまたいで前漢から後漢にかけて数多くまとめられました。

そのなかの一つ『春秋緯《しゅんじゅうい》』に、「天は左旋《させん》し、地は右動《うどう》す」と、「天」と「地」を「右」と「左」に対応させる、「天の御柱」の逸話との関わりを思わせる文章がでてきます。

また、まえにもあげた『淮南子《えなんじ》』——前漢の時代、淮南王《わいなんおう》・劉安《りゅうあん》（前一七九〜前一二二年）が客として招いた学者たちに編纂させたもので、当時の中国社会の政治的・思想的な論争点や人々の宇宙観を知るうえで役立つ百科全書的な書物ですが、ここにはもっとはっきりと「雄は左行《さこう》し、雌は右行《うこう》す」とでてきます。

さらに右の二書より新しく、唐（?）の時代に成立したとされる『洞玄子《とうげんし》』という著者不明の書物があります。男女の交合によって不老長寿を得ようとする中国古来の「房中術《ぼうちゅうじゅつ》」を記したもの。インドの『カーマ・スートラ』とまではいきませんが、性交の体位を三十種に分類し、一説には日本のいわゆる四十八手の種本になったという書物です。

日本最古の医学書『医心方《いしんほう》』（永観二年・九八四）にも引用されて書名がみえるものですが、そのなかに「天は左転《さてん》して、地は右廻《うかい》す」としたうえで、「男は唱《とな》えて、女は和す」「すべからく男は左転して、女は右廻すべし」などとでてきます。

男性原理の崇拝の起源

中国で左を右より上位におく考え方は、古代日本が六六三年の白村江《はくすきのえ》の大敗北をきっかけにモデルとすることを加速させた唐王朝の時代に確定したもので、それ以前は各王朝によってまちまちだったようです（「左遷《させん》」という言葉は、「左」が劣位とされる時代に生まれました）。

唐の律令制の国家モデルを導入した日本は、第一章でもふれたように、最高行政機関（いわば内閣）として太政官《だいじょうかん》の制度をもうけました。

太政官制のなかで、最高位の太政大臣を支える左右の大臣のうち、左大臣が上位、右大臣がそれを補佐する地位を割り振られたのも、唐の文化の影響によるものです。

唐には「天子は太陽の方角（＝南）を向いて座るもの」という考え方がありました。※31 天子南面の思想ですが、聖武天皇が東大寺の大仏の前で「三宝《さんぽう》の奴《やっこ》」の問題発言——国学者の立場からすれば——をおこなったとき、「天皇は北面して仏に語りかけた」と、『続日本紀』の天平勝宝《しょうほう》元年（七四九）四月一日の記事にでてきます。[※32]

これは、「天子南面」を基本とすべき天皇が仏に対して臣下としての姿勢を示したと受け取られても仕方がないふるまいでしたが、いずれにせよ、「天子南面」の前提に立つならば、太陽が昇るのは東。つまり南に向かって左に当たるわけで、日が沈む右よりも方角として上位だ、ということになります。

高森の記紀への中国思想の影響を重視する見方は、古代の日本社会の「双系文化」的特質を忠実にふまえたものです。

「双系文化」の社会は、父系（男系）と母系（女系）のどちらにも片寄らず双方を重視する慣行をもつ社会で、一般に前者は夫方居住婚、後者は妻方居住婚をとります。それに対し、双系文化の社会は選択的な居住形態をとり、平たくいえば、夫婦がどちらの家に住むかは二人の意思、経済力をふくむ力関係で決まるという特色をもちます。家族人類学者のエマニュエル・トッドが、中国人が書いた『魏志倭人伝《ぎしわじんでん》』の卑弥呼《ひみこ》（三世紀前半頃）の記述のなかに、父系社会の人間が双系社会の女性首長に接したときに普遍的にみられる特徴的な反応を見いだしているのは面白いところです。[※33]

中国には、生命は祖先から父→息子の血筋を通してのみ伝わる、母はそのための「器」（形）

としてのみ関わるにすぎない、という考え方がありました。

これは理屈の問題をこえて「実感」をともなう強力な考え方で、中国で同姓不婚《どうせいふこん》（たとえば日本ならば佐藤姓の男女同士は平気で結婚できるが、中国では陳姓の者同士は結婚できない）のきまりの背景となり、近代まで何千年もの間人々を縛ることになりました。中国から多くの思想を学んだ日本でしたが、「同姓不婚」の制度は、宦官《かんがん》や纏足《てんそく》の風習と同様、受け入れずに終わりました。

「同姓不婚」は、中国が儒教を背骨とする国であることをある意味で最も強烈に証す制度でしたが、日本の「男尊女卑」が歴史上一度でもここまでのレヴェルに達したことがあったのか？　かなり尻抜けの「男尊女卑」だったのではないか？　という実感は、多くの日本人がもつところでしょう。

ただ、本章でとりあげる論点はそこにはありません。それ以前にあります。

記紀の成立をさかのぼること数千年前、母性崇拝の社会に頭をもたげた父系思想、これがここであつかわれる論点です。正確には、父系優先思想と言い直すことができます。

それは、人間の姿をとる土人形の土偶に対し、顔どころか手足もない、男根のみの形をとる祭具、石棒の出現によって存在感を放ちはじめたものでした。

イザナキ・イザナミの神話は、記紀におさめられたすべての神話がそうであるように、両書が成立する以前より長く伝えられてきた、国生みにまつわる話をまとめたものでした。

神々の逸話を記述する際、『古事記』が一つの筋書きに落としこむ形を、『日本書紀』が複数の

「異伝」を併記する形をとったことはまえにふれた通りです。

イザナキ・イザナミの国生み神話は、わが国の「国のかたち」を明らかにする意図にもとづき、『古事記』『日本書紀』のどちらの史書でも冒頭に置かれました。

『古事記』の記述を例にとると、それは四つの要素からなっていました。

あらためて確認すると、

（一）天からホコを海に突き刺し、ホコの先から滴《したた》った潮水で島をつくった。

（二）島の上に「神聖な柱」を立て、イザナキは左から、イザナミは右から廻ることにした。出会った所で交わることにした。

（三）出会ったとき、イザナミは先に声をかけた。それが原因で、満足のいかない子や島を生んだ。

（四）二神はあらためて「神聖な柱」を廻り、こんどはイザナキが先に声をかけた。すると、こんどは無事に、やがて日本という国になる島々を生むことができた。

日本はいまから三〇〇〇年前、縄文時代の末に大陸から戦争の文化を受け入れます。弥生時代のはじまりでした。※34

それ以来、日本と大陸、とりわけ朝鮮半島との関係は必ずしも幸福なものではありませんでした。

四世紀末から五世紀初めにかけて、日本は朝鮮半島北部から南下を図る高句麗《こうくり》の高速騎馬軍団と激突、壊滅的な損害をこうむります。[※35] それは、六六三年、七世紀後半に唐の鉄甲装備の艦隊を相手にこうむった白村江の敗北に先立つ、われわれの先祖が初めて体験した対外的な屈辱、敗戦でした。

この「高句麗ショック」をうけて、五世紀の日本は大陸の先進思想の輸入に本腰を入れはじめます。儒教、陰陽思想、どれも五世紀から六世紀にかけて到来したものでした。[※36]

記紀における中国思想の影響を重視する論者は、ここに神話への加工、「男尊女卑」——神話の原型が成立した後に海の向こうからもたらされた——にもとづく改ざんの痕跡を見出します。が、それは正しいにしても、イザナキ・イザナミの二神がファロスを模した柱を立てた時点で、またその周囲を廻って性交をしようとくわだてた時点で——両者のどちらが先に相手に声をかけようが——男性原理への崇拝の思想は明白すぎる形を取ってはじまっていたのではないでしょうか。それが縄文時代の「高く屹立《きつりつ》するもの」、石棒への拝跪《はいき》の系譜を引く思想だったことはくりかえすまでもありません。

要するに、「男尊女卑」の土壌は、石棒の出現と発展とを通じてすでにこの国の土壌に充分に鋤《すき》を入れられていた。「高句麗ショック」をきっかけに日本が五世紀から受容を活発化させ、六六三年の唐の大艦隊による敗北を引金に取り込みを加速させた中国思想は、それを強化する役割を果たしただけだったのではないか、ということです。

天孫降臨神話の男女対決

こうした見方は、近世以降に確定的になったわが国の父系社会をうとましく思い、古代の双系社会を憧れや賛美の対象とする人々にとっては失望を誘う、不愉快なしろものかもしれません。[※37]

日本という国は初めからそういうお国柄だったのか？　「わきまえない女」への牽制《けんせい》、「もぐら叩き」の文化は先史時代からの産物だったのか？　ガラスの天井を破るどころの騒ぎではない。これではお先真っ暗ではないか、と。

ですが、あながちそうでもないようです。そのことを教えてくれるのも、また記紀の神話たちです。

『古事記』と『日本書紀』は何度も記したように、日本の国の成り立ちを語ります。内容は神々が活躍する神の代《かみよ》の部と、初代の神武《じんむ》天皇を接点に、天皇家による統治が開始された以降の人の代《ひとよ》の部にわかれます。このうち、神の代の部は、神々が高天原《たかまがはら》、天上の世界にいた頃の話と、日本列島への天下り、すなわち神々が日本を統治するために地上に降臨する前後の話などからなります。

イザナキ・イザナミの国生みはいうまでもなく、神の代の部分に登場する話です。

また、さきほどからとりあげた天《あめ》の岩屋《いわや》の話、これも高天原時代のものでした。そこで巫女神のアメノウズメが瞠目《どうもく》の活躍をみせたことも、すでに記した通りです。

アメノウズメはその際の強い印象から、神楽にとどまらず芸能一般の神ともなり、神社に祀られて、いまなお芸能関係の方々を中心にリスペクトされる存在となりました。[※38]

ただ、アメノウズメは単にエロティックな踊りが上手な女神としてのみ神話に物語られているわけではありません。

そしてそのことが、いまのべた男女のパワーバランスにみるお国柄の話に関わってきます。『日本書紀』の神の代の部は、神々の天下りの箇所でハイライト・シーンを用意します。いわゆる「天孫降臨《てんそんこうりん》」のシーンがそれです。

イザナキ・イザナミの二神の共同作業で生まれた日本列島でしたが、列島はその後、地上に出現した神々（荒ぶる神々）による妄動で混沌状態をきたします。が、それもどうやらおさまり、アマテラスら天の神々たちは、一族の者を地上に下らせ、治めさせることにした。

アメノウズメもそのなかに加わっていました。

以下に引くのは、『日本書紀』巻二・神の代下にのる異伝の一部です。この前後は話が錯綜していますので、内容を要約したうえで現代語訳の形で紹介することにしましょう。

天上の世界におられたアマテラスオオミカミは地上（日本列島）の様子をみて、自分の子孫に統治させることを決意した。そこで彼女は、孫であるニニギノミコトを呼んで、「あの土地はわが子孫が治めるべき場所です。ただちにあの地に降り下るように」と命じた。

ニニギノミコトは「おおせの通りに」と答え、アマテラスオオミカミはかれに支配者の正統性を示すシンボルである八坂瓊曲玉《やさかにのまがたま》と八咫鏡《やたのかがみ》・草薙剣《くさなぎのつるぎ》の三種の神器《じんぎ》をあたえた。

ニニギノミコトには五人の神が付き添うことになった。そのうちの一人はアメノウズメだった。

一同が地上へ出発しようとしたとき、先遣役として先に下っていた神がもどってきて言った。

「困ったことが起きました。一人の地上の神が天と地の境の場所に陣取って動きません。そいつは鼻の長さは七咫《あた》（一ｍ余り）、背の高さは七尺（二ｍ余り）。口の端が光り、目を鏡のようにらんらんとさせ、赤ホオズキのように輝かせています」

報告を聞いたアマテラスはそばに控えていた供の神を呼び、「何者であるか問いただしてくるように」と命じた。「かしこまりました」と供の神はすぐさま見知らぬ神々のうごめく場所に出向いたが、相手の神の目力のすごさにたじろいでしまい、名前をたずねることすらできなかった。

供の神がすごすごと引きあげてくると、アマテラスは考えたすえ、アメノウズメを呼びだして言った。

「おまえは女であるが、目力が誰よりも強い。おまえならば、どんな相手にも圧倒されることはないだろう。いまから行って、『何の魂胆《こんたん》があって行く手をはばむのか？』とその神にたずねてくるように」

「承知しました」と、アメノウズメはさっそく地上世界との境に居座《いすわ》るという神の前へおもむいた。その大男の神をみつけた彼女は、乳房を露わにし、腰の紐を解いて陰部をみせつけると、あざ笑いながら言った。

「さあ、アマテラスオオミカミの御子《みこ》（孫）がここをお通りになろうというとき、そのように立ちふさがるおまえは何者なのか？」

　すると相手は一転してうやうやしく答えたのだった。

「わたしは地上の世界を支配するサルタヒコノオオカミ（猿田彦大神）という者です。アマテラスオオミカミの御子が天から降りていらっしゃるらしいと耳にしました。そこでお迎えして、道案内をつとめようと思い、こうしてお待ちしていたのです」

　アメノウズメは言った。

「では、おまえは御子をどこへお連れしようというのか？」

「わたしは御子を筑紫《つくし》（現・九州）の日向《ひむか》の高千穂《たかちほ》の峰《みね》にお連れしようと思います」

アメノウズメはアマテラスのもとへもどると、サルタヒコノオオカミとのやりとりを一座の神々に報告した。

　それを聞いたニニギノミコトはただちに座を立ち、たなびく雲を押し分けて、日向（現・宮崎県と鹿児島県の一部）の高千穂の峰に降り立った。

異形の神を圧倒

サルタヒコの神は地上に勢力を張る神々の一人でしたが、容貌魁偉《ようぼうかいい》、まるで怪物のような姿で描かれます。

身長は二m余りで、鼻は一m余り。あまりに不均衡ですが、この鼻が男根の象徴であることは明らかでしょう。

アメノウズメは、天上世界の洞窟の前では女陰をみせて爆笑を誘う手法でアマテラスを誘いだすことに成功しましたが、ここでは同じやり方で異形の神を圧倒する作業をなしとげました。

かつてアメノウズメの「不謹慎《ぶしつけ》」を叱った飯田季治もこれにはうってかわってご機嫌の様子で、前出の『日本書紀新講』上巻では、この彼女のふるまいについて、「（アマテラスのような）畏《かしこ》き尊《みこと》の御前《おんまえ》へ出づる時ならば、襟《えり》を正し容儀《かたち》を整へるので有《あ》るが、此據《ここ》は其《そ》の反対で、猿田彦神の異形《いぎょう》にも敢《あえ》て恐れを為さず、却《かえ》って之《これ》を馬鹿扱ひにする態度に出でたので、此時《このとき》の有様は誠《まこと》に斯《か》く有るべき事と思はれる」と絶賛しています。※39

なんとなく博士の愛すべき人柄を感じさせる文章ですが、天皇家の祖神にして最高神のアマテラスの前で女陰をさらけだすのはけしからんが、天皇家の軍隊の行く手をさえぎる相手にはかまわないという発想には、「征服のイデオロギー」と呼びたくなる匂いが感じられなくもなく、考えさせられるところです。

ここでのアメノウズメは、彼女を芸能の元祖とした天の岩屋のときのイメージとは異なるものを感じさせます。ただ、今日でも、女性タレントを多く抱える芸能事務所では採用のオーディションの際に容姿以上に目力の強さを重視すると聞きますので、あながち無関係な話ともいえないかもしれません。

この天孫降臨の逸話は、日本の民俗文化では、その後二つの場面で視覚的に再現されることになりました。

一つは、神社の祭礼でサルタヒコが行列の最前部に配され、露払《つゆ》いの役目をになうようになったことです。また、サルタヒコは、そそり立つ鼻が似ていたことから、わが国の代表的な妖怪である天狗と同一視されることになりました。

祭礼の先頭に立つサルタヒコがたいていの場合天狗の面をかぶっているのはそのためで、手にはしばしばホコをかかげています［図㉗二六六頁］。

江戸時代の川柳に、
猿田彦いっぱしの神の気で歩き※40

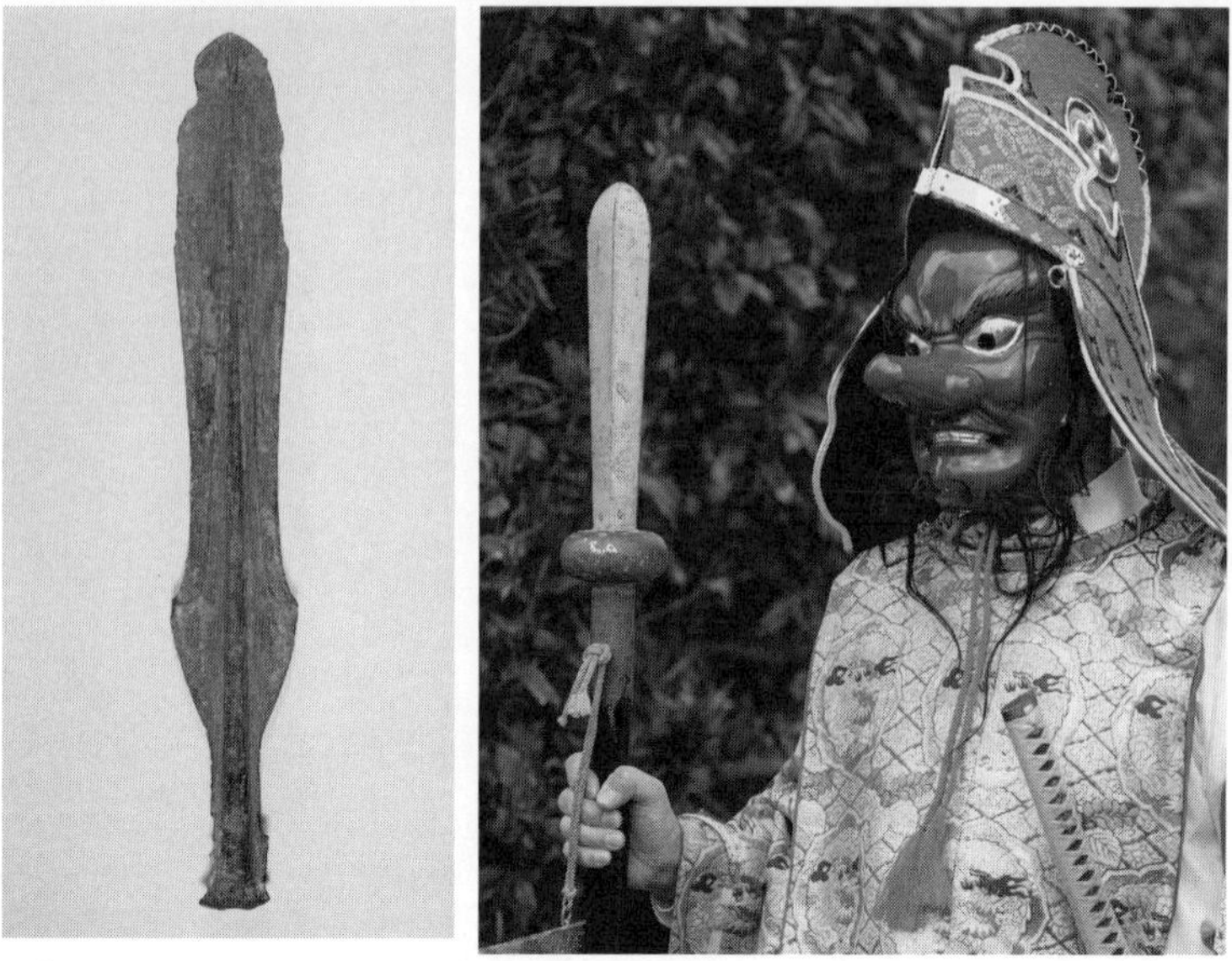

図㉗ 右／祭礼でのサルタヒコ（Photo by nam/PIXTA） 左／銅鉾。長崎県豊玉町黒島出土、弥生時代。（奈良国立博物館所蔵）

とでてきます。

サルタヒコは本来神様なので「神の気」でいてもよいのですが、この川柳には、サルタヒコは天狗の格好をしている、「天狗ならば妖怪のはず。何を神聖な行列で神を気取っているのだ」というからかいがこめられています。サルタヒコといえば天狗、と人々の意識のなかで両者の区別がつかなくなっていた様子がうかがわれます。

ホコが、祭礼の文化のなかで男根の象徴として用いられたことはすでにみた通りです。ちなみに、こうした祭礼の行列でサルタヒコと一緒に先払いの役を演じるものに獅子がいます。この獅子はいわゆる唐獅子《からじし》で、古代に中国から到来しました。『日本書紀』の推古天皇二十年（六一二）の記事に、百済《くだら》人が呉《ご》で学んだ伎楽《ぎがく》を披露したという話がでてきますが、唐獅子の舞もその一つです。

唐獅子はもともと舞場《ぶじょう》の邪気を払う聖なる獣で、そそり立つ鼻をもつサルタヒコと同様に、やはりファロス的な迫力で悪霊を呪力で退散させる役目をまかされました。昭和の頃まで大都市部でもみられた、正月に獅子舞が各家を訪れ礼金をもらう風習は、ここからきたものでした。

飛鳥坐神社の奇祭

日本の民俗文化でサルタヒコを登場させるもう一つの例は、非常にわかりやすい繁殖《はんしょく》儀礼、かれが生殖力を期待される「男根の神」として登場する行事です。

江戸後期の代表的な生活随筆集として知られるものに『北越雪譜《ほくえつせっぷ》』があります。越後（現・新潟県）で縮《ちぢみ》仲買商※41・質屋をいとなんだ鈴木牧之《ぼくし》（一七七〇～一八四二年）が雪国の風土を研究し、人々の暮らしぶりを綴《つづ》った作品です。天保八年（一八三七）に江戸で出版されるや、「異国」の風俗の詳細な記述が読書好きのあいだで評判を呼び、ベストセラーになりました。

そのなかに、当時の魚沼《うおぬま》郡宇賀地《うがち》という地区の風習が登場し、そこでは正月の十五日に新郎新婦の家へ祝いの一行が訪れ、水を浴びせかける行事があった。その一行には天孫降臨にちなむ装いのペアが加わるきまりだったとあります。

仮面をあてて鈿女《うずめ》に扮《いでた》ち《つ》たる者一人、箒《ほうき》の先に紙に女陰《じょいん》をゑがきたるをつけてかたぐ。次に、これも仮面にて猿田彦に扮ちたる者一人、麻にて作りたる縨帽子《ほろぼうし》やうの物を冠《かむ》り、手杵《てきね》のさきを赤くなして男根《なんこん》に表示《かたどり》たるをかたぐ。

（現代語訳）
アメノウズメのお面をつけた者が、女陰を描いた紙を先につけたホウキをかつぐ。次に、サルタヒコのお面をつけた者が、麻でつくった帽子のようなものをかぶり、先を赤く塗って男根を表わした杵《きね》（穀物などを臼《うす》に入れて上から突く器具）をかつぐ。

二人の将来の幸せと子孫繁栄を、名高い性神のペア、アメノウズメとサルタヒコの呪的な力でたしかなものにしてやろうというあたたかな配慮によるものでした。

新郎新婦に水をかけるのは、新婦への尻叩き（棒やダイコンを使う）と並んでこのたぐいの行事によくみられたものです。[※42] 棒やダイコンが男根の象徴だったことはいうまでもありません。

最初の祭礼の話にもどると、サルタヒコが演じるのは行列の露払いの役だけではありません。祭礼の一般向けの目玉ともいうべき神楽のなかでも、「主役級」の一人として存在感を発揮します。

有名なところでは、奈良の飛鳥坐神社《あすかいますじんじゃ》の「おんだ祭」。「おんだ」とは稲作の手順を儀礼化した

図㉘　飛鳥坐神社のおんだ祭。（Photo by oomi88/PIXTA）

「田遊び」の近畿地方での呼び名で、「五穀豊穣《ごこくほうじょう》、夫婦和合《ふうふわごう》」を祈って毎年二月におこなわれる祭りですが、ここではサルタヒコと同一視されることになった天狗が、お多《た》福《ふく》の面をかぶったアメノウズメと性交の模写を演じます［図㉘二六九頁］。

この二神役の男女が登場するのは、巫女のおとなしい奉納舞《ほうのうまい》が終わったあとの場面。天狗がでてきて、男根に見立てた竹筒を股間に立てて振り回し、見物客の笑いをとります。次が舞台にゴザを敷いてお多福との「夫婦和合」の儀式です。

初めは恥ずかしがっていたお多福でしたが、行為が終了すると天狗を呼びとめ、二回戦を要求する。が、天狗の竹筒は初回戦で疲れてうなだれたまま。するとお多福は、手にしたササラで天狗の尻をぶっ叩く。カツを入れられ元気をとりもどした天狗はふたたびお多福に挑《いど》み、求めに応じる。二回戦がすむと、お多福は懐《ふところ》からとりだした紙で股間を拭く。拭き終えた紙を「ふくの紙」（福の紙）として見物客に投げあたえる。人々は紙を拾おうとして大騒ぎを演じる。

なんともばかばかしく楽しい祭りですが、さきに飯田季治が言った古神道の祭りは、実際には厳粛一辺倒のものではありませんでした。現在各地に伝わる多くの神社の祭りは、明治以前からインテリ層にさげすまされつつも生きのびた祭りを「西洋近代化」の価値観のもとで輪をかけて無害化し、再構成したものがほとんどです。古神道、古代の神道の祭りは、日々の生活の苦労を一時《いっとき》忘れ吹き飛ばすための、哄笑《こうしょう》に満ちたものでした。ワイセツさは笑いを呼び起こすために活用される最も重要な手段と意識されました。飛鳥坐神社のおんだ祭は、その「精神」を今日のわれわれに正しく伝えるものです。祭りの願いは「五穀豊穣、夫婦和合」でしたが、幸運にも「ふくの紙」を拾った者は、その晩それを寝室で使用すると子宝に恵まれるとされます。まさに先史時代の「穀物の稔り」と「生殖」をつなぐアナロジー思考が目に見える形で保存されているわけで、関係者はこの一事をもって、この「奇祭」のユネスコ世界無形文化遺産への登録申請を政府にはたらきかけるべきではないでしょうか?

天狗の赤い鼻

天孫降臨の逸話は、天皇家の先祖の神々が地上に降臨し、豊葦原水穂《とよあしはらのみづほ》の国・日本統治のための大きな一歩を印すいきさつを物語ります。

サルタヒコはその途中に立ちふさがり、アマテラスが派遣した先遣役や供の神をすさまじい迫力で追い返してしまう。ここにいう供の神とはアマテラスの護衛の責任者で、男神があたっていたはずですが、『日本書紀』ではなんともたよりない存在として描かれています。

そして、そのファロス的な存在感で護衛の神を震えあがらせたサルタヒコをアメノウズメは女性器の放つ力でやっつけてしまうというのですから、これこそはまさに男性原理に対する女性原理の逆襲的勝利、痛快な話というしかありません。

面白いことにアメノウズメとサルタヒコは、対決を終えたあともたがいに一対であることをやめなかった神として記紀のなかで物語られます。

『日本書紀』では、対決のあと、「おまえはどこに行くのか？」とアメノウズメに問われたサルタヒコは伊勢におもむくと答え、「わたしが名（正体）を明かしたのはあなたのせいだから、あなたはわたしを送って行ってください」と頼む。「あなたのせい」とは「あなたに負けて名を口走ったのだから」という意味ですが、アメノウズメはかれの要望通り、伊勢まで送ってゆく。それだけでなく、アマテラスの孫のニニギノミコトに「おまえが名を口走らせたサルタヒコの名をおまえの氏にせよ」と命じられ、彼女は猿女君《さるめのきみ》の名を賜わったという話になっています。

『古事記』も同様に、「サルタヒコは独りでおまえに立ち向かい、その名を露わにしてしまった。おまえはサルタヒコの名を負うように」と、ニニギノミコトが命じたという話を伝えます。

どちらの書物もかれらが夫婦になったとは記していませんが、一般的には、二神は夫婦となって伊勢で暮らしたと解釈されてきました。

サルタヒコが天狗と同一視されたことは、かれのファロス的イメージを一層わかりやすい形で決定的なものとしました。

天狗は赤い面をしていますが、赤は古来生命力の証しとして邪気払いの色に使われるものでした。それが血の色のイメージからきたものであることはいうまでもありません。そして赤の呪力が、女性の出産時の流血への男たちの畏怖に多くを負っていたことを考えれば、そこに鼻を突き出した天狗は文字通り、男女の生命力を併せもつ最強の存在として拝まれることになります。

江戸時代の川柳集のなかの、

天狗のへのこさぞ長からん[※43]

などはそのままの句ですが、

にくらしいあの小男で大天狗[※44]

とある通り、天狗といえば男根ということになり、それはそのままサルタヒコのイメージと重ね合わされることになります。

神子《みこ》を見て内《うち》ふところが猿田彦

『柳多留《やなぎだる》』四八（文化六年・一八〇九）におさめられた句です。神楽を舞う神子（巫女）をみていたら服の内側でこうなりましたという説明を要しない内容で、猿田彦（サルタヒコ）がファロスの隠語として使われています。『柳多留』には他に「猿田彦ぴかり〳〵と突《つい》てくる」（七〇。文政元年・一八一八）という句もあり、男根の隠語として天狗と肩を並べる人気を誇っています。江戸時代に、巫女が信仰とはべつの意味で男たちの関心の的となったことはすでに見た通りです。

ただ、『日本書紀』の段階からすでに、サルタヒコは赤ホオズキのようにぎらつく輝きを目元から放っていた（「絶然赤酸醤《てりかかやけるあかかがち》に似《の》れり」）わけで、天狗との同一視も結局は記紀以来の印象を再強化したものにすぎなかったといえるでしょう。

「敗北する男根」の神サルタヒコ

ところで、サルタヒコという神にはその語られ方に一つの目につく特徴があります。それは、生まれてから死ぬまで、つねに女陰対男根の二項対立の図式のなかで語られるということです。

サルタヒコは地上に勢力を張っていた神の一人でしたが、記紀はその出自については一言もふれません。

ただ、江戸時代の国学者平田篤胤《ひらたあつたね》（一七七六〜一八六五年[※45]）によると、サルタヒコ（佐太大神《さだのおおかみ》）は島根の海蝕洞窟のなかで生まれ落ち、母親は「赤貝の神」だとします。[※46]赤貝が何の象徴であるかは明らかで、古代史研究家の藤井耕一郎はこの平田説をふまえて、サルタヒコという異形の神のイメージは「何から何まで性的な色合いに染められている」とのべています（『サルタヒコの謎を解く』河出書房新社・二〇一五年の二七頁）

また、生まれが奇妙ならば、サルタヒコは死に方も奇妙です。かれの最期を伝えるのは『古事記』ですが、伊勢で海に入っていたとき、貝に手をはさまれて溺死《できし》したという。なんとも不自然な死に方ですが、『古事記』はこの貝について比良夫《ひらぶ》貝だとのべます。ですが、その正体は今日に至るまで謎のままです。

研究者のなかには、人を溺れさせるほどだからよほど巨大な貝だろうという見立てから南方の海に生息するシャコ貝ではないかという説を唱える向きもあります。一方、歴史学者・民俗学者の飯田道夫は『サルタヒコ考』（臨川《りんせん》書店・一九九八年）のなかで「人の手をはさんで溺死させるほどの大きな貝としてはシャコ貝があるが、熱帯地方のもので、日本にはすまない。どこからこんな話が生まれたのか、ふしぎだ」（二三頁）とします。

しかし、これらはどちらも愚直すぎる見方ではないでしょうか。この謎の巨大な貝は女性器でしょう。サルタヒコの溺死には「不慮の事故」あるいは「横死《おうし》」の雰囲気が匂っています。「貝にはさまれて死んだ」というのは、かれが女性がらみの事件にまきこまれて死んだことをたとえ話で伝えたものだったのではないでしょうか？　もちろん、「女性がらみの事件」の内容は不明です。個人的な事件だったのかもしれないし、女が強い女系一族相手のもめごとだった可能性も考えられる。それはわかりませんが、サルタヒコは、少なくとも記紀のなかでは、「敗北する男根」の象徴という役回り負わされたことはたしかなようです。

記紀の神話は、天皇家の日本征服のいきさつを語るもので、そこには実際にあった歴史上の出来事の多くが反映されています。[※47]サルタヒコの役回りもそうした文脈でとらえると、謎が多いだけに、その存在は特有の輝きをもって訴えかけてくるようです。

清少納言の死と猟奇伝説

貝を女性器の象徴として用いるのは平安時代の祭りの習俗にもみられたもので、江戸時代の川柳にも赤貝がその隠語としてよく姿をみせます。

川柳ではおおむね笑いの対象として登場しますが、民間伝承のなかでは不吉な力を発揮するイメージのなかで語られる場合もありました。

清少納言（九六六?～一〇二五年?）は、日本初の随筆文学とされる『枕草子《まくらのそうし》』の作者ですが、彼女は——和泉式部《いずみしきぶ》や小野小町《おののこまち》と並んで——昔から零落《れいらく》伝説の多い人です。男社会に生きるセレブ女性が支払う有名税というところかもしれません。

そうした伝説の一つに、彼女が都を追われて鳴門《なると》に流されたという言い伝えがあります。

そして、ここに貝がからんできます。

平安の昔、清少納言は都を追われて、この地（鳴門）に流れついた。彼女は都の貴婦人にふさわしく豪華な十二単《じゅうにひとえ》を身にまとっていたが、村の荒くれ漁師たちは彼女の美しさに目がくらみ、衣類をすべて剥ぎ取り、素裸にしてしまった。清少納言は、立腹のあまり、短刀をとりだすと、自分の女性器をえぐり取り、鳴門の渦潮《うずしお》の海に投げ捨ててしまった。それが現在この地で獲《と》れる淫貝《いがい》という貝の前身である。

投げ捨てられた清少納言の女性器が不思議な力で奇妙な名前の貝に変じたという話ですが、これは昭和六年（一九三一）に研究者が鳴門の古老から採録した古い言い伝えでした。※48

今日、男による母性の一方的な押しつけを拒否する女性のフェミニズムの論者のなかには、妊娠そのものを女性にとっての呪いと受け取る流れがみられます。清少納言がなぜこのとき女性器を切り取られねばならなかったのか。話を読むかぎりでは妊娠とは関わらない中味なので、男性の性欲の対象となる器官に呪いを感じたための突発的なふるまいだったという解釈がひとまずは可能になります。

ただ、この言い伝えにはもう一つの異なるヴァージョンがあります。同じ地区のべつの村に伝えられたもので、それは清少納言の「祟《たた》り」を語るものでした。

清少納言は、漁師たちに服を剥ぎ取られたあと、自分の体を海岸の砂のなかに埋め、そのまま姿を消してしまった。この村には障害者や厄介な病人が絶えないが、それはこのときの清少納言の死をきっかけに起きたものだ。

ここに示唆されているのは、清少納言が漁師たちに抱いた激しい怨みの感情です。彼女が事件のあと自分の体を砂中に埋めて姿を消した、というのは自殺したことを意味します。清少納言は漁師たちに性的な辱めを受け、怨みとともに死んだ。怨みは時をこえ、加害者たちは子々孫々障害や病の祟りをこうむることになった。

清少納言は実際には鳴門には行っていません。誰か零落した貴婦人がこの地に流れ、それに類した出来事があったのか否か、いずれにせよ、「関係者」と目される人々に生じた自責《じせき》まじりの恐怖がこの言い伝え全体のトーンを支えています。

民俗学者の倉石忠彦は、これを「女陰損傷型男根形態奉納伝承」に関連する伝承と位置づけながら紹介しています。[※49]この分類名にある「奉納」とは人々が神にささげる奉納物を意味します。

倉石によると、この型の伝承は日本各地で多くみられるという。

その一つが岡山県の苫田郡《とまた》に伝わる「お花伝説」で、これは、江戸時代、お花という美女が彼女を見初めた藩の家老に召され、妾《めかけ》になった。家老の正妻は嫉妬に狂って、お花の陰部をえぐり取って殺害した。その後、この家には奇怪な事件が起こり、正妻は狂死した。家老はお花の霊を祀《まつ》って、お堂を建ててやった。明治時代、彼女の霊は神社に移され、人々は男根の形をした奉納物を捧げることでお花の霊を供養した。[※50]

この伝承では、人々に自責感情はなく（家老の妻がやったことなので）、お花は単に悲劇的な魂を慰められる対象になっています。そのための奉納物がなぜ「男根」でなければならないのか、いま一つ判然としませんが、「傷つけられた女性器」を慰撫するという形でさきの分類にリンクできるというのが、倉石の見立てのようです。

二つの伝承の背景はまったく異なります。鳴門の清少納言の伝承のケースでは奉納物はありません。とはいえ、女性器の霊力への畏怖を根底に持つという点で、二つの伝承が共通していることはたしかなようです。

新たな挑戦

サルタヒコは、日本列島に降臨してきた天皇家の祖先の眼前に出現した外部のファロスでした。かれはアマテラスの周囲を守る男神たちこそ萎縮させたものの、最後には女神アメノウズメとの性器対決に屈し、「敗北した男根」としての存在を日本の歴史に刻むことになりました。国家の建設と統治の文脈でいえば、「飼い馴らされた男根」としてうやうやしく屈従し、臣下の後半生を送ることになりました。

が、神代の時代から人の世に移り、天皇家の世襲による統治が定まろうというとき、天皇家はなんともあつかいに困る外部のファロスの挑戦を受けることになります。それも天皇家の主《あるじ》、天皇自身がこのファロスの持ち主を愛し、崇拝し、自らの後継に招き入れるという劇的ななりゆきのもとで。

いうまでもなく、孝謙天皇と道鏡をめぐる騒動のことです。

騒動は孝謙と道鏡の二人芝居の形で幕をあけ、人目を驚かせる八年の盛り上がりと盛り下がりののちに幕を下ろしました。

孝謙はアマテラスの子孫です。神代の天孫降臨のとき、彼女の先祖の神々はアメノウズメという異能の女神の目力と生命力の源が発する霊力に助けられ、立ちふさがるファロスの障害をふり払いました。ファロスの主は臣下となりました。

それでは、かれらの子孫たちは、どのようにして、新たに突きつけられた挑戦に立ち向かい、切りぬけたのでしょうか?

次章では、あらためて道鏡の問題に立ちもどり、「天皇家とファロス」の問題がむかえた新展開とその後のてんまつを追うことにしたいと思います。

第四章

乱交、そしてイケニエ……

びぼうずとコスプレ

弓削道鏡《ゆげのどうきょう》は――くりかえしのべるように――天皇家という日本の神聖な王家に降って湧いたように外部から突き刺さった巨大なファロスでした。

ただ、この道鏡という人物は文字通り伝説が手足をつけて歩き回るような存在で、実像、「素顔」となるとさっぱり伝わってきません。

道鏡と孝謙女帝を描いた映画『妖僧《ようそう》』では、道鏡を市川雷蔵、孝謙女帝を当時の新進女優・藤由紀子が演じました。

主演が美男美女でなければならないのは、一昔前の娯楽映画の「鉄則」でしたから当然の話とはいえ、「女帝があれほど惚れこんだからには、道鏡さん、よほどのイケメンだったのでは？」と、これはごく自然にはたらく推測でしょう。

人として大切なのは内面を磨くこと、外面にとらわれるのは煩悩《ぼんのう》――ブッダの教えからはそうなりますし、まして僧侶の「美貌」などなくてよいもの。たてまえとしてはその通りですが、前出の清少納言に言わせるとそうでもないようです。

彼女はあっさりと語ります。

図㉙　桜井美音子『びぼうず』第一巻・表紙（集英社クリエイティブ、二〇一五年）

図㉚　真臣レオン『僧侶と交わる色欲の夜に…』第一巻・表紙（彗星社、二〇一五年）

説経師《せきやうじ》は顔よき。つとまもらへたるこそ、説くことのたふとさもおぼゆれ。ほか目しつれば、忘るるに、にくげなるは罪や得《う》らむとおぼゆ。

（現代語訳）
仏法を講義する僧侶は、美しい人がよい。じっとみつめてこそ、説くことの尊さも自然に感じられるのだ。みっともない顔の僧侶だと、ついよそ見をして、話の内容も忘れてしまう。そんな自分に気づき、罪深さを感じてしまうのだ（『枕草子』三九「説経師は」）

相手に話を聞いてもらえないばかりか、罪の意識まで植えつけてしまう。不細工なお坊さんはもはや首でもくくるしかなさそうですが、こういう一部女性のホンネ（？）をみるうえで、コミックほど便利なものはありません。

現代のレディス・コミックに「びぼうず物」ともいうべきジャンルがあります。これは桜井美音子の『びぼうず』（原作：相内美乃・全十五巻・集英社クリエイティブ・二〇〇九～一五年）［図㉙二八三頁］が生んだジャンルで、この作品自体は過去の出来事の透視能力に恵まれた美形の僧侶が父の仇を追うサスペンスですが、このジャンルのなかには非常にエロティックな作品もあり、代表的なのが『僧侶と交わる色欲の夜に…』（真臣レオン・彗星社・二〇一五年～）［図㉚二八三頁］というコミック。

こちらは、書名で想像がつくように、

「僧侶の前に俺だって男だよ。煽られれば欲情だってする」

という日本仏教ならではのような主人公の言葉通り、実家の寺を継いだ「ドSでゴーインな」イケメンの僧侶が、健気で可愛らしい胸の大きな恋人とひたすら過激なセックスシーンをくりひろげる、ファロス感全開の作品です。二〇一七年にTVアニメ化もされました。

このイケメン僧侶が言うには、

> 煩悩は普通悪《あ》しきものとして扱われるけれど、少なくとも俺の家では『欲をもってこれを成せ』と説く。……阿弥陀様は常に慈悲を与えて下さる。説法を聞き、念仏をお唱えするのはそれに気付きを感じるためで。僧侶は人の縁の中で支え合えるようご本尊と宗祖と皆様の媒体となる存在だ。

ということで、ニッポン仏教の風通しのよさを感じさせます。阿弥陀様や念仏がでてくることから浄土仏教系のお寺だとわかりますが、『びぼうず』もこの作品も主人公が僧侶である必然性はほとんど感じられず、コスプレとしての面白さを狙っている点で共通します。

お坊さんが法事に行くため街を歩いていてコスプレとまちがえられた話はべつの機会に紹介しましたが[※1]、まさにこういう時代ならではの作品といえます。

江戸歌舞伎の道鏡

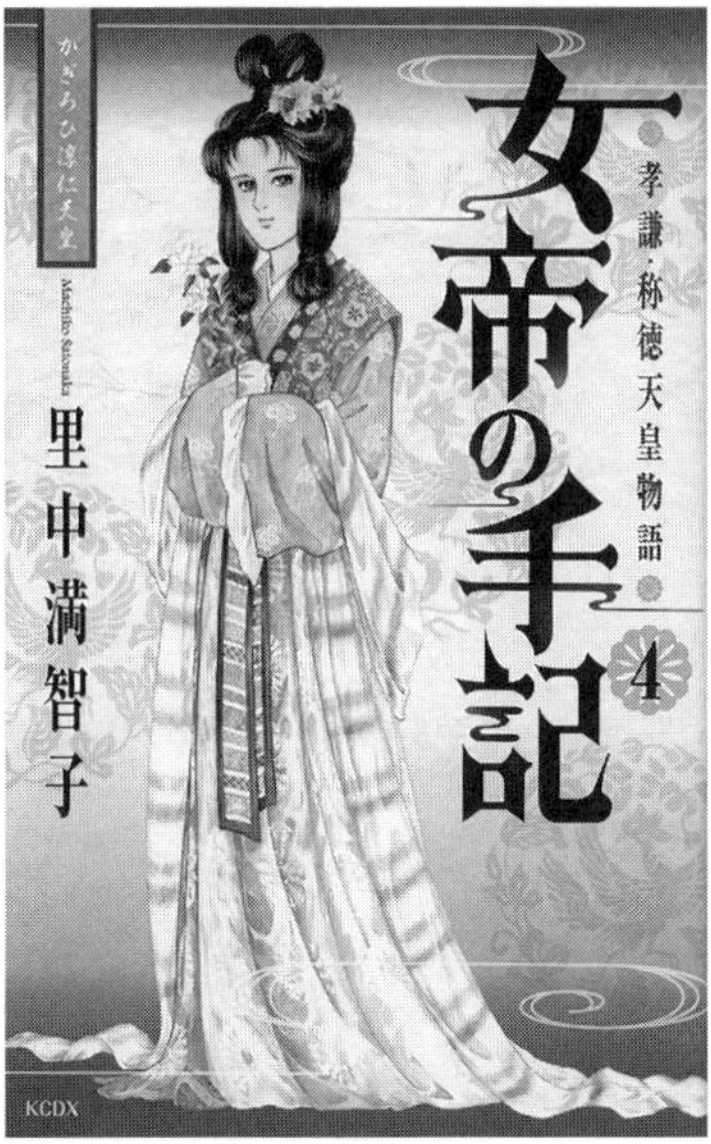

図㉛　里中満智子『女帝の手記（4）孝謙・称徳天皇物語　かぎろひ淳仁天皇』表紙（講談社、二〇一五年）

道鏡をあつかうコミックとしては、孝謙女帝の生涯を描いた里中真智子の『女帝の手記』（全五巻・講談社・二〇一五年）があり、第四巻から道鏡が登場します［図㉛二八五頁］。

これは、孝謙と母親・光明《こうみょう》皇后との関係、真面目一方の娘が強権的な母親に抱く複雑な心理をきめ細かく追った、古代史に造詣《ぞうけい》の深い里中らしい本格評伝マンガです。[※2]

皇極天皇
岩井半四郎
松本幸四郎

図㉜　歌川国貞作錦絵。右から、「皇極天皇 岩井半四郎」、「ゆげの道鏡 松本幸四郎」、「ゑみの押勝 市川団十郎」。文政二年・一八一九。皇極天皇は実在の女帝（在位六四二〜四五）だが、歌舞伎では孝謙天皇と同一視された。
（『恵方曽我万吉原』101-3443〜3445、早稲田大学坪内博士記念演劇博物館所蔵）

里中は同作品の第五巻（最終巻）の「あとがき」のなかで「女帝と道鏡の恋が真実であるならば、そして女帝が『堅《かた》くて一途《いちず》』で道鏡が『素直《すなお》』な人だったら、この人のイメージは（これまで）語り伝えられたものとは違うはずだ。そう思ったのがこの作品を書きたいと思ったきっかけだった」（カッコ内引用者）とのべています。

この作品は、持統天皇を描いた超大作として有名な里中の『天上の虹』（全十一巻・講談社・一九八三〜二〇一五年）の続編にあたる歴史マンガですが、道鏡・孝謙は、彼女の言葉通り、誠実そうな美男と美女のペアとして絵に描かれています。

日本で写実的な肖像画が登場するのは、平安末期から鎌倉にかけての似絵《にせえ》以後で、道鏡はもちろん孝謙についても、写実云々以前に、同時代の制作者による肖像画も彫刻も存在しないため、実際の容貌はつかめません。

『続日本紀』も二人の容貌については何も語らず、道鏡についての同時代の証言は「黒光りする男根」という、前出の景戒《きょうかい》が『日本霊異記《りょういき》』で伝えた流行歌の言葉があるだけです。

道鏡の場合、巨根が顔の代わりになっており、歩く男性器となっているわけですが、そうなるとよけい本当の顔を知りたくなるのが人情です。

ただ、そこで人々が思い浮かべる容貌は、かれにつきまとう「悪役」「敵役《かたき》」のフィルターにどこまで頼るかによって変わってきます。

江戸時代の後期を代表する浮世絵師の一人、歌川国貞《くにさだ》（一七八六〜一八六五年）には、江戸の町人たちにとって何よりの娯楽だった歌舞伎に材をとった作品がいくつか残されています。［図㉜二八六頁］はその国貞が歌舞伎に登場する弓削道鏡を描いたものですが、登場人物の立ち位置に味わい深いものがあります。

右側の女性は孝謙天皇。彼女が道鏡（中央）を寝室に引っぱりこもうとしています。そこへ孝謙の元の愛人の恵美押勝《えみのおしかつ》（左）が現われて鉢合わせ。変なところをみられた道鏡は「やっ」と驚き頭に手をあてているという場面です。

画中の書き入れにある通り、道鏡は松本幸四郎、孝謙は岩井半四郎、恵美押勝は市川團十郎という当時の人気俳優が演じています。

図㉝　歌川国貞の錦絵より「ゆげの道鏡 松本幸四郎」（部分）。一八一九年。（『恵方曽我万吉原』101-3444、早稲田大学坪内博士記念演劇博物館所蔵）

このうち松本幸四郎は五代目（一七六四〜一八三八年）で、部分図［図㉝二八九頁］でわかる通り、鋭い目つきと高い鼻の凄みのある顔立ちが売り物。かれが舞台で見得《みえ》をきると、あまりの怖さに子供がひきつけを起こすとか泣きだすといわれました。あだ名は「鼻高幸四郎」。歌舞伎の演目のなかで客席に横顔を向けて見得をきるという型がありますが、これはこの五代目の鼻の高さを強調する当時の演出からはじまったものだとされます。高《こうの》師直《もろなお》、明智光秀、伊達《だて》騒動の原田甲斐《はらだかい》をモデルにした仁木弾正《にっきだんじょう》など、悪役を演じさせれば天下一品、道鏡役としてはまさにぴったりの役者だったでしょう。※3

ただ、江戸歌舞伎の道鏡はさすがに髭面でも長髪でもなく、昭和の映画『妖僧』の道鏡がいかに「怪僧ラスプーチン」のイメージに毒されていたかがわかります。

道鏡が地獄に落ちなかった訳

日本で「悪僧」といえば、民衆レヴェルで大々的に語り継がれて伝説化した道鏡は真っ先に思い浮かぶ一人ですが、僧衣を着た「悪人」がいるのは日本だけではありません。

たとえばインド仏教では、教団の内輪もめでブッダの暗殺をくわだてたというデーヴァダッタが有名です。この人物は、こうした場合のきまり通り、生きながら地獄に落ちる形で伝説に物語られることになりました（後述）。

道鏡もデーヴァダッタに負けないほど伝説や謎の多い人物ですが、謎の一つに、道鏡が地獄に落ちたという話を聞かないということがあります。

経典にしたがえば、愛欲に溺れた僧侶は、死ぬと灼熱の壁に囲まれた四角い箱地獄に閉じこめられ、どろどろに溶けた鉄の火の雨を浴びながら粉末にされる運命をむかえることになっていま

す。[※4]

実際、歴史に名を残す偉人たちもけっこう地獄に落とされていて、浄土宗の宗祖の法然《ほうねん》（一一三三～一二一二年）も地獄に落とされましたし、[※5]平安時代前期の醍醐《だいご》天皇（八八五～九三〇年）は鉄窟《てっくつ》地獄に放りこまれました。[※6]

醍醐天皇の罪状としては、（一）親不孝をしたこと、（二）無実の賢臣を流罪にしたこと、（三）権力を貪《むさぼ》り、人々の怨みを買って法を滅したこと、（四）他の人々を害させたこと、が文書にあげられています。

ただ、前述した道鏡の失脚を記す『続日本紀』宝亀《ほうき》元年（七七〇）の「道鏡政治」の回顧的総括文には、

道鏡は権力をほしいままにし、軽々しく力役《りきえき》を徴発《ちょうはつ》して寺院を修繕させたりした。……政《まつりごと》と刑罰は日々に厳しく、殺戮《さつりく》が横行した。人々は、この時代を回想して「無実の罪がひどく多かった」と語った。

（原文）
道鏡、権《はかりごと》を擅《ほしきまにま》にし、軽《かろかろ》しく力役《りきえき》を興《おこ》し、務《つと》めて伽藍《がらむ》を繕《つくろ》ふ。……政刑日《せいけいひび》に峻《さが》しくして、殺戮妄《さつりくみだり》に加へき。故《ゆえ》に後《のち》の事を言ふ者《ひと》、頗《すこぶ》るその冤《つみ》を称《い》ふ。

とあり、みての通り、醍醐天皇の「罪状」の（一）を除いたすべてにあてはまるものになっています。

にもかかわらず、なぜ二人のあいだでこの違いが生まれるのか理由は不明ですが、道鏡が死後もこれでもかとおもちゃにされている有り様に、いまさら地獄に落とすまでもないとでも思われたのでしょうか。あるいは、巨根が変態仕様のバキューム・カーとなってすべてを吸いこんでしまう、きわめつけの特異事例だったのかもしれません。

平安時代の初めに書かれた『日本霊異記』が道鏡と孝謙女帝についての流行歌をのせ、これが道鏡のゴシップの先駆けとなったことは第一章でふれた通りです。

道鏡にまつわる風聞の記録はその後しばらく途絶えますが、その間も人々のあいだで語り止まれることはなかったようです。

それを示すのが、平安中期の十一世紀半ばに著わされた『新猿楽記《しんさるがくき》』です。

文人官僚で詩作を得意とした藤原明衡《あきひら》（九八九？〜一〇六六年）の手によるもので、その頃京の街で流行した猿楽《さるがく》（軽業《かるわざ》、奇術、物真似など雑多な見世物）を見に集まった人々を素材に、平安京の風俗を活写した書物です。

前出の『枕草子』は十一世紀初めの成立ですが、貴族社会を映したものでした。

『新猿楽記』は、庶民を描く風俗随筆としては日本で最初期に属するものですが、文中の一節に見物人のなかの子だくさんの夫婦、その十四番目の娘のアウトローな夫婦生活についてあけすけな筆致で物語る箇所がでてきます。一部を引用してみましょう。

『新猿楽記』の白太主

十四番目の娘の夫は不調法《ぶちょうほう》なふざけた男の典型だ。……冗談を言ってはしゃぐのが好きで、騒々しい顔つきをしている。好むのは人をダマすこと、世間の道理をねじ曲げること、あとはバクチと窃盗で生計をたてている。父母に対して不孝このうえなく、兄弟とはいさかいばかり。ただ、そんな男にも一つだけとりえがある。それは、堂々たる一物《いちもつ》をもっていることだ。その一物たるやひどく太くて、虹梁《こうりょう》（虹のように湾曲した横木）を思わせるよう。また亀頭もめっぽう巨《おお》きくて、まるで藺笠《いがさ》（藺の茎を編んだ丸い笠）をかぶっているようにみえるほどだ。長さは八寸（約二十四cm）、太さは指四本を並べたくらい。睾丸にはヒモを結べそうな瘤《こぶ》までついていて、知らない人がみると蜘蛛《くも》がとまっているとまちがえる。男根の表面の血管はミミズ状にふくれあがっている。強靭《きょうじん》さときたら、木の切株《きりかぶ》のようだし、硬さは金ヅチのようである。

夜になるとふくれあがり、明け方になってやっとしぼむ。そんな有り様なので、こんな男の嫁になる物好きなどいなかったが、この十四番目の娘だけは例外で、夫となった男の男根をもてあそび、惚れこんで少しもひるむところがなかった。……
二人は、まことに似合いの男根と女陰。たがいに陰陽《いんよう》がうまく調和して、神の仲立ちで生まれた夫婦である。もっとも、昔の道鏡院には法皇（王）の称号があたえられる名誉があったが、この十四番目の娘の夫である白太主《はくたぬし》（男根殿）はといえば赤貧《せきひん》洗うがごとしの評判を世間からもらっただけなのだが。

（原文）
十四の御許《をもと》の夫は不調白物《ぶでうしれもの》の第一なり。……戯《たわぶれ》を愛して早く面暴《をもてあら》し。好む所は謀計横法《ぼうけいわうぼう》。立つる所は、博奕窃盗《ばくえきせつたう》なり。父母の為《ため》に不孝なり。兄弟に於《をひ》ては不和なり。但《ただ》し一つ屎《とりえ》有り。謂《いは》く、閛《まら》太くして虹梁《こうりやう》を横たへるが如し。雁《かり》高くして藺《ヰ》笠《がさ》を戴《いただ》けるに似たり。長さ八寸、太さ四《よつ》伏《ぶせ》。紐結《ひぼゆひ》の附贅《ふすべ》は、蜘蛛《くも》の咋《く》ひ付けるが如く、帯縛《おびし》の筋《す》脈《じ》は、蚯蚓《みみず》の蚑《は》ひ行くが如し。剛《こは》きことは木の株の如く、堅《かた》きこと鉄槌《かなづち》の如し。晩《よひ》に発《を》いて暁《あかつき》に萎《な》ゆ。敢《あへ》て嫁《とつが》るる女なし。但し此《こ》の十四の御許《をもと》一人のみこれを翫《もてあそ》び、これを愛す。……蔭相互《をむさうたがひ》に和合して、神の媒《なかた》つる所の夫妻なり。但し昔の道鏡院は、法皇の賞有《しやうあ》りといへども、今の白太主《はくたぬし》は、ただ貧窮《びむぐう》の名のみ振《ふる》ふ。

『新猿楽記』が書かれたのは十一世紀半ば、道鏡が亡くなって三百年近くたち、律令制の最盛期ははるか昔[※7]、平安王朝が早くも黄昏《たそがれ》をむかえようとしている時期でした。京の巷《ちまた》はやがて近づく中世の動乱の足音のなかで、貴族文化の爛熟《らんじゅく》という名の頽廃《たいはい》のもと、いつしか魑魅魍魎《ちみもうりょう》の跋扈《ばっこ》する舞台へと変貌をとげてゆきます。明衡が安倍晴明《あべのせいめい》（九二一〜一〇〇五年）と在世期を同じくするのは興味深い話です。

星辰《せいしん》（星の配置）に帰依《きえ》して、式盤《しきばん》（十二支などが記された盤状の占いの器具）を回し、逢《おう》魔《ま》が刻《とき》に式神《しきがみ》を飛ばして凶方の魔を封じこめたという陰陽師《おんみょうじ》・晴明とその仲間たち。かれらの占いの様子は、福井県の古刹《こさつ》・明通寺《みょうつうじ》（小浜市）に伝わる『彦火々出見尊《ひこほほでみのみこと》絵巻』のなかにみることができます［図㉞二九六頁］。『新猿楽記』にもかれらの生態が興味深く語られますが、[※8]古代が終焉《しゅうえん》に向かいつつあるこの時期の洛中の空気の匂いを明衡の筆はあきらかにしてあますところがありません。

日本の中世は、古代に大陸から輸入された仏教・陰陽説《いんよう》（五行説）・道教などにもとづくさまざまな呪術（当初は基本的に国家が管掌《かんしょう》下におこうとした）がたがいに、また日本古来の呪術と融合しつつ民間に広まり、「土俗」の全体を再定義してゆく時代となりました。

庶民を相手に占いなどをおこなう陰陽師たちが活躍をはじめる十一世紀から十二世紀にかけてはその過渡期にあたります。

藤原明衡のすぐれた観察眼が諧謔《かいぎゃく》の精神で徹底的に描きつくす人間の群像劇、それはほとんど本人の意図をこえて、かつてなく経済力をつけ勃興する武士、いや都市の民衆こそが古代貴族にとっての真の魑魅魍魎を意味したことを伝えます。

図㉞ 依頼者相手に占いをする陰陽師たち。『彦火々出見尊絵巻』の一場面。この絵巻は江戸初期の制作。原本の成立は平安末期と推定され、『日本書紀』に登場する彦火々出見尊（ひこほほでみのみこと）の婚姻物語を描いている。（明通寺所蔵）

文中に「道鏡院」とでてきました。院は本来は上皇や天皇に用いられる称号でしたが、ここでの道鏡は文字通り皇族のあつかいを受けています。

『新猿楽記』は、猿楽という演芸を中心に人々が集いを楽しむ祝祭空間、寺社の祭りの参加者たちのみせる表情を事細かにスケッチし、時代の移ろいゆく空気感を再現してくれます。

参加者の一人、無法者の夫の呼び名は白太主《はくたぬし》、これは百太夫《ひゃくだいふ》ともいい、男根型の神像やお守りを意味しました。

平安時代の末期、十二世紀の末に編まれた『梁塵秘抄《りょうじんひしょう》』という書物があります。今様《いまよう》の熱狂的愛好者だった後白河《ごしらかわ》法皇（一一二七〜九二年）が自ら収集した二百数十首の今様をのせた歌謡集です。今様とは催馬楽《さいばら》などの古い歌謡に対して当時起こった流行歌（多くが七五調の四句から成る）ですが、なかでも有名なのが、

〽遊びをせんとや生《う》まれけむ
戯《たはぶ》れせんとや生《む》まれけん
遊ぶ子供の声聞けば
我が身さへこそ揺《ゆ》るがるれ

自分は遊びをするために生まれてきたのだろうか？　戯《たわむ》れに耽《ふけ》ろうと生《せい》を享《う》けたのだろうか？

これが歌の第一句と第二句の詞です。

そんな思いのなかで、あるときふと無心に遊ぶ子供たちの声を耳にする。するとせつないまでに胸に刺さり、揺るがすものがある、と第三句と第四句の詞は続けます。

これは、すでに見当がつくように、当時の遊女《あそびめ》、今様などの芸能を表芸にしつつ、春を売るのを裏の稼業とする女性たちの心情をうたう今様でした。※9

彼女たちは平安時代に登場した女性の芸能者たちでしたが、一方で、歌や踊りを武器に旅人の行き交う河の渡しや河口の港で客を引くのをならいとしました。

同じ『梁塵秘抄』にこんな今様ができます。

〽遊女《あそび》の好むもの
雑芸《ざふげい》、鼓《つづみ》、小《こ》端舟《はしぶね》
簦翳《おほがさかざ》し、艫取女《ともとりめ》
男の愛祈る百大夫《ひゃくだいふ》

文中の「雑芸《ぞうげい》」とは太鼓や笛に合わせた歌や踊り、簦《おおがさ》は大きな日傘、艫取女《ともとりめ》は小舟でろを使う役目の女、百大夫は男根型の神をさしますが、道祖神の別名もあります。道祖神については、第三章の「ファロスを祀る習俗」の節でふれておきました（二二三頁）。

日傘を遊女にさしかけるのは老女の役目だったようで、鎌倉後期に制作された『法然上人行状絵図』にも日傘をさされながら小舟で大船に近づく一人の遊女の姿が描かれています。

これは遊女が大船にいる法然上人に仏の救いを求めた有名な逸話を表わした場面ですが、小舟はふだんは大船の客を取るために使われるものでした。

この百大夫にまつわる信仰は『新猿楽記』の話のなかにもでてきます。

男女和合の聖天様

まえにのべたように、『新猿楽記』は平安中期に人気を呼んだ演芸、猿楽の催しとそこに集まる民衆の姿を好奇心あふれる細密な筆使いで物語るものでした。

無法者の夫婦はそのなかの一組でしたが、個性的に描かれる登場文物は二人だけではありません。

たとえば、いわゆる「年の差婚」をしたある婦人の話。彼女は年の頃六十過ぎ、当時としては大変な高齢ですが、二十歳下の夫をもち、その浮気に悩んでいます。

夫は婦人の両親の財産に目がくらんで結婚したのですが、ひどく好色な性分で彼女のことをかえりみません。

婦人は若い夫に未練たっぷり、そんな彼女に明衡は「速《すみ》やかに比丘尼《びくに》の形と成るべし」（さっさと尼にでもなればいいのに）とからかうように記し、「吾《わ》が身の老衰《ろうすい》を知らずして、常に夫の心の等閑《なおざり》なることを恨む」態度の愚かしさに意地悪く首をふりながら、呆れてみせます。彼女は夫の愛をとりもどそうと信心にすがるのですが、そのくだりに百大夫（＝道祖神）がでてきます。

（彼女は男をつなぎとめようと）聖天《しょうてん》様をご本尊として拝んだが、効験《こうけん》はないようだ。男根を表わした道祖神《どうそじん》を持仏《じぶつ》として祀《まつ》ってみたが、ご利益《りやく》はほとんどないにひとしい。たとえば、野《き》干坂《つねざか》の伊賀専女《いがとうめ》の社《やしろ》の男祭りでは、人々はアワビを女陰《にょいん》に見立て、これを棒で叩き回って舞い狂う。稲荷山《いなりやま》の阿小町《あこまち》の社《やしろ》の愛法《あいほう》の祭りでは、カツオブシを男根に見立てて、獣《けだもの》のようにはしゃいで喜ぶ。五条の道祖神の祭りには、女陰に見立てた粢餅《しとぎもち》を千枚もお供えしたりする。

（原文）

本尊の聖天《しやうてん》は供《ぐ》すれども、験《しるし》なきが如し。持物《ぢぶつ》の道祖《だうそ》は祭れども応少《おうすくな》きに似たり。野《き》干坂《つねざか》の伊賀専《いがたうめ》が男祭《をまつり》には、鮑苦本《あはびくぼ》を叩いて舞ひ、稲荷山《いなりやま》の阿小町《あこまち》が愛法《あいほう》には、鰹《かつを》の破善《はぜ》を鼽《うせ》つて喜ぶ。五条の道祖《さへ》に、粢餅《しとぎ》を奉《たてまつ》ること千《ち》平《ひら》手。

まさに男根と女陰尽くしのお祭りですが、平安中期の信仰に走る庶民層の生態が生々しい臨場感をもって伝わってきます。

文中に聖天《しょうてん》の名がでてきました。これは、日本では平安時代から性愛の守護神として信仰されてきた神です。もともとはガネーシャというヒンドゥー教の神ですが、インドで仏教に取り入れられて護法神《ごほうしん》となりました。

大歓喜天《だいかんぎてん》の別名もあり、［図㉟三〇一頁］でわかる通り、男女二身の抱擁《ほうよう》形態が多くみられます。頭部は象で、中国風に変容した外貌をもつのが普通の日本の仏像のなかで、異例なほどの強烈さでインド臭を保つ存在になっています。

図㉟　大歓喜天。仏書刊行会編『大日本仏教全書』第四〇巻・阿娑縛抄第六（仏書刊行会、大正三年・一九一四）。（国立国会図書館所蔵）

ガネーシャは、ヒンドゥー教の主要最高神であるシヴァ神が妻パールヴァティーとのあいだにもうけた子供ですが、聖天の二身抱擁形はその偉大な両親たちが演じた神聖な性交が燃え上がらせた歓喜への信仰に由来するものでした。

聖天像は尊さと同時にある種のきわどさの印象を湛《たた》え、日本の寺ではほとんどが「秘仏」としてめったに公開されないのがきまりになっています。

平安時代初めに空海が本格的な密教をもたらして以来、広く人々の信仰を集めましたが、江戸時代には聖天は「男女の交接」の隠語の一つとなり、川柳にもよく詠まれました。

「聖天様、一つになりたい、持ち上げ〲」(『真似鉄砲《まねてっぽう》』明和五年・一七六八)

と、これは段々付《だんだんづ》けの艶句《えんく》の一例です。女性が「和合神《わごうのかみ》」を演じながら男を積極的に導いている様を詠んでいますが、段々付けは五字のお題に五字の付け句を尻取り式につけてゆく遊びで、江戸中期・明和の頃から流行りました。この句はさらに、

「一つになりたい、持ち上げ〲、もっと奥を」

「持ち上げ〲、もっと奥を、荒い息」

「もっと奥を、荒い息、それいくいく・・・」と続きます。

こういう場面に阿弥陀様は似つかわしくありません。長い鼻を垂らした聖天様の出番となります。聖天様の前でのセックスは、江戸の庶民が思い描く最も理想的な(実際にはまず実現できないだけに)エロス達成の場面の代表格として語られることになりました。

いまの明衡の文のなかに、老女が夫の浮気封じのために、聖天を拝みながら道祖神を祀ったとありましたが、道祖神には社《やしろ》や街道の辻で人々が手を合わせたり、周囲で踊ったりする石製の大型のものの他、お守りの「持仏」として家に置いたり携帯する小型のものもあり、後者は石以外に木でも彫られました。

第三章でとりあげた江戸の縁起物、張り子の性神《せいしん》(大黒天など)はこの伝統を引いたものです。

平安時代の遊女には、会った男ごとに男根の像を刻む習わしがあったようですが、※10いわゆる堅気の一般女性も性愛がらみの揉め事に悩むと道祖神をたよるのはごく普通のことでした。

ところで、『梁塵秘抄』の歌にある遊女の百大夫崇拝や、『新猿楽記』が描く民衆の性的な祭具への愛好、これは生命力崇拝と呼ばれるものです。

それが縄文時代の石棒や石皿を用いた性的な習俗の流れをくむものであったことは、いうまでもありません。

そして、この生命力への崇拝は血、具体的には女性の血に対する崇拝を最もわかりやすい形としてとりました。

土偶を赤い血の色で塗ったのはその端的な表われでしたが、生命力崇拝は、古代に入ると大きな歴史上の制約をこうむることになります。

それは平安時代より前の奈良時代、正確にはそれ以前からすでに顕著となった、古代の啓蒙思想、「文明開化」の思想に帰依《きえ》した朝廷、「上」からの介入と規制の流れという制約でした。

そしてそのことが、道鏡と孝謙の運命を変えることになります。ここからは、この生命力崇拝とその規制とのせめぎ合い、それが女性たちにもった意味を、当時の天皇たちの詔《みことのり》を材料にみてゆくことにしましょう。

神社の「穢れた悪臭」とは

道鏡は奈良時代の中頃、天平時代に活動の期間をもった人物です。

この八世紀が、日本古代の律令制の最盛期とされる時代だったことはすでにのべました。

奈良時代は、聖武天皇の祖母である第四十三代元明《げんめい》天皇（六六一～七二一年）が和銅三年（七一〇）に都を飛鳥の藤原京から奈良の平城京に移したときからはじまりました。

遷都に際して主導的な役割を果たしたのが藤原一族の権力基盤の確立者・藤原不比等《ふひと》でしたが、その元明の一代前に、持統《じとう》天皇の孫の文武《もんむ》天皇（六八三～七〇七年）がいます。

次にあげるのは、『続日本紀』が記す慶雲《けいうん》三年（七〇六年）正月に文武天皇が下した指示です。

ちなみに文武天皇は聖武天皇の父で、十五歳で即位した後、「女帝の世紀」[※11]を代表する祖母・持統上皇の威光を背に、日本の実情をふまえた大宝律令を完成、施行《しこう》させた天皇として名を残しています。

壬申《じんしん》の乱（六七二年）後の国内政治の立て直しのあいだ中断していた唐との交渉を再開したときの天皇でもありました。

文武天皇の指示は次のものです。

この日、諸寺・諸社を清浄にするため掃除させた。

(原文)
是《こ》の日、諸《もろもろ》の仏寺《てら》、并《あは》せて神社《やしろ》を掃《はら》ひ浄《きよ》めしむ。

短い記事ですが、ここにはさきほどのべた「歴史上の規制」がもった意味を考えるうえで重要な論点をふくんでいます。

いうまでもなく、文武天皇は白村江《はくすきのえ》以来天皇家が加速させた新しい国作りの忠実な継承者でした。国作りの支柱は鎮護国家の仏教に求められました。

次にあげるのも、その文武が右の指示の三カ月後にあらためて発した詔です。

三月十四日、天皇は詔を下した。「そもそも礼とは天地の正しい法であり、人間の生活の規範である。道徳や仁義も礼によって初めて広まり、教訓やまっとうな風俗も礼をそなえることによって完成する。ところが、最近の官人たちのふるまいは、多くの場合、礼の道に反している。それればかりか、かれらは男女の区別もなく昼となく夜となくたがいに寄り集まっている。また聞くところでは、平城京の内外は穢《けが》れた悪臭だらけだという」

（原文）

十四日、詔《みことのり》して曰《のたま》はく、「夫《そ》れ礼は、天地の経義《けいぎ》、人倫の鎔範《ようはん》なり。道徳仁義は、礼に因《よ》りて弘《ひろ》まり、教訓正俗《けうくんせいぞく》は、礼を待ちて成る。此者《このころ》、諸司の容儀《ようぎ》、多く礼義に違《たが》へり。加以《しかのみならず》、男女《だむぢよ》別無《べちな》くして、昼夜相会《ちうやあひあ》ふ。また、如聞《きくな》らく、『京城《きやうじやう》の内外に穢臭《ゑしう》有り』ときく」（『続日本記』）

文章に短長の違いはありますが、二つの指示の内容がたがいに関わりがありそうなことは見当がつくでしょう。

いったい、これらはどういう状況に対して発せられたものだったのでしょうか？

「文明開化」の信奉者・文武天皇が気にする「まっとうな風俗」。一方でくりひろげられる聖天様への男根奉納、女陰に見立てたアワビを棒で叩いて舞い狂う人々。「男女の区別もなく昼となく夜となくたがいに寄り集まっている」官人たち。どうでしょうか？　なんとなくみえてきたものがありそうですが、ここは先にすすむことにしましょう。

文武天皇は風俗の乱れを問題にしていました。生命力崇拝との関係でポイントとなる一つの言葉が文中に使われていました。「穢臭《えしゅう》」がそれです。

訳文にある通り「穢れた悪臭」をさす言葉ですが、そのことを頭において、三番目の詔をお読みください。

これは文武天皇の二番目の詔から十九年後の神亀《じんき》二年（七二五）に聖武天皇が発した詔です。

二人の天皇のあいだには、元明・元正《げんしょう》（六八〇〜七四八年）という二代の女帝の治世がはさまれていました。

七月十七日、天皇は諸国に次のように命じた。

災厄を除去し幸福を祈るには、必ず神秘の力に頼ること、神を敬い仏を尊ぶには清浄《しょうじょう》であることがまず先である。聞くところでは、神々を祭る諸国の境内には多くの穢《けが》れた悪臭があり、さまざまな家畜が放し飼いにされているという。神を敬うための礼儀がどうしてそんな有り様でよいだろうか。国司の長官自らが幣帛《みてぐら》（貴重品の織物、衣服、武具など）を神々に捧《ささ》げ、謹《つつし》んで神社の清掃を行い、それを年間を通して実施するようにせよ。

（原文）

十七日、七道の諸国に詔《みことのり》したまはく、「冤《あた》を除き祥《よきしるし》を祈ることとは、必ず幽冥《いうめい》に憑《よ》り、神を敬ひ、仏を尊《たふと》ぶることとは、清浄を先とす。今聞《いまき》かく、『諸国の神祇《じんぎ》の社《やしろ》の内に、多くの穢臭《わいしう》有り。及雑畜《またざふちく》を放《はな》てり』ときく。敬神の礼、豈是《あにかく》の如《ごと》くならむや。国司の長官自ら幣帛《みてぐら》を執《と》り、慎《つつし》みて清掃を致して、常に歳事《さいじ》と為《な》すべし」（『続日本紀』）

「神々によるご利益はなかった」

「清浄《しょうじょう》」という言葉がでてきました。この言葉は「せいじょう」が今日の普通の訓《よ》みですが、古い訓みは修験道の行者が山を登る際に唱える「六根清浄《ろっこんしょうじょう》」という文句[※12]に残されています。

聖武天皇の詔は、神社の境内は清浄であるべきだとします。「穢れた悪臭」がそれを損《そこ》なっている。あってはならない「不浄」の状態に追いやっているというわけですが、父親の文武が二十年近く前に発した詔では、「京の内外」にあるとされた悪臭が「神社の境内」にあるとなっている点を除けば、指示の趣旨は同じです。

ただ、聖武天皇の今回の詔では、「さまざまな家畜が放し飼いにされている」ことが非難されている。これは、われわれが普通に考える神社のすがすがしい空間にはおよそそぐわない光景でしょう。実際、今日の日本人が「すがすがしい空間」という言葉を聞いて最初に思い浮かべる一つが神社の境内です。いったいなぜそんな所に獣が飼われているのでしょうか?

こう考えると、文武天皇の最初の指示にあった「清掃」、それに続く詔にあった「穢れた悪臭」という言葉の背景にあるものが輪郭を描いてきます。

聖武天皇は神社のことをひどく気にしているようです。

ただ、聖武天皇のここでの神社への関心は、神社を支える神道の教えとはべつの場所からきた論理、その論理の神道の空間への適用にもとづいていたという点に注意してください。論理は神道の世界の上位にあるものだったのです。

次にかかげるのは、その聖武天皇が天平九年（七三七）に下した詔です。右の詔から十二年後、孝謙はこの年に二十歳、父・聖武により皇太子に命じられる一年前のことでした。

五月十九日、天皇は詔を下した。

この四月以来、疫病の流行と日照りが同時に発生したため、田の苗《なえ》たちは枯れてしまった。わたしは山川の神々に祈り、神々をお祀りしたが、ご利益はないまま、いまに至るまで人民は苦しんでいる。わたしの不徳のせいで、こんな災厄を招いてしまった。これを深く心に刻み、寛大で情け深い心を以て人々を患《わずら》いから救いたいと思う。

そこで国司・郡司に命じて、無実の罪で獄につながれている者がないかを調査し、死骸の骨や肉を埋め、飲酒を禁じ、屠畜をやめさせるべきである。高齢者や、鰥《かん》・寡《か》・惸《けい》・独《どく》、および平城京内の僧侶たち、一般の男女で病気によって自活できない者には、事情に応じて物を恵みあたえ、広く文武官吏の有位の者に物を授けよ。加えて大赦を行う。

（原文）

十九日、詔《みことのり》して曰《のたま》はく、「四月より以来《このかた》、疫《えやみ》・旱《ひでり》並《ならび》に行はれ、田苗《たのなへ》焦《や》け萎《な》ゆ。是《これ》に由《よ》りて、山川を祈《の》み祷《いの》り神《あまつかみ》祇《くにつかみ》を奠《ま》祭《つ》らしむれども、効験《しるし》を得ず。今に至りて猶《なほ》苦しぶ。朕《われ》、不徳を以て実に茲《こ》の災《わざはひ》を致せり。寛仁《くわんじん》を布《し》きて民の患《わずらひ》を救はむと思ふ。国郡《くにこほり》をして審《つまび》らかに冤獄《ゑんごく》を録《しる》し、骼《かばね》を掩《おお》ひて胔《ししむら》を埋《うづ》み、酒を禁《いさ》めて屠《ほふ》りを断たしむべし。高年の徒《ともがら》と、鰥寡惸独《くわんくわけいどく》と、京内の僧尼《ほふしあま》・男女《をのこめのこ》の疾《やまひ》に臥《ふ》せるとの、自存《じぞん》すること能《あた》はぬ者《ひと》に、量《はか》りて賑給《しんごふ》を加へよ。また、普《あまね》く文武《ぶんぶ》の職事《しきじ》以上に物賜《ものたま》へ。天下《あめのした》に大赦《たいしゃ》す。（『続日本紀』）

死骸の骨や肉を埋める

いまの文中に「疫病」とありました。これは天然痘《てんねんとう》のことで、孝謙の母・光明皇后の実家がある藤原一族を切り回していた藤原房前《ふささき》・麻呂・武智麻呂《むちまろ》・宇合《うまかい》の藤原四兄弟※13が次々と感染して死ぬという緊急事態となりました。

歴史人口学者の調査によると、奈良時代の数度におよぶ天然痘の流行により、全国で少なく見積もっても二五〜三〇％の人口減少が起こり、地域によっては五〇〜六〇％と、十四世紀を中心にヨーロッパで猛威をふるったペストに匹敵する致死率に達したといいます※14。聖武天皇は信仰心とそれにもとづく自省心にかけては、歴代の天皇のなかでも抜きんでた人物です。天皇が受けた衝撃、心労が大変なものであっただろうことは推察のつくところです。

詔に「鰥寡惸独《かんかけいどく》」とでてきましたが、これは四つセットで使われる行政用語の一つで、上から順番に「六十一歳以上で妻のない者」「五十歳以上で夫のない者」「六十一歳以上で子のない者」「十六歳以下で父のない子」をさします。奈良時代の基準でいう社会的な弱者で、天子の徳を発揮して救済されるべき存在とされました。

この四種の人々に加えて、病気で自活できない者に物を与えるとありましたが、これらはいずれも最近の世界規模のパンデミック（コロナ禍）で日本政府が支給した給付金の古代版といえるかもしれません。

一方で、時代の隔たりを感じさせるのは「死骸の骨や肉を埋め」という文言です。

この時代——いまから約一三〇〇年前ですが——日本の都である奈良、平城京の内部や郊外には死体がごろごろと路上に放置されていました。

右の詔のでる十五年前、養老六年（七二二）に聖武天皇の伯母である元正天皇が発した詔にも「骼《かばね》を掩《おほ》ひて胔《ししむら》を埋《うづ》み」と、そっくり同じ文言の路上の清掃に関する指示がでてきます。

疫病の中味は今日でいうインフルエンザもふくめ色々でしたが、天然痘が荒れ狂った際は文字通り死屍累々《ししるいるい》、目もあてられない光景だったことが想像されます。臭気も相当なものだったでしょう。

ただ、右の聖武や元正の詔にいう「死骸」、その骨や肉は、人間のものにかぎられませんでした。

ここでは、死骸の埋葬の指示に続けて「飲酒を禁じ、屠畜《とちく》をやめさせるべき」とした聖武の詔のくだりに注意してください。

この言葉と聖武がその十二年前に下した詔の、「諸国の神社の境内には多くの穢れた悪臭があり、さまざまな家畜が放し飼いにされている」という文言を突き合わせてみるとき、浮かびあがってくる光景があるでしょう。

そう、これは神社、それも祭礼の日における人々のふるまいを念頭にだされた警告の文章だったのです。聖武天皇は語ります。わたしは神々に祈ったが、にもかかわらず神々からの恵み、ご利益はなかった。だから、このうえは一刻も早く祭礼の屠畜をやめさせねばならない、と。しかし、なぜ屠畜だったのでしょうか？

ガス抜きとしての乱交

奈良時代にあって酒や肉はほとんどの日本人にとって、大変な貴重品でした。それは庶民にかぎらず、当時中・下級の官人といわれた人々にとっても同じことです。かれらが酒肉の大盤振る舞いにありつける日、それが祭礼の日でした。

そして祭礼は、多くの人々が集まる空間を備えた寺社の境内でとりおこなわれたのです。

ここでいう祭礼とは何でしょうか？　それは一口に言えば、人々が日頃から親しんだ崇拝対象に対して祈りをささげ、自然のリズムに自分のリズムを一体化させながら、なんらかの象徴的な儀式に共同で参加する行事のことです。そして、この当時、普通の人々にとって最もありふれて共有され、身近に感じられる崇拝は生命力崇拝でした。

西洋の古代から現代に至る乱交の歴史をたどった『乱交の文化史』（山本規雄訳・作品社・二〇一二年）を書いたバーゴ・パートリッジは、いわゆるオージー（orgy）――日本語で「乱交」と一般に訳される――について「組織的に行われるガス抜き」と同書の冒頭で定義を加えています。[※15]

実際、『新猿楽記』で語られる、男根や女陰に見立てた祭具をふりまわしてはしゃぐ人々が演じる狂態、それはまさにうさ晴らしそのものの光景です。

そこで描かれる祭礼は平安中期、十一世紀半ばのものでしたが、この時期からさらに三世紀もさかのぼった奈良時代やそれ以前の祭礼が一層露骨な、ほとんど蛮風吹きすさぶ様を呈したことは容易に想像のつくところです。

それは、生真面目な文武天皇の詔の言葉――この場合は官人を対象に発した警告でしたが――を借りれば、男女の区別なく（「男女の別無く」）くりひろげられる乱痴気騒ぎ、日ごろたまった欝憤《うっぷん》を一挙に晴らす無礼講でした。

祭礼は、ふだんは黙々と生業《なりわい》にいそしむ人々がカツオブシの男根を手に「獣のように喜ぶ」（『新猿楽記』）場を用意するなかで初めて祭礼たり得、人々が期待する機能を十全に発揮できる特別な催しででした。

そうした催しで座を盛りあげる中心的な役割をまかされたのが、巫女でした。巫女の元祖と目されるアメノウズメが、ホコの男根をふり回す踊りに長《た》けていたのは偶然ではありません。

巫女といえば、第十四代仲哀《ちゅうあい》天皇の妻に神功《じんぐう》皇后※16（四世紀頃）という方がいます。神託を下すのが上手なシャーマン的な資質をもつ人物として記紀に登場しますが、国政の節目ごとにリーダーシップをとることで人望を集めた祭祀王としての能力をあわせもつ皇后であったようです。

その神功皇后が、夫の死の直後にとった一つの行動を伝える記事があります。『古事記』の仲哀天皇の項によるものです。

（天皇の）ご遺体を祭礼用の安置所にお移しし、国じゅうから供え物を集めて、生剥《いけはぎ》・逆剥《さかはぎ》・阿離《あはなち》・溝埋《みぞうめ》・屎戸《くそへ》・上通下通婚《おやこたわけ》・馬婚《うまたわけ》・牛婚《うしたわけ》・鶏婚《とりたわけ》・犬婚《いぬたわけ》などの罪につき大祓《おおはらえ》（天下万民の罪、穢《けが》れを取り除く儀礼）をおこない……

（原文）
殯宮《あらきのみや》に坐《いま》せまつりて、更に国の大ぬさを取りて、生剥・逆剥・阿離・溝埋・屎戸・上通下通婚・馬婚・牛婚・鶏婚・犬婚の罪の類《たぐひ》を種々《くさぐさ》求ぎて、国の大祓をして……

近親相姦の禁止令

『日本書紀』は同じ神功皇后の行動について、ただ「罪を祓《はら》った」とするだけで、罪の具体的な内容についてはふれていません。『古事記』が皇后が祓ったとして列挙する罪名の分類は、実際には中国モデルの律令制下の宗教的な儀礼として、神道の大祓《おおはらえ》の制度が整った七世紀後半頃に成立したものでした。

したがって『古事記』（七一二年）の右の記事は、後世の制度や分類を三世紀も昔の神功皇后の治世にさかのぼらせてはめ込んだものと今日では解されています。

興味深いのは、ここで挙げられている罪の名が、阿離《あはなち》（田の畔を破壊して他人の稲作を妨害する行為）や溝埋《みぞうめ》（田に水を引く溝を埋める妨害行為）などの農事に関わる不道徳な重罪に加えて、祭礼での人々のふるまいを示すものになっていることです。

「屎戸《くそへ》」は祭りの場にクソを撒き散らす冒涜《ぼうとく》的な罪で、「上通下通婚《おやこたわけ》」は近親相姦を意味します。

図㊱　ボヒュスレンの岩絵。先史時代。スウェーデン。

これにはぎょっとする方もいるでしょうが、世界の例をみても古代の祭りでは決して珍しくなく、古代ギリシャで女神デメテルとペルセポネーの母娘を祀ったエレウシス祭の「秘儀」も、近親相姦を内容の一部とするものだったと伝えられています。[※17]

イザナキとイザナミは兄妹でしたが、イザナミの「わきまえない」ふるまいの結果、障害のある子をつくった。これを男尊女卑思想の宣言とみる伝統的な解釈は――宣言への賞賛と批判のどちらの場合であれ――あとから生まれたもので、神話のこの部分はもともとは近親相姦の禁止を説くためにつくられた、という推定が可能になります。[※18]

近親相姦は日常生活の悪習としてもあったのでしょうが、最も目につくのは祭礼の羽目外しの一環としておこなわれるものだったでしょう。[※19]

「生剥《いけはぎ》」「逆剥《さかはぎ》」とあるのは獣の皮を剥ぐ屠畜関連の言葉で、祭礼の儀式として神に動物の血をささげるイケニエの行事をさします。

「馬婚《うまたわけ》・牛婚《うしたわけ》・鶏婚《とりたわけ》・犬婚《いぬたわけ》」は、それぞれの動物を相手にした獣姦の風習を意味します。このうち「鶏婚《とりたわけ》」については、「鶏姦《けいかん》」という言葉が――こんどは男色をさす隠語に変化をとげながら――日中両国で最近（日本では昭和の前半）まで使われ、名残りをのこしていました。

獣姦は世界各地の先史時代の遺跡に岩絵としてたくさん残されており、なかでもスウェーデンのボヒュスレンの遺跡のものが有名です［図㊱三一六頁］。

日本でも縄文時代の遺跡から祭りの行事に用いられたとおぼしき形で獣骨が発掘されますが、単にイケニエとして捧げるだけではなく、集団的な乱交のなかで獣姦がおこなわれた可能性も高く、その流れを引く習俗が前述の大祓の規定の出現をうながしたと思われます。※20

獣姦の風習について

『日本書紀』は、第二十五代天皇として武烈《ぶれつ》天皇（在位五世紀末〜六世紀初め頃）の治世についての記事をのせます。

女帝輩出以前の天皇、とりわけ五世紀頃の天皇には荒々しい行状が目立ちますが、なかでも武烈天皇は「暴虐王」の悪名がとどろく人物です。

『日本書紀』巻第十六は武烈の晩年のふるまいについて、

女たちを全裸にして板の上に坐らせ、馬と交尾させた。そのあと女の陰部を調べ、濡れていれば殺し、濡れていなければ官婢《かんぴ》として召した。これを楽しみとした。

（原文）

女をして躶形《ひたはだ》にして、平板《ひらいた》の上に坐《す》ゑて、馬を牽《ひ》きて前に就《いた》して遊牝《つるび》せしむ。女の不浄《ほとどころ》を観《み》るときに、沾《う》湿《る》へる者は殺す。湿《うる》はざる者をば没《から》めて官婢《つかさやつこ》とす。此《これ》を以て楽《たのしび》とす。

と記します。八世紀のこの文書が「女陰」に「不浄」の字を当てていることが注意されますが、武烈のいた五世紀の後期は皇位の継承をめぐって内輪もめが絶えず、天皇家が大揺れに揺れた時期でした。[※21]そんななかで、武烈は抗争の時代に「衰えた」側の系統に属する天皇。「歴史は勝者が書く」とは少なくともこの場合はいえるようで、『日本書紀』の武烈に関する「暴虐伝説」も割り引いて読む必要があるというのが最近の学説です。

前出の国文学者の飯田季治は、こうした武烈の乱行について、この天皇が皇太子時代に失恋の経験があったという『日本書紀』のべつの箇所の記述をふまえ、「恋に破れ給《たま》へるのが原因で、果《つひ》には乱心に逮《およ》び給へるのであらう。愴痛《いたま》しき御事《おんこと》である」（『日本書紀新講』下巻五五頁）と同情をよせています。失恋した人間が皆、女を馬と交尾させるとは思えませんが、一九三〇年代の国粋主義者としてはこう書くしかなかったというところでしょう。

武烈の晩年から『日本書紀』の成立まで約二百年のへだたりがあります。『日本書紀』のこの記事は、「二百年前ならば暴君の乱行として獣姦もあり得たのでは」と八世紀の人々が考えていたらしいことを伝える興味深い資料といえるかもしれません。

「大悪天皇」雄略の食べた物

乱行の天皇の名を残した人物といえば、雄略《ゆうりゃく》天皇も忘れるわけにはいきません。これも五世紀後半に在位した天皇でした。

武烈の四代前の天皇ですが、よく人を殺すために「大悪天皇」のあだ名で呼ばれたとこちらは『日本書紀』巻十四にでてきます。

『日本書紀』はそんなキレやすい雄略の逸話を多くのせますが、たとえば、ある冬、吉野に狩猟にでかけた帰り道の出来事として、

雄略天皇は「狩りの楽しみは料理人にナマスをつくらせることだが、自分でつくるのとどっちが楽しいのかな?」と同行の群臣にたずね、即答できる者がいなかった。腹をたてた天皇はそばにいた御者《ぎょしゃ》をお斬りになった。

（原文）
「獵場《には》の楽《たのしび》は膳夫《かしはで》をして鮮《なます》を割《つく》らしむ。自ら割《つく》らむに何與《いか》に」とのたまふ。群臣《まへつきみたち》、忽《たちまち》に対《こた》へまうすこと能《あた》はず。是《ここ》に天皇《すめらみこと》、大きに怒りたまひて、刀を抜きて、御者《おほうまそひのひと》大津馬飼《おほつのうまかひ》を斬りたまふ。

とあり、まさに歩く予測不能、周囲としては生きた心地もしなかったでしょう。

雄略は狩猟が大好きで、「狩猟のたびに鳥や獣を獲り、野山の鳥獣も尽きると思われるほどだった」（「狩《かり》する毎《ごと》に大きに獲《う》。鳥獣、盡《つ》きむとす」）と『日本書紀』の同天皇の巻にでてきます。血の匂いをぷんぷんとさせた、ファロス的な躍動感に満ちた人物として存在感を放った天皇だったことがうかがえます。

雄略天皇の記事には、なるほど「大悪」の名にふさわしい行状が多く語られます。が、一方で雄略には「有徳天皇」のあだ名もあったと『日本書紀』は伝えます。実際、雄略は天皇家がライバルの豪族たちをおさえ、「王家の中の王家」としての立場を築くうえで節目となる治績を残しており、[※22]『万葉集』や『日本霊異記』もかれに関する逸話を巻頭に登場させる特別のあつかい。奈良から平安時代にかけての人々には、いわば「善にも強く悪にも強い」タイプの国家指導者として記憶されていたのかもしれません。

ところで、いまの雄略天皇の逸話のなかに「ナマス」がでてきました。

原文では「鮮」とありますが、これは魚貝や鳥、獣の生肉を細く切ったもので、飯田季治は

『日本書紀新講』中巻のなかで、「今の刺身である」と語注をつけています（同書一九七頁、四四三頁）。雄略の場合は鳥や獣の刺身だったわけですが、一般に古代の日本で生肉は二つの場面で生命力崇拝との接点をもちました。

一つは、動物の生命力を火を加えずに生の形で自身の体内に摂り入れることで、自らの生命力を強化し活性化するという信仰の場面。

日本語の「いただきます」は、「生命をいただく」の意味で使われたとよく言われます。

動物の生命力の摂り入れは、世界各地で「形を借りる」という点では動物のかぶり物をした踊り（日本では鹿踊り）などの象徴的な儀礼として表現されましたが、一方で「栄養の摂取」という点では動物（鹿、サイ）の角や骨の粉末を強壮剤として珍重するという風習として、長く伝わることになりました。

この栄養信仰の根強さは、この風習が二十一世紀の今日でも、アフリカのサイなどの稀少動物の角をめぐって横行する密漁事件の経済的背景になっていることによく示されています。

もう一つの場面は、生肉を体の外側、さらに外部の自然に対して用いるケースです。ここであらためて血の問題がでてきます。

先史時代の人々が、生き物の生命力の根源を血に見いだしたことは何度かのべました。

アフリカやオセアニアの少数民族で戦いの前に獣の血を身になすりつけて踊る例がみられたのは、そうした考え方が最近まで伝えられたものでしたが、それだけではありません。

同じように切実な形としては土地への散布、人々が暮らしをいとなむうえで障害となる問題が生じた土地に生肉からでた血をふりまくという使い方がありました。

イケニエの風習はあたりまえのもの

鹿はイノシシと並んで、縄文時代の遺跡から骨が出土する当時の代表的な動物性の栄養源です(こうした食料を「メジャー・フード」といいます)。獲《と》れた獣の肉を保存する場合、多くは干し肉や燻製《くんせい》に加工して、保存場所には高床式の倉庫や各人の住居が選ばれたようです。※23

さきほど、神社に家畜が放し飼いにされていることを非難する天皇の詔を引きましたが、そこには屠畜を連想させる「穢れた悪臭」という語が登場し、律令国家の推進する「文明開化」の立場から問題視されていました。しかし、これは律令国家以前、たとえば「狩猟王」雄略の時代ならば、まったく問題にされずにすんだ事態だったはずです。

家畜は大切な栄養源であると同時に、人の労働を助ける農耕の貴重な道具でもあります。めったに殺せるものではなく、屠畜は特別な理由がある場合にかぎられました。

『風土記《ふどき》』という奈良時代の初期に編まれた書物があります。

和銅《わどう》六年(七一三)、聖武天皇の祖母の元明天皇の時代に、諸国の地名の由来、地勢・産物・伝承、土地で起きた特殊な出来事などを記して朝廷に差しださせた報告書をまとめたものです。

そのなかの「播磨国風土記《はりまのくに》」（八世紀前半）の讃容《さよ》郡の項に、こんな獣血をめぐる土地の伝承があるという報告がでてきます。

文中に登場する玉津日女命《たまつひめのみこと》はこの地方で有力だった女神の名前です。

玉津日女命《たまつひめのみこと》が生きた鹿を捕え、その腹を引き裂いて血を苗代《なわしろ》に撒《ま》いた。そこにイネの種を撒いたところ、一夜にして苗が生えた。さっそくそれを取って、田に植えた。

（原文）
妹玉津日女命《いもたまつひめのみこと》、生ける鹿を捕《と》らへ臥《ふ》せて、其の腹を割きて、稲をその血に種《ま》きたまひき。すなはち、一夜の間に苗生《なへお》ふ。すなはち取りて殖《う》ゑしめたまふ。

播磨国は現在の兵庫県。みての通り、農耕と屠畜に関する伝承ですが、苗代に血を撒くのはとりわけ日照りやイナゴの害などに見舞われていたときにおこなわれることが多かったと思われ、獣の血のもつ呪術的な力への信仰が生々しく語られています。先史時代から伝えられる古い信仰だったことはいうまでもありません。

また、同じ「播磨国風土記」の賀毛《かも》郡の項には、やはりその地で有力だった水の神（太水神《おおみずのかみ》）

が、河の水を引こうというよそからの申し出に「わたしは宍《しし》（獣肉）の血で田を耕す。河の水など要《い》らない」と断った、という記事が登場し、ここでも動物の血に対して古くからあった信仰が伝承の形で報告されています。

これらは明らかに、動物を殺して神々に捧げるイケニエの風習の存在を物語っています。それは播磨国にのみ例外的にみられた風習ではなく、日本全国であたりまえのように行われてきたものでした。

古代の「文明開化」路線の追求にまい進する飛鳥、奈良時代の天皇たちには、これが改善を要求する事態だと受け取られました。だからこそ、「穢れた悪臭」の発生をともなう人々のおこないを禁止する詔の発出をくりかえすことになったわけですね。

いまの播磨国賀毛郡の記事に「河の水」の話がでてきました。まえにものべた通り、動物は重要なタンパク源であるほか、農耕にはなくてはならない戦力であるため、イケニエの儀式は日照り、旱魃《かんばつ》の際の雨乞いをはじめ、住人たちの生命に関わる緊急事態が発生したときにかぎっておこなわれました。

神社に獣の「穢れた悪臭」が満ちていたと『続日本紀』の記事が伝えるように、神社がイケニエの儀式の場に選ばれたのは、そこが神々に最も近い場所、神聖な空間だと考えられていたからです。

さきに、獣と神社の取り合わせはわれわれの目には奇妙に映ると書きました。ですが、これは現代人が現在の神社のイメージをそのまま投影してしまうからにすぎません。奈良時代に暮らす一般の民衆が何か悩み事の解決に神の助力を得たいと思うとき、祈願の儀式に神社の空間を借りるのは自然な選択でした。神にささげる動物の神聖な血は、神社の空間でこそ最も流すべきものと考えられたわけです。

妊婦の呪的なパワー

縄文時代の土偶が、女性の乳房や臀部《でんぶ》、腹を強調してつくられたことは第二章でみた通りです。それらはいずれも女性の出産能力を象徴する身体の部位でした。

こうした先史時代の母性への崇拝[※24]は、妊婦のもつ呪的能力への畏敬の念という形で古代の民衆に引き継がれることになります。

朝廷編纂の『風土記』が各地の地名の由来を報告書にのせたことはのべましたが、「肥前国《ひぜんのくに》風土記」（八世紀前半）という肥前（現・佐賀県、長崎県）の国丁《こくちょう》（各地の役所）が提出した報告書のなかにこんな文章がでてきます。

肥前国のある郡の地名の由来を伝えるものです。

その昔、景行《けいこう》天皇が肥前国《ひぜんのくに》に遠征をなさったときのこと。ある郡の住民たちはこぞって御前に集まったが、一頭の犬がでてきて吠えかけた。このとき一人の妊婦がおり、進みでて犬をみると吠えるのをやめてしまった。これ以来、犬の声がやむの国の名が生まれた。その後それが訛《なま》って生まれたのがいまの養父《やぶ》郡である。

（原文）
昔者《むかし》、纏向日代宮御宇天皇《まきむくのひしろのみやにあめのしたしらしめししすめらみこと》、巡狩《めぐりみそなは》しし時、此《こ》の郡の百姓、部挙《ともこぞ》りて参集《まゐりつど》ひしに、御狗《みいぬ》出でて吠《ほ》えき。此《ここ》に一の産婦《うぶめ》有《あ》り、御狗を臨み見れば、すなはち吠え止《や》みき。因《よ》りて犬の声止むの国と曰《いひ》き。今は訛《よこなま》りて養父《やぶ》の郡《こほり》と謂《い》ふ。

景行《けいこう》天皇（四世紀頃）、は神功皇后の夫・仲哀天皇の二代前の第十二代天皇で、九州の熊襲《くまそ》・土《つち》蜘蛛《ぐも》平定の伝説とともに語られる人物です。「肥前国風土記」は、この景行や朝鮮遠征で北九州を基地とした神功皇后の伝説と密接な関わりをもつ伝承が顔をだすことで知られています。

右の伝承もそのなかの一つですが、一人の妊婦の発揮した呪力が地名の由来になったことを語ります。「御狗《みいぬ》」とは景行天皇が連れてきた犬のことです。こうしてせっかく女性の能力への賞賛のもとに生まれた地名が、なぜその後「養父《やぶ》」という父の字をもつものに変わったのかという点も興味がひかれるところです。

神功皇后は謎の多い皇后です。『日本書紀』は天皇家の歴史を語るため各巻ごとに歴代天皇をとりあげますが、それに混じってなぜか神功皇后の一巻がでてきます。しかも敬称に「尊」を使い、亡くなったときは「崩」の字を、墓には「陵《みささぎ》」の字を当てるなど、これらはすべて天皇について許されてきた用語法です。また『風土記』のなかにも、前出の「播磨国風土記」や「常陸国《ひたちのくに》風土記」では彼女を「天皇」と呼んでいる個所があります。日本で最初の女帝は推古天皇（五五四～六二八年）だとされますが、実質的な女帝第一号は神功皇后だという見方が、ある種の「常識」として『風土記』が書かれた八世紀、奈良時代にはあったのかもしれません。

仏罰への怖れ

元正天皇は『日本書紀』が成立したときの女帝です。都を平城京に移した元明天皇の娘で、仏教への篤い信仰者として知られ、「釈典《しゃくてん》の道、教《おしへ》は甚深《じむしむ》に在《あ》り（仏典の教えははなはだ深遠である）」（『続日本記』）として、僧侶の経典の読み方の乱れを戒めた詔《みことのり》（養老四年・七二〇・十二月二十五日）が残されています。もっとも、こうした言葉自体は奈良時代の天皇ならば誰もが発しておかしくないもので、彼女一人が特別だったわけではありません。

この二年後、養老六年（七二二）の七月七日。元正天皇が発した詔にこんなくだりがでてきます。

この頃、天地自然の法則が乱れ、日照りなど自然災害がしきりに起きる。そのため大和の山々へ幣帛《みてぐら》をささげ、神々をお祀りしてみたが、恵みの雨は降ってこない。そのせいで人民は生業《なりわい》を失ってしまった。これはわたしの不徳のいたすところと思い、憔悴《しょうすい》している。それにしても人民は何の罪でこのように大地が焼け、作物がしおれるのをみなければならないのか。天下に大赦をおこないたいと思う。

それぞれの役所ごとに無実の罪で獄につながれている者がないかを詳しく調査・報告させ、路上の死骸の骨肉を埋葬し、飲酒を禁じ、屠畜をやめさせ、八十歳以上の者にはつとめて憐れみを加えさせよ。

（原文）

陰陽《いむやう》錯謬《あやま》り、災旱《さいかん》頻《しきり》に臻《いた》りぬ。是《これ》に由《よ》りて幣《みてぐら》を名山に奉《たてまつ》りて、神祇《じんぎ》を奠祭《でんさい》す。甘雨《かんう》降らず、黎元《おほみたから》業《なりはひ》を失へり。朕《わ》が薄徳《はくとく》、此《これ》を致《いた》せるか。百姓何の罪ありてか、燋萎《せうゐ》すること甚《はなは》しき。天下《あめのした》に赦《ゆる》して、国郡司《こくぐんし》をして審《つばひ》らかに冤獄《ゑんごく》を録《しる》し、骼《かばね》を掩《おほ》ひて胔《ししむら》を埋《うづ》み、酒を禁《いさ》めて屠《ほふ》りを断《た》たしむべし。高年《かうねん》の徒《ともがら》には、勤《つと》めて在撫《ぞんふ》を加へよ。（『続日本記』）

これを読んで、あれ？　と既視感をおぼえる方もいるでしょう。

そう、この十五年後に彼女の甥である聖武天皇が発した詔と内容が酷似しているからです（三〇九頁参照）。

実際、読みくらべると冤罪《えんざい》の可能性のある者の救済、死骸の清掃、飲酒や屠畜の禁止など、使われている文言まで同じです。なかでも重要だったのは屠畜の禁止でしょう。

二つの似た指示について、これは聖武天皇が伯母の詔を下敷きにした、あるいは二人が詔の既定の型式に従ったという言い方はもとより可能です。ただ、どちらの詔も自身の考えをそれにふさわしい定型文にのせて発したとみる方が、この場合は正確かもしれません。どちらもが自然災害（聖武天皇の場合はさらに疫病）の発生という切迫した事態にだされた詔という性格をもっていたからです。

ここで注目したいのは、二つの詔の冒頭にでてくる次の部分です。

この頃、天地自然の法則が乱れ、日照りなど自然災害がしきりに起こる。そのため大和の山々に幣帛《みてぐら》をささげ、神々をお祀《まつ》りしてみたが、恵みの雨は降ってこない。そのせいで人民は

生業を失ってしまった（元正天皇）

この四月以来、疫病の流行と日照りが同時に発生したため、田の苗たちは枯れてしまった。わたしは山川の神々に祈り、神々をお祀りしたが、ご利益はないいまま、いまに至るまで人民は苦しんでいる（聖武天皇）

幣帛《みてぐら》が祈祷の際に用いる供え物であることは、まえにのべました。

聖武天皇がふれた疫病（天然痘）への言葉を除けば、右の二つの箇所は同じことをのべていることがわかります。つまり、人々を塗炭《とたん》の苦しみにおとしいれる災厄からの脱出を神々に祈ったが、効験《しるし》――神々のお恵み、ご利益――は少しもなかったということです。この神々が、日本で古来から崇められた神道の神々であることはいうまでもありません。

これは一昔前、たとえば元正が生まれるその百年前にはあり得なかった文句でしょう。

元正は六八〇年、白村江の敗戦の十七年後の誕生ですが、「自ら仏教の下僕と化した」と本居《もとおり》宣長《のりなが》たち国学者に嘆かれた聖武天皇の崇仏政策は、「釈典の道」への帰依《きえ》を表明した伯母の天皇と肩を並べるようにこの流れに棹《さお》をさしたものです。

天皇は、事があれば山川の神々をふくむ八百万の神々に祈りをささげるべき立場にあります。天皇の一族は――『古事記』『日本書紀』によれば――日本国の基盤となる列島をふくめて、森羅万象を生んだ神々の末裔です。したがって、誰よりも神々を動かす力を身につけている。それだけではありません。こうした神々との結びつき、それこそが天皇家が日本という国号のついたこの国を支配・統治することの正統性の至高の根拠となってきたはずです。

が、この二人の新世代の天皇は頓着なくべつのことを語ります。天地自然の法則——元正天皇の言葉を借りれば——が乱れたとき、神々は無力だった。人民は苦しみに喘《あえ》ぎ、わたしはうちのめされている。この事態を正さねばならないと。では、どうすればよいのか？　冤罪を正し、死骸を埋葬し、屠畜をやめ、あらゆる罪深き行いを追放し、清浄な世界を実現させよう、とそうかれらは語るのです。屠畜とは何か？　殺生のことです。では、殺生を何よりも嫌うのは誰か？　罰を加えようとするのはいったい誰なのか？　ここまでくれば話は明らかでしょう。

ここにあるのは、日本のこの時期の律令新世代に根づいた新しい考え方、

仏罰への恐れ

という思想でした。かれらは二十一世紀のグローバル化の世代がグローバル・リベラリズムを自然なものとして受け入れ、共有したように、この思想を血肉化した世代でした。それはやがて天皇家や貴族の階層をこえて、民衆の社会に広がりつつ、後々《のちのち》の時代にまで引き継がれ、定着することになります。

そして、このことが孝謙と道鏡のペアのその後、具体的には中世における運命と大きく関わることになります。

神道の穢れの起源は仏教

仏罰への恐れの底にあるのは何か？　それは、

不浄なものに関与すること

それにより自らも不浄と化することに対する人々の恐怖です。

不浄とは清浄の損なわれた状態をさしますが、清浄を尊ぶのは仏教の教えからきたものでした。

これはインドから仏教を受容した中国人にとって非常に珍しい教えだったようで、輸入後の仏教が中国で、

「清浄の教え」

と呼ばれたのもそのためです。[※25]

日本では「清浄」といえば、神道を思い出す人が多いと思いますが、これは神道が仏教から受

けた顕著な影響、感化の一つです。

その後、神道はこの受容した「清浄」の観念を一途に肥大させてゆき、教えの根幹にまで据えたため、それに慣れ親しんだ日本人はしだいに清浄と聞けば神道を連想するまでになりました。そこで血が最も穢《けが》れたもの、不浄なものとみなされたことはいうまでもありません。

が、古来の――仏教が到来する以前の――日本で、生き物の血に対する拒否感が人々の間にみられなかったことはすでにのべた通りです。イケニエの儀式や妊婦の崇拝が示すように、血は不浄視されるどころか、動物のものであれ人間のものであれ崇拝されるものでした。だから、神社の境内で平気で屠畜がおこなわれていたのです。

血への忌避感は、日本の神道が古代の「文明開化」の要請、不可逆的ともいうべきその進行のなかで初めて得た感覚でした。それは生命力崇拝の土壌に誕生した宗教である神道に外部の世界から移殖された新しい考え方だったのです。※26
朝廷の神祀りに関して定めた法令に「神祇令《じんぎりょう》」があります。七世紀末頃に成文化された法令ですが、そのなかで神祀りの期間中慎むべき行動としてあげられたものの一つに「獣肉《しし》」を食することがあります。

唐帝国にならった律令国家の建設が日本で加速するのは、白村江の敗戦の十年後に天皇の座に着いた天武《てんむ》天皇（在位六七三～六八六年）の頃ですが、この天武の次の持統天皇が『日本書紀』が治績《ちせき》を伝える最後の天皇です。それ以後の天皇の治世については、『続日本紀』以下が記述を引き継ぎます。

その間、目をひくのは律令国家時代に入ってからの天皇たちによる肉食・屠畜・殺生の禁止の詔勅の多さです。

ざっと目にふれただけでも、

天武天皇四年（六七五）　四月
持統天皇五年（六九一）　六月
元正天皇・養老六年（七二二）　七月
聖武天皇・天平九年（七三七）　五月
〃　・天平十三年（七四一）　三月
〃　・天平勝宝《しょうほう》元年（七四九）　正月
孝謙天皇・天平勝宝四年（七五二）　正月
〃　・天平勝宝八年（七五六）　六月
〃　・天平宝字《ほうじ》二年（七五八）　七月
〃　・宝亀《ほうき》元年（七七〇）　七月

このうち、元正天皇の養老六年と聖武天皇の天平九年の詔は、疫病や自然災害の発生を理由とするものでしたが、聖武天皇の天平十三年の殺生禁止令は、国分寺・国分尼寺建立の詔の一部としてだされたもので、まさに目的は鎮護国家にありました。

次に聖武天皇が発した天平勝宝元年の殺生禁止令は、前年に亡くなった伯母・元正上皇の菩提《ぼだい》を弔うもの。孝謙天皇が天平勝宝八年六月に発した殺生禁止令は、前の月に世を去った聖武上皇の追善供養《ついぜんくよう》のためで、どちらも仏教の儀式を理由としたのが特徴でした。

これらの詔のうち、肉食禁止を内容としたものは天武・持統天皇の詔の他、孝謙天皇の天平宝字二年の勅ですが、その禁止は、流血・殺生の徹底した忌避というブッダ以来の思想からくるものだったといちおうは言えます。

「いちおうは」などと歯切れの悪い書き方をしたのは、一連の詔勅の実際の重点は、ブッダの権威を借りた、イケニエという神々への信仰にもとづき無駄に血を流す蛮行の禁止にあったからです。これらは仏教を背骨とした国作り、「文明開化」政策の足元でなお根深い「蛮風」の是正を求め、目指したものでした。

天武天皇は在位十二年目の年（六八三年）の十月に、現在の奈良市の桜井市付近の「倉梯《くらはし》」で狩猟をしており（『日本書紀』）、獲物は膳に供されたことでしょう。また、聖武天皇も神亀《じんき》二年（七二五）に吉野に狩猟にでかけ、朝はイノシシ、夜は鳥を捕えたと『万葉集』巻六が記しています。肉食禁止と明らかに矛盾したこれらのふるまいも、いまのべた詔勅の真の狙いを考えれば、腑に落ちる話でしょう。

面白いのは、孝謙が天平勝宝八年に発した父・聖武上皇の追善のための殺生禁止令に際し、礼(「喪に服する礼」)や孝(「どうして孝を行なわない者がいるだろうか」)など儒教の徳目を引いていることです。

孝謙がクーデターで追放した淳仁は、天平宝字二年(七五八)に天皇に即位しましたが、その翌年の六月、儒教の仁・義・礼・智・信の徳目の大切さを強調する詔をだしました。官僚の綱紀のゆるみを正すねらいにもとづくものでしたが、そのなかで天皇は、仁とは「濫《みだ》りに殺生をしないこと」を中味の一部とするものだと説明しています。

ですが、古代史家の平林章仁《あきひと》が指摘するように、[27]殺生は儒教では必ずしも忌避される行為ではありませんでした。たとえば、『礼記《らいき》』や『儀礼《ぎらい》』とともに儒教経典の三礼《さんらい》の一つである『周《しゅ》礼《らい》』(中国の戦国末期に成立?)にはイケニエの際の規定が細かく定められていますし、儒教で孔子など先哲を祀る儀式である釈奠《せきてん》では、牛・羊・豚の三種のイケニエが供えられるのがしきたりになっていました。

孝謙・淳仁は儒教経典の用語を用いていますが、どちらの場合も儒教の概念を借りて仏教の教えを語っていたことがわかります。[28]

天武天皇の時代以来、めざましく水位を高めた殺生という血をみる行為への嫌悪、それは仏罰をこうむることへの恐れの広まりを背景としたものでした。

イケニエをめぐる議論はインドで仏教の最初期からなされてきたものです。

その風習は非常な嫌悪の対象となりました。

古い経典集の『サンユッタニカーヤ』にはイケニエの「悪習」にふれて、ブッダがこう語る場面がでてきます。

乏しいなかから分かち与える人は、正しい法を実践することになる。百千の供犠《くぎ》（犠牲をささげること）も、そうした行いの功徳の百分の一にも値しない。ある人々は悪習に慣れて、祭官に報酬をあたえる、生き物を傷つけ、殺し、苦しめ悩ますことによって。

そのような施《ほどこ》しは、涙と暴力にまみれ、正しい施しに値しない。（Ｉ・四）

ここで報酬を受け取るのは儀式を主催した祭司たちです。この言葉はヒンドゥー教のイケニエの儀式への批判としてのべられたものです。イケニエの拒否の教えは、その後長く仏教に受け継がれ、重視されました。ブッダの生国で忌み嫌われた罪深い行いをしてよいのかという真面目な意識、怖れは、禁止の詔勅をだす側にごく自然にあったでしょう。※29

「女人不成仏」思想の登場

日本が大陸経由でインド生まれの異国の宗教、仏教を輸入したのは、六世紀前半のことでした。天武・持統から孝謙・淳仁に至るまで、歴代の天皇が下した殺生禁断の指示は、かれらが帰依した仏教思想に由来するものでした。

ただ、仏教は天武・持統という本格的な律令国家——日本風に改変された——の創業者世代の天皇はもちろん、聖武・孝謙という律令制の社会を所与の前提として生まれた八世紀の天皇（聖武は七〇一年生まれ）、いわば律令制ネイティブともいうべき天皇たちの時代にあっても、天皇家をとりまく日本社会の上層部の一部にとどまっていました。

それは殺生禁断の詔勅が——すでにみたように——これらの天皇の時代にくりかえしだされざるを得なかったことが雄弁に物語っています。

仏教が貴族層の手を離れ、日本社会の最底辺層まで浸透してゆくためには、結局古代の熟成、平安京への遷都から四百年の時間が必要だったといえるかもしれません（あくまで終わった後でかえりみたときの言い方ですが）。

一般に、中世のはじまりは平安末期、院政の開始期（応徳三年・一〇八六）[※30]に求められます。

その後、朝廷の傭兵集団として台頭してきた源平の血で血を洗う争いをへて、やがて日本は武士政権の時代をむかえます。平安末期から鎌倉時代への転換、それは鎮護国家を柱とする包摂《ほうせつ》型の平安仏教に飽き足らない新世代の僧侶たちが、「選択的集中」の修行観にもとづく新しい教えを説く季節の始まりを意味しました。※31

前のところで、平安中期、十一世紀半ばに京洛《けいらく》にその名をとどろかせた陰陽師・安倍晴明についてふれました。

孝謙・道鏡の二人と安倍晴明とはなんの関係もなさそうですが、十四世紀前半、室町時代の初め（？）に晴明の名前で書かれた『簠簋《ほき》集』という書物があります。

「簠簋」とは、古代中国で神前に供え物の黍《きび》を盛る竹製の祭具。「簠《ほ》」は四角い器を丸くくりぬく形、「簋《き》」は丸い器を四角くくりぬく形のもので、二つがそろって初めて正式の祭祀に用いることができるとされました。

中国で古く「簠簋とといのわず」という言葉が政治の正しい形の乱れ（汚職の横行等）のたとえとして使われたのはそのためです。その『簠簋集』の注釈書として、室町時代後半に編まれたと推定される『簠簋抄』（著者不明）という本があります。安倍晴明の一代記がくわしく物語られるほかに、仏教や神道に関わるいくつもの説話がおさめられています。

説話は雑多なもので、青龍王《せいりゅう》（陰陽道の創世神話の神の一人）が神功皇后に性交を迫った話とか、菅原道真が左遷されたのは当時の醍醐天皇の后の寵愛を受けたのが原因だった、などと真偽定かでないゴシップもどきの話もふくまれますが、その一つに孝謙と道鏡をめぐるこんな逸話がでてきます。

孝謙天皇は、『涅槃経《ねはんきょう》』に女人不成仏《にょにんふじょうぶつ》の文章をみつけ、「たとえ女でも心がけ次第では成仏もできるはずだ。これは仏の誤まりだ」と大いに腹をたて、その経文で自分の女陰を拭いて捨てた。そのため仏罰をこうむって、女陰がひどく大きくなってしまい、それに見合う大きさの男根がなくなってしまった。困った孝謙は勅使《ちょくし》をたてて諸国に巨根の持ち主を探させた。

一方、丹波《たんば》の弓削《ゆげ》の里に道鏡という僧侶がおり、せっかくこの世に生を享《う》けたからには、帝王（天皇）になりたいと熱望して仏に祈っていた。が、三年たっても効験《しるし》がなく、腹いせにある日仏像に小便を引っかけてしまった。この罰で男根がみるみるふくれあがってしまった。

そんな折、勅使はたまたま弓削の里へ通りかかった。すると畑で鍬《くわ》をふるう男がいた。みると、人のような物を背負い、そこに小さな笠をかぶせている。勅使は「なぜ畑仕事をしながら人を背負っているのだろう？」と不思議に思い、近寄ってみた。すると、男は巨大な男根を股から肩ごしに背中に引っかけているのだとわかった。これが道鏡だった。

勅使は大喜びでその場で道鏡を召し、奈良の都へ連れて行った。孝謙天皇の寵愛は半端でなく、道鏡は太政大臣《だいじょうだいじん》になった。それでも飽き足らず、なんとかして天皇にしてほしいと孝謙にせがんだ……。

（原文）

孝謙天王、涅槃経《ねはんきょう》の女人不成仏《にょにんふじょうぶつ》の文を見、設《たと》ひ女房成共《なれども》心の向け様に依《より》て成仏の義も可有《あるべし》、仏の誤也《あやまりなり》とて大に腹を立て、彼経《かのきょう》にて女根《にょこん》を拭て捨給《すてたま》ふ。此の罰に依て彼《か》の開《つび》広く、成合物《なりあふもの》の天下に無き故《ゆえ》に、勅使《ちょくし》を立て大閇《だいへい》を尋《たづ》ぬるに、丹羽の弓削《ゆげ》の里に道鏡法師と云《い》ふ者、此《こ》の生《しょう》にて帝王に成度《なりた》く念望《ねんぼう》にて、愛染《あいぜん》の法を三年行《ぎょう》しても叶《かな》はずとて、本尊に小便を仕掛《しかけ》たり。此の罰に依て大閇《だいへい》に成る。勅使、弓削の里を通見《とをりみ》給ふに、畠《はた》を打つ者背に物を負《お》ひ、小さき笠を著《き》て有《あ》り。勅使思食《おぼしめし》けるは、何とて畠《はた》を打ちながら人を負ひたるぞと思ひ近より見給へば、大閇《だいへい》をまたより後へ引廻《ひきまは》し負ひたり。勅使大に悦《よろこ》び急召《いそぎめし》て都へ参るに、孝謙天王寵愛斜《ちょうあいなの》めならず故に、大政大臣《だいじょうだいじん》に成り給ひし也。道鏡思ふ様は、迚《とても》の事に王に成し給へと望む……。

フェイク・ニュースの巨匠

なんというか、これを読んで、日本人の道鏡と孝謙をめぐる想像力の奔騰《ほんとう》も行き着くところまで行き着いた感を抱いてしまうのは、わたし一人でしょうか？

これは江戸時代に広く流布した孝謙天皇の「広陰《こういん》」伝説[※32]の源流となった説話の一つです。

道鏡の出身地は河内であり丹波ではないはずですが、そんなことはどうでもいい。

誰が考えたのか、二つの筋を縦糸と横糸として巧みに織り合わせる話の運びといい小道具の使い方といいじつにうまい。背中の巨根に小笠をかぶせるなど、このテの話は細部《ディーテイル》が命です。いまの時代に生まれていたら、フェイク・ニュースの名手としてSNS上に「巨匠《マエストロ》」のダークな盛名《せいめい》をはせたかもしれません。

いずれにせよ、のちの江戸時代の川柳の道鏡・孝謙ネタ、おびただしい作品の前提をつくる、民衆の大笑いが聞こえてきそうな逸話です。

文中に『涅槃経』の文章にあるという「女人不成仏《にょにんふじょうぶつ》」の語がでてきました。『涅槃経』は四世紀頃に成立した経典で、「一切衆生悉有仏性《いっさいしゅじょうしつうぶっしょう》」（あらゆる生き物は仏となる素質をそなえている）の文句で知られる経典です。その教義の一部は天台宗にも取り入れられ、鎌倉仏教の祖師では日蓮などもよく引用していますが、「女人不成仏」とはどんな考えをさすのでしょうか？

「仏」とは、仏教でいう聖なる存在をさします。「成仏」とは、現世で修行をして悟りを開くことや死後に極楽浄土に生まれ変わることをいいます。そこへきての「女人不成仏」。じつは「女人不成仏」の五文字、ここに盛りこまれた考え方は、古代以来の道鏡・孝謙のペアの伝説に日本の中世が加えることになった異質の要素と密接なつながりをもっています。

実際、道鏡と孝謙を歌ったとされる奈良時代の囃《はや》し歌はまだ素朴で牧歌的なものにすぎませんでした。

これについては第一章の末尾で簡単にふれておきましたが、では、この異質の考え方は日本の中世にどのような形でもちこまれ、近世に定着をみることになったのか？

次章では、『涅槃経』を生んだインド仏教の諸原典を材料に、さらにくわしくみてゆきたいと思います。

第五章
『ジャータカ』説話の女たち

『ジャータカ』のデーヴァダッタ

『ジャータカ』という仏典があります。

ブッダが世を去った後、インドの一般民衆に仏教、ブッダの教えをやさしく説くテキストとして編まれました。

ブッダが亡くなったのは、紀元前五世紀の初め頃（紀元前四八三年）。『ジャータカ』は紀元前三世紀頃までに古代インドで伝承されていた民話を素材に、仏教の教訓を自由に盛りこむことで生まれました。

仏典には精緻な教理綱要を記した専門性の高いものもありますが、『ジャータカ』をまとめたのは仏教に心酔した詩人たち。わかりやすさが身上の内容で、文字など読めない当時の信者たちへの説法に用いられました。

第一章の『日本霊異記《りょういき》』のところで説明したように、ブッダの教えは「因果応報」を大きな柱の一つとしますが、インド仏教にいう「善因善果《ぜんいんぜんか》、悪因悪果《あくいんあっか》」の法則は「輪廻転生《りんねてんしょう》」の思想と密接不可分な関係にあります。

『ジャータカ』は全部で五四七話の仏教説話からなりますが、どの話も語り手としてブッダが登場し、自身の前世の出来事について弟子たちに明かし、教訓の材料とする内容となっています。『ジャータカ』はのちにインドのみならずさまざまな国で訳され、日本の『今昔物語』にいくつかに原話を提供したほか、『千夜一夜物語』や『イソップ物語』にも影響をあたえたことで知られています。

成立のいきさつが示す通り、『ジャータカ』は「民衆の目線」をとりいれているため、僧院育ちの学僧の好む格調の高さや専門性がないぶん、当時のインド仏教がもった「体臭」を現代の人々に伝える恰好《かっこう》の資料となっています。

本書は冒頭の章で日本史上伝説の悪人・弓削道鏡《ゆげのどうきょう》をあつかいましたが、インド仏教で最も悪く語られてきた人物は誰かと言われれば、やはりデーヴァダッタ（提婆達多）でしょう。

教団の運営方針をめぐる争いからブッダと袂《たもと》をわかち、別派の教団を立ちあげた人物です。そのためインドの主流派仏教徒からは蛇蝎《だかつ》のごとく嫌われ、仏典では、酔った象をブッダにけしかけて踏み潰《つぶ》させようとしたとか、自らの爪に毒を塗ってブッダを引掻《ひっか》き殺すつもりが自分が毒に当たって死にかけたとか、荒唐無稽《こうとうむけい》、ときにはまぬけな伝説話の主人公として語り継がれる身となりました。※1

なかでも、デーヴァダッタが崖の上からブッダに石を投げつけて怪我を負わせたという伝説はよく知られますが、これなどは、ブッダと弟子たちが「異端」としてヒンドゥー教徒から石を投げられるのが日常茶飯事だったことを考えると、案外、似た話はあったのかもしれません。

次に紹介する『ジャータカ』所収の説話も、デーヴァダッタに関わる内容のものです。この説話でのブッダは、いかにもインド仏教らしく、前世では野生の動物、猿だったということになっています。ブッダはそこでもデーヴァダッタと出会っていたとして、二人の前世からの因縁が語られます。

ちなみに文中にでてくる「竹林園《ちくりんえん》」はブッダが生前にもうけた修行の根拠地の一つ。バーラーナシーとあるのはガンジス川中流域にある都市で、当時の大国であるカーシー国の都でした。

前世で猿だったブッダ

これはブッダが竹林園に滞在していたとき、弟子たちに語られた話である。

昔、バーラーナシーである王が国を治めていたとき、ブッダはヒマラヤの山中に一匹の猿となって生まれ、色々な果物を食べて暮らしていた。

あるとき、ヒマラヤの麓の村にいる農夫が、いなくなった牛を捜して山の中に迷いこんだ。さんざん捜したがみつからず、そのうち方向がわからなくなり、七日ものあいだ見知らぬ場所を歩き回るうちに、飢え死にする寸前におちいってしまった。

そんなとき農夫は、たまたま崖の上に木を発見した。それは柿の木で、目をこらすとたくさ

ん の実が生《な》っているではないか。

農夫はこれで生きのびることができると喜び、木によじ登った。夢中になって柿の実を食べているうちに、誤って足をすべらせ六〇肘（約三〇m）下の地獄のような断崖の下に落ちて気絶してしまった。

やがて農夫は息を吹き返したが、助けを呼ぼうにもあたりに人気《ひとけ》はない。そのまま十日間も過ごさざるを得なかった。

十一日目のこと。猿だったブッダはたまたま果実を捜しながら断崖の上にきていた。柿の木の上で実を取って腹を満たしていると、はるか眼下に落ちている人の姿をみつけた。するすると斜面を下り、肩にかつぎあげて断崖の上に引きあげてやった。

ブッダは農夫を介抱すると、大仕事の疲れがでて眠ってしまった。

するとそれをみた農夫に「こいつを殺して食ってしまおう」という邪悪な考えが浮かんだ。農夫はそばにあった石で、猿のブッダの頭を思いきり殴りつけた。ブッダは悲鳴をあげ、血まみれになりながら飛び起きると、木の上に逃れた。「ああ、あんたはなんてことをするんだ。おいらはもうあんたに近づかない。あんたは下の道をゆきな。山の麓へ下りる道を教えてあげるから」

こうして猿のブッダは、木の上を飛び移りながら農夫を導き、無事に麓の村に帰してやった。

悪因は悪果を結び、農夫はその後癩《らい》病（ハンセン病）を患ったうえ、膿《うみ》と血だらけの体になって七年間も苦しみ、あてどなくさ迷う日々を送った。

農夫は人々にむかって、「この世で友を裏切る者は、わたしのように深刻な病になる。そして身体が滅び、死んだあとも地獄に落ちるのだ」と語った。すると、なんということだろう、語る農夫の足元の地面でたちまち裂け目ができた。農夫は落下して死んでしまい、転生して地獄に生まれ変わったのである。

この話を弟子たちにしたブッダは、「弟子たちよ。このときわたしを裏切った農夫はデーヴァダッタだった。かれは、現世だけではなく、前世でもわたしに石を投げつけたのである」と語ったのだった。（第五一六話）

兄弟で人肉を分け合う

仏教は弱者にやさしい慈愛の宗教だといわれますが、こと「因果応報」の掟《おきて》にかぎってはきびしい一面をのぞかせます。インド仏教の輪廻転生譚《たん》では、ハンセン病に代表される病の持ち主は「善因善果、悪因悪果」の法則のもと、悪行の報いの受領者として切り捨てられます。

その前提となるのが「清浄《しょうじょう》」の教えで、かれ（または彼女）がそうした苦しみを味わうのは、前世で何かの「不浄な」行ないに手を染めたからだとされます。これは文字通り絶対的な考え方で、初期仏教には「法はブッダに先立つ」という明確な論理があり、やがて「因果応報」の掟《おきて》からはブッダ自身も逃れられないという考えまで生むことになりました。[※2]

ただ、ここでの話はそこで終わりません。

問題は、こうしたインド仏教の教えのなかで、「不浄」の烙印を押された生き物がはたしてある種の病者にかぎられたのか、ということです。そしてそのことは、道鏡と孝謙、とりわけ孝謙に中世の日本仏教が強いた運命をめぐる話と強く関わってきます。

次に引用するのは『ジャータカ』の第一九三話です。文中にある祇園精舎《ぎおんしょうじゃ》は、カーシー国の北方にあった大国・コーサラ国の都サーヴァッティーの郊外にあった教団の宿舎の名でした。この話にでてくる前世のブッダはこんどは人間、それもバーラーナシーの王子でした。こんな内容の話です。

ブッダが祇園精舎《ぎおんしょうじゃ》に滞在していたときのことである。

ある一人の修行者が女に夢中になり、出家生活に嫌気がさしてしまった。

その話を耳にしたブッダは修行者にたずねた。

「おまえはほんとうに女に夢中になって出家生活が嫌やになったのか?」

「ほんとうです、師よ」

「おまえはいったいどんな女に恋こがれているのか?」

「わたしはぜいたくに着飾ったある女をみて欲情にとらわれ、出家生活が嫌やになりました」

ブッダは、

「修行者よ、女というものは恩知らずな、機会さえあれば友を裏切る生き物なのだよ」

と言った。そして、面くらう修行者に自分の前世にあった出来事を話された。

こんな話である――。

昔々のある世のこと。ブッダは王子としてバーラーナシーに生まれた。かれには六人の兄弟がいた。ブッダをふくめて、全員が妻をもっていた。

あるとき国に内紛が起き、七人の王子は妻を連れて流浪の旅にでた。荒野を渡るうちに空腹に我慢ができなくなった。ブッダの弟たちは相談のすえ、一番下の弟の妻を殺し、肉を分けて食べた。その後、五日間に五人の王子の妻を殺し、食べてしまった。

七日目に「一人残ったブッダの妻を殺そう」という話になったとき、ブッダはひそかに隠しておいた肉の一部を弟たちにあたえ、「とりあえずこれで腹を満たしなさい。明日はわたしが何とかするから」と言った。そして弟たちが肉を食べ、満腹している隙に妻を連れて逃げた。

少しゆくと「あなた、わたしはもう歩けません」と妻が言ったので、ブッダは彼女を背負って荒野をでた。太陽が昇ると、妻は「あなた、わたしはのどが渇きました」と訴えた。ブッダは「もう水はなくなったよ」と言ったが、妻がしつこく迫るので、

「では、わたしの血を飲みなさい」

と、剣で右の膝を傷つけて血をしぼりだした。妻はのどをうるおした。

やがて二人はガンジス川に至り、水辺の一画に小さな庵をつくって暮らした。

ある日、ガンジス川の上流の国で罪を犯した罪人が、手足を切り取られ、耳を削《そ》がれて小舟にのせられて、流されてくるのがみえた。

かれの泣き声を聞いたブッダは「憐れな男がきた」と言って小舟から救いだし、庵に運びこむと傷口を洗い、油を塗って治療してやった。

ブッダの妻は手足のない男を嫌い、

「こんな身障者をわざわざ拾って、世話をさせられるなんて！」と言って、男につばを吐きかけた。

ブッダは男の傷がよくなると、かれを庵に住まわせた。森から色々な果実をとってきて、妻と身障者の二人を養った。ところが、そのあいだに、妻は身障者の男に女としての欲情をおぼえ、性交した。身障者と二人だけで暮らしたいと思った妻は、もはや目ざわりでしかないブッダを山の上の神祭りに誘いだした。

崖の上にくると、妻はブッダの背中をどんと叩き、谷に突き落とした。下をのぞきこんだ彼女は「落ちてゆく背中がよくみえる」とつぶやきながら、満足そうに山を下り、身障者のいる庵にもどった。

「殺されるべきは悪女なり」

一方、断崖から落ちたブッダは、途中に生えていたイチジクの繁みに運よく引っかかったが、そのまま動けなくなっていた。そのとき、谷底から一匹の大トカゲがイチジクの実を食べにやってきた。かれはトカゲの王だったが、事情を聞くと、ブッダを自分の大きな背にのせて、断崖の下の道に降ろしてやった。

ブッダは近くの村に行って滞在したが、やがて祖国で国王の座が空《から》になったという噂を耳にすると、バーラーナシーの都に帰った。人々の信頼を得て、国王になると慈愛に満ちた政治をした。

その頃、ブッダの元の妻は、夫となった手足のない身障者を背負ってさ迷い歩いていた。道で物乞いをしながら、おかゆなどをもらって暮らしていた。

彼女は「おまえはこの男とどういう関係にあるのか?」と人に聞かれると、「わたしはこの人の従妹《いとこ》で、幼い頃に親の言いつけで結婚したのです。この人は訳あって切断の刑を受けましたが、わたしは乞食をしながら養っているのです」と嘘を答えた。

それを聞いた人々は「なんて感心な女だ」とたくさんの食べ物を恵んだ。そして、

「こんな所でぐずぐずしていてはいけない。いま、バーラーナシーでは新しい国王がでて、大変な善政を敷いている。おまえのような貞女をご覧になれば、たくさんのお金をくれるだろう。さあ、このなかにおまえの夫を入れてでかけなさい」

とはげまして頑丈な藤籠《ふじかご》をあたえた。

女はバーラーナシーにゆくと、国王が建てた布施堂（貧民救済所）に入って暮らした。ある日、国王は美しく着飾った象に乗って布施堂へでかけた。女は国王がかつての夫であることに気づかないまま、身障者の夫を入れた藤籠をかつぎ、わざと目立つように国王のくる道端に立った。

象の上から彼女を目にした国王は、

「あの女は何者なのか？」

と人々にたずねた。「国王様。彼女は貞女と噂高き者でございます」と人々が答えるのを聞いた国王は、彼女を目の前に呼び寄せた。藤籠の身障者を指さして言った。

「おまえはこの男とどういう関係にあるのか？」

女は答えた。

「国王様。これはわたしの夫でございます。幼き日に一緒になった従兄《いとこ》でございます」

「ほう。すると、この身障者は、おまえの親が決めておまえにあてがった者だというのだな？」

「さようでございます、国王様」

と女は臆することなく言ってのけた。

国王は言った。

「わたしがおまえたちの正体を知らないとでも思うのか？　おまえは、これこれこういう女で、のどが渇いたと言ってわたしの膝の血を飲み、出会った身障者に迷い、邪魔になったわたしを断崖から突き落としたのではなかったか？　おまえはわたしがあのとき死んだと思ったので、わたしとも気づかず、のこのことこの都にやってきたのだろう。だが、わたしはこうして生きている」

ブッダは、つき従う大臣たちに女と身障者の正体、二人と自分とのいきさつを明かした。そして次の詩を唱えた。

これこそはまさにあの女。
殺されるべきは悪女なり。
悪女には誠《まこと》はないゆえに。
他人の女房を追いかける男は、
棒で打ち殺し、
邪悪な夫に貞淑《ていしゅく》な妻は、

生きながら耳と鼻を削《そ》ぐがよい。（※一部略）

前世のブッダはこうして怒りを抑えきれずに二人に刑罰を宣告した。が、実際にはそれを科さず、怒りを鎮めると、女の頭に藤籠を堅く縛りつけさせ、身障者の男ともども国の外に追放したのだった——。

ブッダはこのようにして自分の前世の出来事を弟子たちに明かした。

女に夢中になり出家生活に嫌気がさしていた修行者はこれを聞いて心の安定をとりもどし、悟りを得るための一歩を印した。

ブッダは「このときの身障者こそはデーヴァダッタだった」と言って話をしめくくったのである。

不浄の烙印を押された生き物

どうでしょうか？

これがインド仏教です。正しい前世を生きた者は正しくこの世に生まれ変わり、邪悪な前世を生きた者は報いを受けて悲惨な人生を生きながらえる。ここには一点の疑いもさしはさむ余地はありません。

デーヴァダッタは、ブッダの妻を盗んだために現世では人々にさげすまれる大悪漢に生まれ変わった。そして、こんどはブッダを暗殺しようと走り回ったあげく、醜悪な行いの報いとして地獄に落ちることになった——。

デーヴァダッタは前世で身障者だったということになっています。これは、そのさらに一つ前の世でのかれの悪行を示します。なぜなら、善行の持ち主がこうした人生の困難を負わされることはあり得ないからです。インド流儀の徹底した自己責任の世界です。

仏教徒にとってこのような帰結を用意する「掟」の論理は疑懼《ぎく》を交えるべきでないもの、そこには論理にふり回される人々への憐憫《れんびん》などは入る余地はありません。感傷的な詩に昇華されるべき憂悶《ゆうもん》も抒情《じょじょう》もなく、あるのは「因果応報・輪廻転生」の論理に人生を左右される人間について仏教徒が知るべきありのままの真実です。

『ジャータカ』は、仏教の祖国インドで民衆が受け入れた教えの素顔をなまなましく伝えます。いま紹介した二つの説話のうち、一番目の話は病気の持ち主を、二番目の話は「身障者」と「悪女」を、不浄で忌避すべき存在だとしました。

一番目の話を引用したあと、インド仏教の教えのなかで「不浄」の烙印を押された生き物はある種の病人にかぎられたのか？　と書きました。

二番目の話はその答えをだしているように思えます。そう、女性です。が、その本文の部分だけからは必ずしも正しい答えは見い出せないかもしれません。なぜなら、この話の本文は、ある種の病人と身障者、加えて悪女は不浄であると語っているだけのようにみえるからです。

だが、この話のほんとうの要点は、本文が語られる前にブッダが口にした、

すべての女は生まれつき性《しょう》の悪い、油断のならない生き物だ。

という考えの方にありました。※3

「極楽浄土に女はいない」

ヨーロッパの古代、中世を通じてキリスト教の文献には天国や地獄の話題が微《び》に入り細《さい》をうがつ描写と一緒にでてきますが、当のイエスはこれらについて、少なくとも雄弁には語らなかったようです。

ブッダは人間の救済にあたって、現世中心主義と呼ばれる姿勢をとりました。

現世の問題は現世で解決すべきだという立場から、「あの世」に関する言説は意図的に控えましたが、※4かれの死後、仏教はヒンドゥー教から地獄・極楽の思想をとりこむことになりました。

その結果、どうなったか？

仏教の極楽浄土には女性は一人もいないことになりました。

冗談だろうと思われる方もいるかもしれませんが、ほんとうの話です。『仏本行集経《ぶつほんぎょうじっきょう》』という全六十巻の漢訳経典があります。王子時代のブッダが鳥が畑の虫をくわえてゆくのをみて弱肉強食の理不尽に目覚めた逸話など、漢訳された仏伝（ブッダの伝記）のなかで最もくわしい話を集めた経典として知られています。

そのなかに、こんな一文が登場します。


世の中には不浄な迷惑があるが、女の身体よりひどいものはない。


浄土とは、キリスト教の天国（the kingdom of Heaven）に当たる最も神聖な場所です。仏教の神聖さを表わすシンボルの一つに、八吉祥《はちきちじょう》という文様を八つ組み合わせたものがあります。チベットなどで寺院の扉にデザインとしてよくあしらわれました。

このように神聖そのものの浄土は「仏国土《ぶっこくど》」（仏国《ぶっこく》）とか「仏土」「仏刹《ぶっせつ》」の名でも呼ばれますが、八吉祥の名を冠した『八吉祥経』には、

舎利弗《しゃりほつ》よ、仏土はみな清浄《しょうじょう》であり、女はいない。

と弟子の舎利弗《しゃりほつ》（サーリプッタ）[※5]に語る場面がでてきます。じつにはっきりしています。
また、中国で大乗仏教五部経の一つに数えられた『大宝積経《だいほうしゃくきょう》』という経典がありますが、その関連経典である『如幻三摩地無量印法門経《にょげんさんまじむりょういんほうもんきょう》』では、「仏刹に女はいるか？」という修行者の問いにブッダが答えて、

いない。善男子よ。仏刹では女は名前すら聞かないし、いることもない。そこにいる者はすべて清浄であり、潔白なのだ。

とのべています。まるで「そんなあり得ないことをなぜ聞くのだ」といった口ぶりです。
さらに、中国で宋の時代（一一六二年）にまとめられた『阿弥陀三耶三仏薩楼仏檀過度人道経《あみださんやさんぶつさるぶつだんかどにんどうきょう》』という浄土仏教系の経典では、仏国土について、

その国土のあらゆる場所で、女はいない。女がここへくるときは、かれらが皆、男に変身したあとからのことだ。仏国土にいるのは善人で、同一種類の者たちだ。

とのべられています。「変身」の部分に傍点を振っておきました。では、いつどういう形で変

身すれば善人になれるのかなどいろいろと疑問が湧いてきますが、これについてはのちほどのべることにします。

さきほど、仏典はブッダの死後に編まれたと書きました。

聖書をはじめキリスト教の文献には、ほんとうに語られたのかさだかではない「イエスの発言」が少なからずでてくるようです。

同じことは仏典にもあてはまります。右にあげた諸経典でブッダが語った言葉も、ブッダの名に仮託して経典の作成者が書いたもの、つまり創作したものです。信仰という正しい動機と解釈にもとづいて出来た後世の産物というわけで、読むときはそれを念頭におく必要があります。ブッダがほんとうのところ女性についてどんな考えをもっていたか。これについてはわからないというしかありません。

さきほど初期仏教と大乗仏教を使い分けましたが、大乗仏教は紀元前後にインドで生まれた革新派の学派《スクール》です。ヒマラヤの北方に勢力をひろげ、中国や朝鮮、チベットで受容されました。日本も大乗仏教を柱に発展した仏教圏の国の一つです。

極楽浄土は、この大乗仏教の発展のなかで巨《おお》きな存在感を占めるようになった観念です。右の経典類を読むと、男ばかり顔を突き合わせて暮らす究極のホモソーシャルな世界のようで、わたしなどはあまり行く気になれませんが、十人十色、気楽でいいという人もなかにはいるかもしれません。

「月の障り」という読み替え

日本が仏教を輸入したのは六世紀前半、その教えはやがて奈良時代、平安時代をへて社会の上層部から各階層のすみずみへと染み渡ります。

それは、すべての女性は性悪《しょうわる》で信用できないとする女性不浄観が日本社会に広まり、「宗教文化」の一部として定着することを意味しました。

高野山や比叡山など山岳仏教の聖地で、「女人禁制」が盛んに言われはじめるのも十一世紀半ば以降のことでした。※6

前章の末尾で、『涅槃経《ねはんきょう》』の女人不成仏の文章に怒った孝謙が経文を破って拭紙《ぬぐいがみ》に用いた話について、こうした彼女のあつかいは孝謙と道鏡のペアの伝説に中世という時代が加えた異質の要素と密接に関わっている、と書いたのはこのことです。

『涅槃経』は、日本仏教で重視された経典の一つです。この経典には実際には女人不成仏の五文字はでてきません。ただ、

「一切の女にはたくさんの悪が住む」

とか、

「もし成仏の可能性があるという女がいるなら、それは男だ」

という、それを思わせるような文章ができてきます。

また、仏教の経典らしく個性的なたとえを用いて、

たとえば、蚊《か》の小便がこの大地を潤《うるお》すことがないように、女の性欲を満足させることはできない。

といったものすごい警告の文章などが散見され、

たとえば、大海はすべての雨、百千の水を受け入れているが、それでもあふれることがない。同じように女性（という海）も愛欲に満足することはない。

などと、女性の性欲の恐ろしさについて力説してやまないのも『涅槃経』の特色の一つです。それでいて、すべての人間には仏性《ぶっしょう》があると説くので読む方は混乱するのですが、ここで重要なのは、前出の『簠簋抄《ほきしょう》』などをふくめた中世の伝承のなかで、これらの文章が——解釈の荒っぽさはおくとして——「女人不成仏」説として広く受けとめられていたという点にあります。『簠簋抄』のなかで、孝謙は『涅槃経』の経文を破り捨てただけでなく、陰部を拭う姿で描かれます。

こうした描かれ方の背景を教えてくれるのも、女性不浄観です。たとえば、『涅槃経』の他の一節にはこんな文章がでてきます。

ブッダの身体は子宮に汚されず、白蓮華《びゃくれんげ》のように清浄《しょうじょう》である。

（原文）
如来の身は胎《たい》に汚されるに非《あら》ざること、分陀利《ふんだり》の本性清浄なるが如し。

インドの仏典を読むと、「私は胎児でいたとき、十カ月も大便地獄のなかで過ごさねばならなかった」とブッダが語った、などという文章に出会い、面くらうことがあります。子宮を不浄の象徴とみる考え方ですが、これに関連して、日本で女性不浄説を広めるのに使われた四文字のスローガンがあります。「五障三従《ごしょうさんしょう》」というインド思想由来の教えの文句です。日本の中世においてはこの「五障三従」、とりわけ「五障」についてのある解釈——どうみても不正確な解釈ですが——が女性不浄論の定着に手を貸すことになりました。

前半の「五障」とは五つの障害をさし、もともとは初期仏教に起源をもつ考えです。[※7]それによると、女性は死後、（一）梵天《ぼんてん》になることができない。（二）帝釈天《たいしゃくてん》になることができない。（三）魔王になることができない。（四）転輪王《てんりんおう》になることができない。（五）仏になることとができない、とされます。(一)～(四)の各王の説明は煩雑になるので避けますが、要するにインド人の考える諸神などの超越的な存在です。

ブッダが置いた修行の目的は生死《しょうじ》(=輪廻)の超越にあるとされます。(五)の「仏」とはこの場合、この目的を首尾よく成就した存在をさします。五障説は五番目にそれを入れることにより、女性は成仏する(悟りを開いて仏になる)可能性から永遠に排除された存在だ、とのべているわけです。

「三従」とは、女性は家にいる間は父親に、嫁いでからは夫に、夫の死後は子に従え、という昔からみられる女性論の決まり文句。インドでも中国でも、「家族」というものがある所には普遍的にみられた考えですが[※8]、以下の話題とは直接の関わりをもたないので、ここでは省くことにします。

いま、女性不浄論の定着に「五障三従説」が手を貸したと書きましたが、それは主に「五障」についての独自の解釈がもたらしたものです。それは、「障」の漢字が「さわり」と訓《よ》まれ、「月の障《さわ》り」、つまり月経時に子宮が流す血の意味と解釈されるなかで実現することになりました。

さきほど『涅槃経』の仏性論を読むと混乱すると書きましたが、仏教には「仏性」のほかに「空《くう》」の教えがあります。「空」とはインド数学の「ゼロ」に由来する言葉で、「ものには実体がない」ことを説くために用いられます。「空」の教えによれば、世の中のあらゆるものには実体がない。森羅万象、すべてが「空」。人間と動物の区別も、「空」の下では不可能で、まして男と女の区別など初めからないことになります。「空」の教えに従いながらどこをどう押せば差別の

理屈がでてくるのか、という話になる。[※9]

このように女人不成仏論の理不尽さは誰の目にも明らかなので、これを江戸時代のあら探しの名人ぞろいの戯文家《ぎぶんか》たちが見逃すはずがありません。さっそくパロディのネタになりました。『好色変生男子《こうしょくへんじょうなんし》』という寛政年間（一七八九〜一八〇〇年）にだされた作者不詳の春本がその一つですが、子供のいない夫婦が観音様に祈ると女の子を懐胎した。ところが夫婦が「男の子がいい」と言いだして、あわてた観音様は超能力（法力）で男の子に変えて出産させた。生まれた子供は途中変更の無理がたたって女装男子、鏡の前で紅《べに》や白粉《おしろい》で肌を磨きたてる女装趣味の男になってしまった。

典型的なナンセンスな艶笑譚《えんしょうたん》ですが、仏を茶化す戯文は、孔子のそれと並んで、江戸の笑本のなかでもメジャーな人気分野の一つでした。

『好色変生男子』では、「変生男子」として数々の珍騒動を巻きおこした主人公が、最後には、訳あって男装で暮らす女とめぐり逢い、意気投合。床入りするや、たがいに「名人の飛驒《ひだ》の工匠《たくみ》が曲尺《かねじゃく》で計《はか》ったように、どこやらのホゾ穴へしっくりはまった心地よさ」（セックスの相性のよさ）を発見、性自認に問題を抱えた二人はめでたく夫婦となるというハッピー・エンディングになっています［図㊲三六八頁］。

ただ、こうした春本を笑って楽しんでいた女性はよいとして、信心深い女性たちにとって女人不成仏論が笑ってすませられる問題でなかったことは、いうまでもない話でしょう。

図㊲　『好色変生男子』挿画。右が女装男子、左が男装女子。

親鸞は女性差別論者？

さきほど、女人不成仏論は誰の目にも理不尽に映ったと書きました。

鎌倉仏教は頭脳明晰な各宗派の祖師たちによって立ちあげられました。それらの新しい宗派の教えは、一般に、民衆のための仏教、既成の仏教に対し民衆に寄り添う姿勢をかつてなく鮮明に打ちだした点に特色をもつとされます。

そうした新時代の仏教の旗手たちの多くにとって、経典の説く女人不成仏論は困惑の種になりました。

鎌倉仏教の祖師のうちで、たとえば法然や道元（一二〇〇～五三年）は女人不成仏論を否定し、また日蓮（一二二二～八二年）が各地の女性信徒にあたえた手紙はその文面のやさしさ、繊細な心くばりが――主著として知られる『立正安国論《りっしょうあんこくろん》』の一見戦闘的なイメージとは裏腹に――あたたかな人間性を感じさせます。

ただ、問題は、そうはいっても経典に実際にそう書いてあるという事実を頭から否定するわけにはいかなかったという点にあります。二十一世紀の今日とは異なり、宗教がまだ充分に重かった時代に生きる祖師たちにとって、これがかなりきつい話だったことは疑いがありません。

親鸞《しんらん》（一一七三〜一二六二年）は法然の弟子の一人でしたが、師を神のように尊敬していたことで有名です。※10 親鸞は数多くの和讃《わさん》（仏讃歌《ぶっさんか》。布教に多く用いられた）を残したことで知られます。

そのなかの『浄土和讃《じょうどわさん》』におさめられたものの一つに、

弥陀《みだ》の大悲《だいひ》ふかければ
仏智《ぶっち》の不思議をあらはして
変成男子《へんじょうなんし》の願《がん》をたて
女人成仏《にょにんじょうぶつ》ちかいたり

というものがでてきます。弥陀とはいうまでもなく阿弥陀仏のことで、はるか西方にあるという極楽浄土の主宰者《しゅさいしゃ》です。その慈悲は深く、変成男子を実現し、女人成仏が確かであるとすべての女性に保証をしてくださっているということを説く和讃です。

「変成男子」とは、一般的には、

「女は男にならない以上永遠に成仏はできない」

とする説、逆にいえば、

「男になれば成仏できる」

という説ですが、「男になる」とは要するに「男に変身する」ということです。しかしそれが不可能なことはわかりきった話なので、ここでは行《ぎょう》を通じて「男の心を修《おさ》める」という意味になります。[※11]親鸞の和讃には、そうした教えに「寄り添った」内容が歌われていることになります。

現在、浄土真宗の一部にもこうした親鸞の〝ぬるい〟姿勢を問題視する向きがあるようですが、しかし、親鸞ほど自身をもふくめて人間に絶望した人物が、女性が女性であるというだけで劣った存在と考えるだろうか？ それは人間の心理として不自然ではないか？ とそんな気がするのも事実です。

ただ、そう話すおまえは男じゃないかとヤジられればその通りなので、今日、このたぐいの問題をあつかうむずかしさを思いますが、その男として中世の女性不浄論の展開をみていて一つ感じることがあります。

それは、女性不浄論の背後に見え隠れする男の意図、その定着にむけて男がいかに女性の自意識につけこみ、巧く利用しようとしたかという点についてです。

〽帰命頂礼血盆経……

「血の池地獄」という室町時代に登場し、存在が広く知られることになる地獄があります。

その頃に日本にもたらされたある経典にのる地獄で、それによると、あの世には女性が女性で

図㊳　『熊野観心十界図』(部分)。(兵庫県立歴史博物館所蔵)

あるというだけで落とされる地獄があり、落とされた女性は池の血を延々と飲まされ続けるという責め苦を受けることになります。［図㊳三七二頁］にかかげたのは、熊野《くまの》観心十界曼荼羅《かんじんじっかいまんだら》という字の読めない庶民向けにつくられた絵解きのテキストが描く血の池地獄です（図右下）。

仏教の経典には、インドでつくられたものとインド仏教を学んだ中国人や日本人の僧侶の手により生まれたものとがあります。

「血の池地獄」の生みの親は、中国で唐が滅び宋の時代になった頃（十世紀以降頃）にまとめられた『血盆経《けつぼんきょう》』という経典でした。

『血盆経』はわずか四二〇字の短い経典ですが、書いたのは中国の禅僧たちです。室町時代にわが国に輸入されるや、日本の僧侶がさらに手を加えたものが『女人《にょにん》血盆経』の名で流布することになりました。

血盆の「盆」は、口の細いつぼ型の容器をさしますが、つぼはインド以来膣《ちつ》の隠語として使われたことから、仏教学者の田上太秀《たがみたいしゅう》は女性器をさすと解釈しています。[※12]

内容的には、女性が出産の際に流す血が大地を汚す。大地の水を人が飲めば人を汚し、茶を煎《せん》じて神仏に供えれば神仏を瀆《けが》すことになる。女性は生きているだけで罪の製造者であり、仏罰として死後は地獄で懲罰をこうむることになるとされます。

さきほど親鸞が書いた和讃にふれましたが、日本で生まれた『女人血盆経』も、その教えを歌で説く和讃を通して内容が宣伝されることになりました。

『血盆経和讃』と呼ばれるもので、江戸時代にかけて広く流行したものです。
次にかかげるのはその一節です。

帰《き》命《みょう》頂《ちょう》礼《らい》血盆経
女人の悪業《あくごう》深きゆえ
御説《おんと》き給ひし慈悲の海
渡る苦《く》海《かい》の有り様は
月に七日の月水《がっすい》と
産するときの大悪血《だいおけつ》
神や仏を汚《けが》すゆえ
おのずと罰を受くるなり。
またその悪血が地に触れて
積々《つもりつもり》て池となり
深さは四万由《ゆ》旬《じゅん》にて
広さも四万由旬なり。
八万由旬の血の池は
みずから造《つく》る地獄ゆえ

一度女人と生まれては
貴賤上下《きせんじょうげ》の隔《へだ》てなく
皆この地獄に堕つるなり。
さてこの地獄の有り様は
糸網張《いとあみは》りて鬼どもが
渡れ〳〵と責めかくる。
渡《わたり》はならずその池に
髪は浮草《うきぐさ》身は沈み
下へ沈めば黒がねの
嘴《くちばし》大きな虫どもが
身に暇《ひま》なく喰《くい》つきて
皮を破りて肉を喰《く》ひ
隅《すみ》や岸へと近寄れば
獄卒《ごくそつ》どもが追ひ出《いだ》す。
向《むこ》ふの岸を見渡せば
鬼ども揃《そろ》ふて待ちいたる。
哀《あわ》れ女人の悲しさは

呵責《かしやく》せられて暇もなし。……
食《じき》を好めば日に三度
血の丸風《がんぷう》を与へられ
水を好めば血を呑ませ、
娑婆《しやば》にて造りし悪業ぞ
呑めや〳〵と責めかくる。
其時《そのとき》女人の泣く声は
百千万の雷《かみなり》の
音より又《また》も恐ろしく
娑婆にて造りし悪業が
思ひやられて悲しけり。※13

（現代語訳）

わたしは『血盆経』に帰依《きえ》し、礼拝します。

女人の悪業が深いため、仏がお説き下さった慈悲の海。

渡る世間の有り様は、女人が月に七日の月経とお産のときの出血で神仏を汚すために罰を受けることを教えます。

その血は大地に滴《したた》り落ちると積もり積もって池となり、深さは二億八〇〇〇万km、広さは二億八〇〇〇万km。その池は、女人が自らつくる地獄であり、女人として生まれた者は、貴賤《きせん》上下の区別なく、この地獄に落ちるのです。

さて、この地獄の有り様は、糸や網を張った鬼たちが「渡れ！　渡れ！」と女人たちを責めたてて、渡らなければ、髪だけ残して身は池に沈み、沈めば黒い鉄の嘴《くちばし》の虫たちが、息つく暇もなく喰らいつき、皮を破って肉を食べます。池の隅や岸に逃れようとすれば、獄卒が追い返し、岸では鬼たちが待ち受けています。

哀れ女人の悲しさは、息つく暇もなく責め苛《さいな》まれるのです。……

女人が食を求めると、日に三度、血のかたまりを与えられ、水を求めると血を飲まされる。鬼たちは、おまえが生前に造った悪業の報いだと言って、「飲め！　飲め！」と責めかけるのです。

女人がそのとき泣く声は百千万の雷鳴よりも恐ろしく、自らが造った悪業の深さが思いやられて悲しさがこみあげるのです。

どうすれば女は救われるのか？

日本の『女人血盆経』は、各宗派、とりわけ禅宗の大宗派である曹洞宗で熱心に受容されましたが、原型を提供したのは中国の『血盆経』です。

中国という国は儒教の本場にふさわしく、歴史をふりかえると、四度の大規模な排仏運動を経験しました。そのうち最も激しかったとされる唐の時代、中国の仏教全盛期に起きた「会昌《かいしょう》の排仏」（会昌五年・八四五）では、廃棄された大寺院は四千六〇〇、小さな寺院で四万、還俗《げんぞく》（僧侶をやめること）を命じられた仏僧は二十数万人という、文化大革命時に仏教の施設や関係者がこうむった被害を上回る規模に達したと伝えられます。

そんな国柄ゆえに『血盆経』の中味に儒教的な女性蔑視思想が反映することになった、といわれるのはその通りでしょう。

ただ、その女性蔑視思想は女性不浄観を足場にしています。経典に認められる女性不浄観自体は仏教の祖国、インドから受け継いだものでした。

インドの古代法典に『マヌ法典』（紀元前二世紀～二世紀頃成立）があります。十二章二六八四条（詩句）からなる長大なもので、マヌとは人類の始祖の意味。法典とはいいながら、宗教的な色彩が強く、以下の条文にみるようにバラモン[※14]の特権が強調された、ヒンドゥー教の根本聖典となりました。

バラモンは月経中の女の触れた食物、売春婦から出された食物、両性具有者の食物、シュードラ（隷属階級）の食物、産後十日を経ない女から与えられた食物を決して口にしてはならない。（第四章・二〇八〜二一二条）

チャンダーラ（賤民階級《アウトカースト》）、豚、鶏、犬、月経中の女、去勢者は、食事中のカースト上位三階級[※15]の者に目を向けてはならない。（第三章・二三九条）

たとえ情欲が高まっても、月経中の妻に近づいてはならない。また同じベッドに寝てもならない。なぜなら、月経の不浄に満ちた妻と交わると、男の智力、威力、体力、視力、寿命は失われるからである。（第四章・四〇〜四一条）

月経中の女と話してはならない。（第四章・五七条）

このうち、月経中の妻とのセックスを禁止する規定自体は母体の保護を目的にするとも読み取れますが、月経中の女性が触れた食物を口にするなとか、話してはならないという規定は、不浄なものの忌避思想の表われとしかいえないでしょう。

同様の規定はキリスト教では『旧約聖書』にもみられますが、[※16]ではヒンドゥー教では女性は永遠に不浄のままで終わるかといえば、そこにはきちんと救済の道も用意されていて、月経のあった女性はその終了後、沐浴《もくよく》（水浴び）によって浄められるとされました（『マヌ法典』第五章・六六条）

沐浴を宗教上の行《ぎょう》として重視するヒンドゥー教らしいきまりですが、『血盆経』（『女人血盆経』）ではどうかといえば、『血盆経』の経文を口に唱え、他人にも勧める。つまり仏への帰依の行いをすれば地獄に落ちても救われるとされました。［図㊳三七二頁］の血の池地獄の上で、観音様（如意輪観音）が白衣の女性に紙を渡していますが、これが『血盆経』の経文が書かれた紙です。

仏教は宗教であり、人々の救済を目的に説かれるものです。観音様のおかげで女性はめでたく救済の恵みを得ました。とはいえ、一度は地獄に落ちねばならないのがつらいところです。[※17]

『沙石集』の妊婦

仏教は紀元前数世紀の古代インドで、ヒンドゥー教の神信仰に異議を申し立てることで石を投げられた異端の宗教でした。

が、女性の不浄観に関するかぎり――『ジャータカ』や『涅槃経』にみられたように――ヒンドゥー教のそれが流れこむのを許し、新しい装いのもとで引き継ぐことになりました。

仏罰とは、仏教の最高価値である清浄さを瀆《けが》した者にあたえられる罰のことです。血を不浄として忌避する説法の言葉が刺さる相手は誰かというと、自身の血に対して深刻なリアリティの感覚を異性との比較のなかでもつ存在にかぎられます。いうまでもなく女性です。「なぜ男にはないものが自分にはあるのか?」という感覚。男にとって、出血は怪我などの異常事態にみられる、その意味で非日常的なものにすぎません。

こうした女性特有の感覚を念頭に教えをつくったのは男でしたが、教えを視覚的に説くテキストとして生まれたのが前出の熊野観心十界曼陀羅、その宣布の先兵に室町時代以来、熊野比丘尼《くまのびくに》たちが活躍したのは皮肉なことでした[※18]。

女性不浄観の日本における拡大は、仏教の教えの広まりに比例します。

それは平安時代をへて中世をむかえる頃には、「常識」として定着することになります。鎌倉時代の後期にまとめられた『沙石集《しゃせきしゅう》』という仏教の説話集があります。著わしたのは無住《むじゅう》(一二二六~一三一二年)という東国在住の僧侶でしたが、妊婦をめぐる面白い逸話が登場するので紹介しましょう。

ちなみに、文中にある「承久の乱《じょうきゅうのらん》」は、鎌倉幕府成立から二十九年後の承久三年(一二二一)、将軍の後継者問題をめぐる軋轢《あつれき》から幕府討伐《とうばつ》の院宣《いんぜん》を発した後鳥羽上皇を、京に攻め上った幕府軍が追放した事件をさします。

　さる承久の乱のとき、尾張国（現・愛知県）の住人たちは戦火を恐れて近くの神社の社殿に避難した。筑垣《ついがき》（社殿の四方の囲い）の内に、家財道具を持ちこんで集まったが、そのなかには親に死なれた者のほかに妊婦がまじっており、お産をはじめる者がいた。

　神官たちは困惑したが、いまさらお産をやめさせるわけにもゆかず、「神を降ろしたてまつり、ご託宣《たくせん》を仰ぐべきだ」と言って、神楽《かぐら》を奏《そう》した。皆で心を一つにして祈ったところ、首尾よく筆頭の禰宜《ねぎ》に神がとり憑《つ》き、「わたしが天上よりわざわざこの国（日本）へ下ってきたのは万人をはぐくみ、助けるためにほかならない。いまは時を選んでいる場合ではない。出産を忌《い》む必要などないぞ」とおっしゃった。

　一同、声をあげて神のおとりはからいに感動し、涙を流した。

（原文）
　去《さり》し承久の乱の時、当国の住人、恐れをなして社壇《しゃだん》に集まりつ。垣《かき》の内《うち》にて、世間の資財雑具《しざいざふぐ》まで用意して、集まり居《ゐ》たる中に或ひは親に遅れ、或ひは産屋《うぶや》になるもあり。神官《じんぐわん》どもも制しかねて、「大明神をおろし参《まゐ》らせて御託宣《ごたくせん》を仰ぐべし」とて、御神楽《みかぐら》参らせて、諸人同心《しょにんどうしん》に祈念しけるに、一《いち》の禰宜《ねぎ》に託して、「我《われ》天よりこの国へ下る事は、万人《ばんにん》をはぐくみ、助けんためなり。折《おり》による、忌《い》むまじきぞ」と仰せられければ、諸人一同に音《こゑ》をあげて、随喜《ずいき》渇仰《かつがう》の涙を流しけり。

承久の乱は、日本の歴史上初めて武士が天皇と戦って追放、以後明治維新まで六百数十年続く朝廷への幕府の軍事的・政治的優位の構造の確立を示す画期となる出来事でした。

無住が『沙石集』の筆をおこしたのは弘安二年(一二七九)、二度の蒙古の大艦隊襲来(一二七四、一二八一年)で日本社会が大揺れになっているまさに最中の頃でした。

本地垂迹説の論理

いまの話にでてきた「禰宜《ねぎ》」とは神官のうち神主に次ぐ役職で、その下にいるのが「祝部《はふり》」です。「禰宜」の語源は「労《ね》ぐ」で、神の心を和らげるという意味の古語。祈祷に習熟したヴェテランが就《つ》くのが一般的でした。「祝部」はそれを助ける役目の神官でした。※19

大明神は神の尊称ですが、その神が文字通り想定外の温情を発揮し、神社の境内での出産を認めた。人々はその無限の寛大さを前にひれ伏し、感涙にむせんだ、というのが話の要点になっています。

こうした異例の措置を許す論理として、神が「自分が日本にきたのは人々を救うため」云々とのべる箇所がありましたが、これはいわゆる本地《ほんじ》垂迹説《すいじゃくせつ》。「日本の神々は、仏法を知らない日本人を救うために仏が仮の姿で現われたものだ」とする説で、仏教が日本の神々をとりこむ際に用いた理屈ですが、仏教主導の神仏習合を成功させるうえで絶大な威力を発揮する基礎理論となりました。※20

便宜主義的といえば便宜主義的ですが、布教に長けた仏教らしいよく出来た論法です。

この「仏が神として降臨すること」を「権現《ごんげん》」といいますが、これはサンスクリット語のアバターラ（化身）の訳語です。アバターラは英語に入って「アバター」となり、よく使われる言葉になりました。

神官たちはこの仏の化身である神のはからいのもと、避難民の女性の出産を許すわけですが、かれらが出産しかけた女性をみてパニックにおちいったことは、妊婦がいかに忌むべき存在とみなされていたかを明かしてくれます。

『沙石集』の妊婦の逸話は、その不浄である女性に最後の助け舟をだしたのが仏だったことを教えます。人々の救済にあたって究極的な権限をもつのが仏であることは、この時代、神官たちのあいだでも疑われていなかったことがわかります。

さきに、承久の乱は日本の歴史的な転換を象徴する事件だったと書きました。

ただ、それは政治権力の変遷レヴェルの話でした。

武士の世がくるまでに日本社会に起きた宗教面での変化は、社会の動乱のなかで複雑な過程をたどりながらさらに深化していきます。

仏教の内部で鎌倉仏教が生まれたのもこの時代です。『沙石集』はこの新しい仏教の動きのすべてに好意的というわけではありませんが、尾張国の神社の逸話は、かつて『肥前国風土記』で物語られた日本古来の妊婦への崇拝、土偶の縄文時代に培《つちか》われその後も長く引き継がれた崇拝が、この時期、神社という神々のお膝元でもはや影をひそめていることを伝えます。

仏教を日本の新しい国作りの支柱に据えること、それは七世紀以来天皇家の人々の大きな願いでした。七世紀から八世紀にかけての天皇家には女帝が多く現われました。

そのなかの一人で、七世紀の後半に生まれた元正天皇は、

「仏典の教えははなはだ深遠である」（釈典の道、教は甚深《じむしむ》に在り）

と八世紀の初めに発した詔《みことのり》のなかで語りました。

その二代後の女帝の孝謙がパートナーの道鏡と生きたのは八世紀の中頃、天平時代のことでした。

ここであらためて二人の話にもどります。

孝謙の治世の評価

第一章で紹介した映画『妖僧《ようそう》』のレビューのなかに、「孝謙と道鏡が善政を敷こうとしながら後半がメロドラマになる」とか「伏線が多いわりにそのすべてがスルーされる」という突っこみ

がでてきました(三三五頁)。

これは――映画製作者に同情するわけではありませんが――史実をある程度とりいれるならば、そうならざるを得なかったのではないかと思われます。

というのも、道鏡と手を取り合った孝謙の治世の八年は、その半ばを過ぎた頃から明らかに失速するからです。すでにみたように「孝謙の革命」は天平宝字《ほうじ》六年(七六二)の帝権分割宣言にはじまります。

その後の彼女は、最高実力者・恵美押勝《えみのおしかつ》一族の殲滅《せんめつ》(七六四年)、道鏡の大臣禅師への任命(同年)、淳仁《じゅんにん》天皇の廃位・追放(同年)と殺害(七六五年)、道鏡の太政大臣禅師《だいじょうだいじん》への任命(同年)、さらに法王への任命(七六六年)と文字通り快進撃、政治的なアクセルを踏み続けます。

とくに淳仁の追放後、殺害に至るまでの処置は五世紀の「大王」の座を継いだ古代の政治権力者にふさわしい〝獣性〟を感じさせ、『続日本紀』の記事が伝えるところでは同時代の人々を動揺、震撼《しんかん》へと追いやるに充分なものでした※21。

そんな孝謙に転機をもたらしたのは、やはり神護景雲《じんごけいうん》三年(七六九)に起きた宇佐八幡宮の神託事件だったでしょうか。

彼女はその後、西京の建設にかまけ、道鏡と二人だけの世界に引きこもるようになります。

とはいえ、第一章でもふれたように、彼女のたっての願い、道鏡を天皇に押しあげるもくろみをはばむ周囲の圧力は、事件より以前からすでに充分に高まっていたように思われます。宇佐八幡宮の出来事はそれを孝謙自身の〃暴挙〃で顕在化させたにすぎず、事実、これ以後女帝は道鏡の「即位」のくわだてを放棄したとしか思えないほど、その達成に向けての動きはあいまいなものになります。

孝謙の治世には、西大寺の創建（天平神護元年・七六五）、尼寺・西隆寺の創建（神護景雲元年・七六七）、百万塔（経を納めた木製の供養塔）の完成と分置（宝亀《ほうき》元年・七七〇）を除けば、めぼしいもの、少なくとも孝謙ならではと思わせるものはありません。※22

人々を塗炭《とたん》の苦しみに追いやる悪政もなかったかわりに、古代の天皇のなかでは凡庸の部類に属する天皇だったといえるかもしれません。

女は淫慾の巣か

孝謙の死は、彼女が道鏡と西京で最後の時を過ごした四カ月後におとずれました。彼女の死因は婦人病だったようです。※23

これについてふれる、鎌倉時代の初期に編まれた説話集に『古事談』という書物があります。奈良時代から平安時代にかけての「秘話」を集めた中世のゴシップ集とも呼べるものですが、内容が面白く、明治・大正頃まで広く読まれました。

その冒頭に孝謙の死の真相にまつわるこんな話がでてきます。

孝謙天皇は道鏡の男根ではなお不足だったとみえ、ヤマノイモで張形《はりかた》をつくり、自慰に用いていたが、途中で折れて抜けなくなった。そのままヤマノイモが腐って腫《は》れがり、命に関わる事態になった。そのとき百済の小手尼《こてに》という手の小さな女医がきて「だいじょうぶ、わたしが治してみせます」と言って、油を塗った手でヤマノイモを抜こうとした。それをみた藤原百川《ふじわらのももかわ》が「この妖怪めが」と女医に斬りつけた。こんなあんばいで、天皇は病が治らず、亡くなってしまった。

（原文）

称徳天皇、道鏡が陰猶《いんな》ほ不足に思《おぼ》し食《め》されて、暑預《しょよ》を以て陰《いん》の形を作り、之《これ》を用ひしめ給ふの間、折《お》れ籠《こ》むと云々《うんぬん》。仍《より》て腫《は》れ塞《ふさ》がり、大事《だいじ》に及ぶの時に、小手尼《こてに》見奉《みたてまつ》りて云《いは》く「帝《みかど》の病《やま》癒《ひいゆ》ゆべし」と。手に油を塗り、之《これ》を取《とら》んと欲す。爰《ここ》に右《う》中弁百川《ちゅうべんももかわ》「霊狐《れいこ》なり」と云《いひ》て、剣を抜《ぬき》て尼が肩を切ると云々《うんぬん》。仍《より》て療《りゃう》ずる事無《ことな》く帝崩《みかどほう》ず。

文中に名をだす藤原百川《ももかわ》は、第四章の冒頭でとりあげた宝亀元年（七七〇）三月の歌垣がもよおされた宴会で倭舞《やまとまい》を舞った高官です。かれは孝謙の後任の光仁天皇の側近としてその後要職を歴任することになります。小手尼《こてに》の正体は明らかでありませんが、呪術に長けた渡来系の医師でしょうか。彼女と周囲の朝廷関係者のあいだで治療をめぐって行き違いめいたものがあったことが、このゴシップにつながったとも考えられます。また、孝謙と道鏡のペアは主流派の有力豪族との関係がしっくりゆかず、渡来系の人材が多く登用されました。そんな政権の異端性の問題も背景にはあったかもしれません。宴会で歌垣を演じた葛井《くずい》・船《ふね》・津《つ》・文《ふみ》・武生《たけふ》・蔵《くら》の人々も渡来系の氏族でした。いずれにせよ、この話のなかでは道鏡の姿は後景にしりぞき、孝謙の淫乱がクローズアップされています。

結局、これが孝謙を道鏡と一緒に川柳の世界のアイコンに押しあげるネタ元、前出の『簠簋《ほき》抄』の説話と並ぶ広陰伝説の起源の一つになりました。

そんな『古事談』の巻頭を飾るゴシップ、そこにまつわりつく悪意も、さかのぼってみれば日本仏教が受容したインド仏教の女性不浄観に源泉をもっていたことは、本章でくわしくみた通りです。

すべての川は曲がりくねり、
すべての森は木からなる。
もし機会を得たならば、
すべての女は罪を作る。

時と秘密の場所を得、
またその機会を手にしたならば、
女は誰もが罪を作る。
相手が得られない日には、いざり（足の悪い人）の男とさえも。
多情《たじょう》で淫《みだ》らで、男のために
快楽を与える女を信じるな。
女は浴場と同じようなもの。
快楽を与えても、全員が売春婦。（『ジャータカ』第五三六話）

女性は淫慾《いんよく》の巣――インド仏教がはるかにたずさえてきた女性不浄観の核心となるのがこの考えでした。

日本を仏国土の理想に照らして美しい国にすること、それは孝謙の願いでした。

孝謙はこの国で誰よりも強く仏教の志に生き、そして裏切られた女性だったといえるでしょう。

エピローグ
竹原の地に道鏡・孝謙の祠を訪ねて

孝謙天皇が亡くなったのは、宝亀《ほうき》元年（七七〇）の秋でした。

孝謙を最後に、江戸時代に明正《めいしょう》天皇（一六二三～九六年。在位一六二九～四三年）が即位するまでの八六〇年のあいだ、女帝は誕生しなくなります。

この「八六〇年間の不在」が何を意味するのか？　そこに天平の昔の「孝謙の冒険」が朝廷関係者にあたえたトラウマの影を見いだしたとしても、そう的外れではないでしょう。

孝謙は、日本の古代が送りだした最後の女帝になりました。


二〇二二年の十二月の半ばのある日。

孝謙と道鏡をめぐる古代の正史や中世の説話集の記事を読み漁るのに疲れたわたしは、ふと思いついて茨城県下のある神社にでかけました。

東京都内から常磐線の列車を乗り継いで一時間余り。

朝から晴れて、遠くに茨城県のシンボル・マーク筑波山がよくみえる日でした。

降りた最寄りの駅の前でタクシーを拾い、運転手さんに神社の名を告げたところ首をひねられた、それほど無名の小さな神社です。

年配の運転手さんは「人のいない神社ではないですか？」と言いましたが、その言葉通り無住の神社でした。

神社はタクシーで一〇分ほど行った先の小学校の前にありました。ごく普通の住宅地の一画です。

図㊴　椿山稲荷神社。二〇二二年十二月十二日。筆者撮影。

タクシーを降りて鳥居の前に立ったとき、境内のなかから誰かに声をかけられた気がして見回しました。すぐに鳥の声だと気づきました。

目の前の鳥居は大きな人ならば頭がつかえそうなほどの高さで、奥へ続く道に人気はありません。道を仄暗《ほのぐら》くする両側の常緑樹の繁みが、初冬の弱日《よろび》を蒐《あつ》めているだけです〔図㊴三九三頁〕。

なんとなく、「行きはよいよい帰りはこわい」の天神様の世界だなと思いながらのぞきこむと、道の奥に社殿の建物がみえました。

目当ての祠《ほこら》は、社殿を右へ廻った裏の一隅にみつかりました〔図㊵三九四、三九五頁〕。

茨城県小美玉《おみたま》市・椿山稲荷《つばきやまいなり》神社。以前までは小学校の裏の辺りにあった弓削道鏡《ゆげのどうきょう》の祠を昭和の四十年代に遷座《せんざ》して受け入れた、永禄《えいろく》二年（一五五九）創建の、戦国時代からある土地の古い神社です。

では、なぜこの神社に道鏡を祀る祠があるのか？

図㊵–1　道鏡法王祠・正面外側。椿山稲荷神社内。筆者撮影。

椿山稲荷神社の裏から筑波山を遠望する。筆者撮影。

孝謙天皇が亡くなった後、法王の地位を奪われた道鏡がいまの栃木県の下野国《しもつけのくに》に追放されたことは、本書の第一章でのべました。

この出来事の知らせは、朝廷をめぐる大事件として全国の国衙《こくが》（役所）を駆けめぐったことでしょう。

椿山稲荷神社のある一帯は、古くから竹原といいます。

土地の伝承によると、道鏡の失脚の知らせを聞いた竹原の人々は、驚くと同時に大変悲しんだ。というのも、以前、かれらは土地がらみの悶着《もんちゃく》から訴訟を都へ持ちこんだことがあった。その際に道鏡は親切に訴訟団の一行をむかえ、竹原の人々に不利益にならないように取り計らってくれた。以来、遠い都の道鏡は、「大恩人」としてこの地の人々の心に刻まれることになったというのです。

図㊵–2 道鏡法王祠の内部。筆者撮影。

幸いというべきか、道鏡の追放先は下野国、竹原のある常陸国《ひたちのくに》のすぐ隣国でした。ご恩返しをしたいと考えた竹原の人々は道鏡を招き、住んでもらうことにした。

この地に移った道鏡は、孝謙を祀る天皇宮［図㊶三九六、三九七頁］を建て、供養をして暮らした。道鏡が亡くなると、こんどは竹原の人々が道鏡の祠をつくり、菩提《ぼだい》を弔《とむら》う番だった。……

図㊶–1 右／孝謙天皇宮への道。筆者撮影。天皇宮は椿山稲荷神社から少し離れた丘の上にある。 左／孝謙天皇宮の鳥居。天皇宮は眺望が開け、全体に明るい雰囲気だ。筆者撮影。

国の正史である『続日本紀』にもそのほかの文献にも、道鏡が法王でいた頃に常陸国と交渉をもったという記録はでてきません。記録によれば、道鏡の死没地は下野国です。道鏡が竹原の伝承にあるように訴訟に関与したのか否かも不明ですが、何か似たような出来事があったのかもしれません。「決して悪い人にはみえなかったがなあ」というそんな竹原の人々の口にした感想が、代々伝わるうちにこうした伝説に結晶をとげたというのはありそうな話に思えます。

孝謙天皇宮も、道鏡をめぐる伝説が生まれるなかで建てられたものでしょう。竹原の人々にとって、道鏡は独りであってはならない、亡くなったあとも孝謙と二人でいなければならない、と考えられたのでした。

椿山稲荷神社は、地元でもおそらく周辺に住む人々以外は知らない小さな神社です。道鏡の祠もお世辞にも立派とはいえない質素なものです。でも、その祠には「法《ほう》王祠《おうし》」という堂々たる名前がついています。竹原の人々の記憶のなかで、道鏡はいつまでも法王であり続けたのです。

江戸時代、常陸国を領した水戸藩は、開明派の藩主・水戸光圀《みつくに》の手により全国でも最も苛烈な「淫祠《いんし》破却《はきゃく》」政策を実施する藩になりました。寛文六年（一六六六）から元禄期まで二十数年の長きにわたった有名な「一村一社」政策です。[※1] 竹原は当時水戸藩の支藩の領内に組み入れられていましたが、支藩は親藩の監督を受ける立場にあり、破却政策の嵐とも無縁ではなかったはずです。

図㊶–2 孝謙天皇の祠、天皇宮内。筆者撮影。

だが、竹原の人々はそんな時代にあっても、徳川時代最高の教養を誇る名君のように道鏡を忌避することはありませんでした。また、江戸の川柳詠み、こざかしいディレッタントたちのように嘲笑のおもちゃにすることもしなかった。竹原の人々がおこなったのは、道鏡を、そして孝謙を治病・安産の神とし、大切に拝むことで祠を破却から守ることでした。

道鏡の「法王祠」は、立派な名前のわりに変哲のない祠です。ただ、その床下には、道鏡へ人々がささげた思いを告げるものがしっかりとおさめられています。ファ

図㊷　道鏡法王祠の石棒。筆者撮影。

ロスをかたどった高さ数十㎝の石がそれです［図㊷三九八頁］。道鏡の祠は、記憶は、このファロスの生命力信仰のなかで長い時を生きのびることができたのでした。

ファロス崇拝は縄文時代の昔、石棒の出現にはじまりました。それは人々の生命力崇拝に支えられた、今日の神道や仏教、儒教よりもはるかに古く日本列島に生まれた信仰でした。

信仰はその後さまざまな時代の衣装をまといながら、日本の文化に影響をあたえます。その影響について最も端的に示すのが、女性に対するまなざしの変化でした。変化を引き起こすうえで、最も決定的な役割を果たしたのが仏教だったことは本書で詳しくみた通りです。

ファロス支配は宗教的なものであれ、世俗的なものであれ、日本特有なものではありません。世界のどの地域、どの社会でも生まれ、発展したものです。だが、それさえも、人類史の長尺のなかではまばたきをする間の出来事にすぎません。歴史的につくられたものは必ず歴史のなかで滅びる[※2]、ファロス支配の思想であれ反《アンチ》ファロス支配の思想であれ。竹原の弓削道鏡、忘れられた祠はそんなことを語りかけているように思えました。

各章の注

第一章

1 二〇二三年を基準に計算。道鏡の生誕は八世紀前半、死没は七七二年。
2 『誹風柳多留』四六（文化五年・一八〇八）
3 書名の「末摘花《すえつむはな》」はベニバナの古名で、光源氏を主人公とする『源氏物語』に登場する皇族の娘のあだ名。美女ぞろいの同作品のなかで異色の「赤鼻の醜女《しこめ》」として描かれる。稀代の色男・光源氏は好奇心から近づき、契《ちぎ》りをむすぶが、鼻をみてこのあだ名をつけた。
4 『誹風末摘花』三（寛政三年・一七九一）
5 〃
6 『誹風柳多留』三七（文化四年・一八〇七）
7 『誹風末摘花』四（享和元年・一八〇一）
8 道教の気の思想で「魂《こん》」は精神を支える気、「魄《はく》」は肉体を支える気をさした。「魂魄」の思想はのちに儒教に受け継がれ、死に際しては「魂は天に昇り、魄は地に帰る」とされた。日本の江戸時代では、学者の間ではともかく、一般には二つは厳密に区別されず、漠然と霊魂の意味で使われた。
9 『誹風末摘花』二（天明三年・一七八三）。ただの土砂ではなく、僧侶の真言ダラニ（呪文）により浄められた土砂を用いるのが正式な作法とされた。例句として「ここはまだ生きてござると女房泣く」『川柳評勝句刷《かちくずり》』（安永六年・一七七七）。
10 『角筈《つのはず》柳子』第一号（昭和四四年・一九六九）
11 天保六年（一八三五）刊。在原業平、源義経など歴史物の句が多い。同書所収の道鏡関係の句としては他に「眼病の蝉道鏡のまらで啼《な》き」。目の悪いセミが道鏡の男根を木の幹とまちがえて止まり鳴いた、というそれだけの句。

12 「や」「かな」「けり」など。連歌や俳諧の五・七・五の句で作品に感動や余韻をもたせるための語。

13 『誹風末摘花』初（安永五年・一七七六）

14 『誹風末摘花』二（天明三年・一七八三）

15 エドワード・ラジンスキー『真説ラスプーチン』（上・下）沼野充義・望月哲男訳（NHK出版・二〇〇四年）。ロマノフ家はロシア帝国を統治した帝室（ロイヤル・ファミリー）。アレクサンドラは最後のロシア皇帝ニコライ二世の妻。ニコライ二世は日露戦争当時の皇帝。アレクサンドラは夫や子供たちとともに一九一八年、革命軍によりウラル山脈の東斜面のエカテリンブルクで処刑された。

16 大映京都撮影所宣伝課発行の「スタジオ通信４０２１号」。『妖僧』について「妖術の数々、女帝との愛欲、宮廷内での権力争いなど、盛り沢山な見せ場が、絢爛たる王朝絵巻の中に描かれる」ことを謳《うた》う。

17 公開当時の大映映画パンフレット。「印を結べば大軍を封じ！　法力を念ずれば竜巻を起す！　わが願い、たゞ女帝を守るにあり！」とある。

18 「妖僧 映画情報・レビュー・評価・あらすじＦｉｌｍａｒｋｓ映画」https://filmarks.com/movies/2570、「妖僧の映画情報 Ｙａｈｏｏ！映画」https://movies.yahoo.co.jp/movie/86222。本文で■を付すなどして紹介したレビューの文章はすべて、二〇一〇〜二二年の間に右記の二つのサイトに投稿されたものである（※投稿者のハンドルネームは略させて頂いた）。

19 永田は京都生まれ。一九四七年、大映社長に就任。社内の企画はすべてその一存で決まったカリスマ経営者。大言壮語は「永田ラッパ」と呼ばれた。プロ野球球団の経営の他、保守政界の「フィクサー」としても知られた。

20 これは一九三〇年代のマルクス主義的な思考をもった青年将校をさすと思われる。「日本陸軍の堕落は長い歴史をもっている。しかも、兵士たちの抱く自然な、そして教えこまれた愛国心がマルクス主義の影響をこうむってきたという事実があるために、この経過は複雑なものとなっている。……今日の日本を支配しているのは軍事社会主義であるが、これは生来の好戦心に、マルクス主義が影響して生まれたものだ」ヒュー・バイアス『敵国日本　太平洋戦争時、アメリカは日本をどう見たか?』内山秀夫・増田修代訳（刀水書房・二〇〇一年）三九頁。原著は一九四二年。バイアスは英国人。一九二七年から四一年までニューヨークタイムズ記者として東京に在住した。同様の見方として、竹山道雄の『昭和の精神史』（講談社学術文庫・一九八五年）の四五頁。「インテリのあいだには左翼思想が風靡《ふうび》して、昭和のはじめは『赤にあらずんば人にあらず』というふうだった。指導的な思想雑誌はこれによって占められていた。若い世代は完全に政治化した。……あの風潮が兵営の厚い壁を浸透して、その中の武器をもっている人々に反映し、その型にしたがって変形したことは、むしろ自然だった」。竹山は、一部青年将校のクーデター騒ぎについて、昭和天皇の権威と声望を利用して財閥・政党・官僚機構を倒そうとした側面を重視する。ただ、かれらの思想行動は実際にはマルクス主義的情熱と儒教的エートス・行動主義の合体物だった。第三章の注12、注13および45をみよ。

21 若山富三郎は旧名の城健三郎で本作に出演。

22 勝浦令子『孝謙・称徳天皇』（ミネルヴァ書房・二〇一四年）一六五〜六頁。

23 光明は二十七歳のとき男子を出産したが、一歳足らずで夭折《ようせつ》した。以後、二人のあいだに男子は生まれず、孝謙が唯一の子となった。

24 勝浦前掲書一六七頁。

25 太政大臣はこの時期、官制改革により一時的に「大師」（太師）という官名になっていたが、本書では太政大臣で統一する。天平期の官制改革については木本好信『藤原仲麻呂』（ミネルヴァ書房・二〇一一年）一一二〜一二〇頁を参照。

26 横田健一『道鏡』（吉川弘文館・一九五九年）二四頁の表現を借りた。

27 あるいは、押勝本人も常日頃似たことを言っていたが、淳仁のような「若造」にまで言われたため激怒したという見方も可能である。

28 元禄十三年（一七〇〇）成立の『御前義経《ごぜんぎけい》記』。「これへ呼びて歌うたはせ、小遣《こづかい》少しくれて念仏講《ねんぶつこう》にせよ」。念仏講は本文でもふれた通り集団レイプの隠語。同書は中世の『義経記』を下敷きに、元九郎を名乗る主人公が色道修行に日本各地を遍歴する好色パロディ本である。

29 勅も詔も天皇の命令を直接臣下に伝える文書。養老令では臨時（緊急事態などの）の大事は詔で、通常の「小事」は勅で伝えると定められたが、その区別は必ずしも厳密はない。訓《よ》みはどちらも「みことのり」である。

30 勅書・官符。

31 淳仁天皇の最期については本書の第五章の注21をみよ。

32 【皇統の確立とゆらぎ】

今日では、天皇の地位の継承は血縁集団内の世襲が自明視されているが、これが実際に確立したのは第二十九代欽明天皇（在位五三九?〜七一年?）の頃だった。その後、同母集団から順に皇位が継承される「世代内継承」の方式が整った。とはいえ、実際の皇位は、有力豪族・群臣の合議により決定され、各豪族がかかげる次期天皇の候補者をめぐって、激しい権力闘争がくりひろげられ、ついに壬申《じんしん》の乱（六七二年）の勃発に至った。壬申の乱に勝利した天武天皇の出現により、皇太子制が成立し、天武天皇、草壁皇子《くさかべのおうじ》、文武天皇、聖武天皇、孝謙天皇と、その間に女帝をはさみながら、天武直系（父→子）での皇位継承が試みられた。ところが、女帝の孝謙が独身で皇子がいなかったこともあって、天武直系の継承は行き詰まりをみせることになる。道鏡はこの天皇家がようやく得た継承システムの不安定化のなかに姿を現わした。注47および52をみよ。

33 高取正男『神道の成立』（平凡社ライブラリー・一九九三年）一一五頁。

34 この日、聖武天皇は次のように臣下に命じた。「三宝《さんぼう》の奴《やっこ》としてお仕え申しあげている天皇の大命《おおみこと》として、盧舎那《るしゃな》仏像《ぶつぞう》の前に申しあげよ」（三宝の奴と仕《つか》へ奉《まつ》る天皇《すめら》が命《おほみこと》らまと盧舎那《るしゃな》の像《みかた》の大前《おほまへ》に奏《まを》し賜《たま》へ）

35 本居宣長「続紀歴朝詔詞解《しょっきれきちょうしょうしかい》」『本居宣長全集』第七巻（筑摩書房・一九七一年）二七三頁。

36 同書四〇頁。

37 なお、原文の干支《えと》の表記は該当する漢数字の表記に変えてある。（例）丙子→二十三日。戊辰→十五日。

38 ルイス・フロイス『日本史』第一部八三章（『完訳フロイス日本史』（2）中公文庫・二〇〇〇年）一〇一頁。フロイスは一五六三～九七年に日本に滞在。もっとも、信長は初めから祈祷などには期待しておらず、ただ坊主が生理的に嫌いだった可能性もある。

39 中国の最古の詩集。紀元前九～紀元前七世紀頃の朝廷の楽歌、各地方の民間歌謡など三〇五篇をおさめる。『書経《しょきょう》』『易経《えききょう》』『春秋《しゅんじゅう》』『礼記《らいき》』とともに儒教の主要経典（五経）の一つとされた。日本の史書でしばしばその表現が借用される。

40 唐の義浄《ぎじょう》が訳した『金光明経』十巻本をさす。他に四巻本と八巻本があり、日本では天武天皇九年（六八〇）に宮中で初めて講義され、以来天皇家と密接な関係をもつことで、日本の神仏習合の推進に大きく寄与した。なお、光明皇后の名はこの経典の経名からとられたという見方がある。

41 【普遍思想とコンプレックス】「仏教はその伝来の当初から三国に弘通《ぐつう》する高度の世界宗教であり、僧侶は仏教の説く普遍的救済の体現者であった。彼らの円頂黒衣の姿は異国渡来の異様な風儀であったから、それ自身、個別の特殊世界をこえて、普遍の存在である三世（過去・現在・未来）の諸仏に直接仕えることの表明であった。その威儀作法のひとつひとつが背後にある普遍世界を象徴していた。また、天皇を頂点とする律令国家の体制も、そのたてまえは六世紀末以来、隋・唐の帝国を中心に東アジアにつくりだされた国際世界の一員としてのそれであった。必然的に律令制官人貴族たちの思想と宗教、生活意識のすべては、こうした国際世界のもつ普遍性と一般性を承認していた」（高取前掲書一二一～三頁）。ただし、普遍性の認識はごく自然に、自ら特殊とみなしたものへの愛着やコンプレックスを伴うことになった。「そこには、律令制の名で示される古代帝国の完成という普遍世界への適応にあたり、自らの特殊性を意識せずにはいられなかった官人貴族たちの、根ぶかいコンプレックスがかくされてい（た）」（同書の一二九頁）。これは古代から中世にわたって深化する日本の神仏習合に複雑な様相をもたらす心理的な背景を提供することになった。

42

【仏・神・儒の序列問題】

天平神護元年（七六五）十一月二十三日、孝謙は二度目の即位後初めての大嘗祭《だいじょうさい》に臨んで次のようにのべた。「今日は大嘗祭の直会《なおらい》の豊明《とよのあかり》（天皇が群臣とおこなう宴）の日である。しかし、この大嘗祭が通常とちがうのは、わたしが仏の弟子として菩薩戒《ぼさつかい》を受けた身だということである。そこでわたしは、上は三宝（仏）にお仕えし、次に天・地の神々を敬い申しあげ、その次に仕えてもらう親王・臣下の者すべて、人民たちを憐《あわ》れみ慈《いつく》しみたいと思う。わたしはそのために天皇の位にもどり、天下を治めることになったのである」（今日は大新嘗《おほきにひあへ》のなほらひの豊明聞《とよのあかりきこ》し行《め》す日に在《あ》り。然《しか》るに此《こ》の遍《たび》の常より別《こと》に在《あ》る故《ゆゑ》は、朕《われ》は仏の御弟子として菩薩《ぼさち》の戒《いみこと》を受け賜《たま》はりて在り。此《これ》に依《よ》りて上《かみ》つ方《かた》は三宝に供奉《つかへまつ》り、次には天社《あまつやしろ》・国社《くにつやしろ》の神等《たち》をもゐやびまつり、次には供奉《つかへまつ》る親王《みこ》たち臣《おみ》たち百官の人等《ひとども》、天下の人民諸《おほみたからもろもろ》を愍《あはれ》み賜ひ慈《うつく》び賜はむと念《おも》ひてなも還《かへ》りて復《また》天下を治《をさ》め賜ふ）。ここには仏を最高位におき、二番目に天・地の神々への信仰を、三番目に儒教倫理による仁政をおく姿勢が明確に表われている。二番目の天・地の神々とは神道の神々をさすが、では神々はこの仏上位の世界でどんな役割を負わされるのか？　それが仏教の護法神という権能だった。

【仏と神の折り合いのつけ方】

右について、古代史家の瀧浪貞子はのべる。文中の称徳とは孝謙のことである。「称徳は三宝（仏教）を第一とし、天地の神々はその下に位置づけているのである。……むろん、日本古来の天神地祇《てんじんちぎ》と護法善神とは同じではない。けだし、古来継承されてきた伝統的神祇《じんぎ》が王権を支え、宮廷に根強く温存されていることを考えると、天神地祇の仏教的変容、すなわち天地の神々を仏教の護法善神として位置づける以外に、両者の共存をはかる解決策はなかったろう。そして、これが称徳・道鏡体制が理想とした神仏習合の政治形態であった」（瀧浪『奈良朝の政変と道鏡』吉川弘文館・二〇一三年の一二九〜一三〇頁。カッコ内原文）

【天が天皇を決める】

孝謙は天平宝字八年（七六四）、道鏡を大臣禅師にした翌月の詔で「天皇は天の許す人物がなるだろう」（天《あめ》のゆるして授《さづ》くべき人は在《あ》らむ）とのべている。まぎらわしいが、これは易姓革命《えきせいかくめい》（徳を失った君主を天が放逐すること）を可能にする儒教の「天」ではない。四天王に代表される仏教の諸神のことだった。「天とは何か。天は仏教の諸神、天の神々、天皇御霊《ごりょう》のことであり、そのなかでも仏教が優先した。天の承認とは主として仏教の諸神による承認のことであったと思われる」「（それは）天皇は仏教の諸神によって承認され、初めてその地位の正統性が付与されるとする論理である」（鷺森前掲書四九頁、一〇〇頁）。この論理において道鏡の存在は孝謙にとっていやでも巨きくふくれあがらざるを得ない。

43 暦と季節（太陽の運行）のズレを調整するため日数や月数を通常より多くすることだが、現在の太陽暦では四年に一度二月に一日を追加する。当時の日本は中国の暦（太陰太陽暦）を使用し、数年に一度閏月を置く形で調整した。

44 昭和天皇五女・島津貴子《たか》さんが昭和三十五年（一九六〇）、結婚発表直前の記者会見で口にした言葉。

45 バチカンが現在公式に用いる肩書は「教皇」（Pope）である。

46 道鏡の法王就任から五カ月後の神護景雲元年（七六七）三月、かれが政務をとるための役所・法王宮《くう》が設置された。法王宮に採用されたスタッフは渡来系が多かった。前出の瀧浪はここに貴族の反感を見出す。「貴族たちにとっての道鏡は、学問的に名を馳せた高僧でもなければ、社会的に業績をあげた名僧でもない。たまたま女帝の病気を治療したことから寵愛され、法王に上りつめた、いわば成り上がり者である。道鏡に対する処遇がエスカレートしていくごとに、反感が増幅されていったとしても不思議はない。……法王宮職の設置が法王就任後ただちにではなく、五カ月過ぎてのことであったのも、貴族たちのコンセンサスを得るのに必要とされた時間であったと思う。そんなことから、主として渡来人が法王宮職の官人に選ばれたものと考える。……裏を返せば、道鏡のもつ人脈がこの程度でしかなかったということである」（瀧浪前掲書一一三頁）。孝謙と道鏡二人の孤立ぶりが透けてみえるようだ。

47 原文「我が国家《くに》開闢《ひら》けてより以来《このかた》、君臣《くんしん》定《さだま》りぬ。臣を以《もち》て君《きみ》とすることは、未《いま》だ有らず。天《あめ》の日嗣《ひつぎ》は必ず皇緒《くわうしよ》を立てよ。无道《むだう》の人は早《すみやか》に掃《はら》ひ除《のぞ》くべし」（『続日本紀』神護景雲三年九月二十五日の項）。「皇緒」とあるのは天皇家の血を引く「皇統」に属する人間の意味である。注52もみよ。

48 学説の現状については鷺森前掲書の「研究史の概観」（一八七〜九三頁）。

49 『続日本紀』。「雲」は神護景雲元年（七六七）六月に伊勢国から、「鹿」は神護景雲三年（七六九）十一月に伊予国から。『続日本紀』に載る以外にも祥瑞の報告は珍しくなく、古代の政権は時々の情勢、都合に応じてそれらを利用した。

50 『続日本紀』宝亀元年（七七〇）三月二十八日。

51 一方、同じ『続日本紀』の同年八月十七日の項には「天皇は西宮に行幸してからすぐに発病した」とある。

52 【道鏡の天皇即位は本当に可能だったか?】

道鏡の事件は日本の天皇家が天皇の世襲の原則をまがりなりにも整えた後、その原則の放棄を迫られる歴史上唯一にして最大の挑戦となった。道鏡の天皇就任の話は今日の人間には突飛にみえるが、注32でのべた血縁間の世襲の成立時期や聖武天皇がとらわれた崇仏政策を考えると必ずしもそうは言えない。古代史家の神谷正昌《まさよし》はのべる。「世襲王権が成立してから二百年以上たつが、天武直系から百年ほどであり、この時期の天皇制の血縁原理がどれほど強固だったかは疑問が残る」（『皇位継承と藤原氏』吉川弘文館・二〇二二年の四四頁）。そして、聖武天皇が光明皇后や皇太子時代の孝謙と東大寺に行幸し、自ら北面して「三宝の奴」と述べたことは「天皇を上回る権威として仏教が位置づけられたことになる。したがって、道鏡の即位の可能性は否定できず、十分にあり得たのではないか」（同頁）とする。また、古代史家の仁藤敦史《にとうあつし》は和気清麻呂が持ち帰った託宣にふれながら、「『我が国家開闢《くにひら》けてより以来、君臣定まりぬ。臣を以て君とすることは、未だ有らず。天の日嗣は必ず皇緒《こうしょ》を立てよ』という託宣を前提に考えるかぎり、道鏡事件は皇位継承においては例外的な事例とならざるをえないことである。……が、それより以前、とりわけ欽明朝以降に王統が固定するまでは複数の王系が存在し、継体即位時の混乱から推測すれば歴史的に王族の範囲は必ずしも確定していなかったと考えられる。……道鏡即位の可能性は、『臣下の即位はタブー』と述べる託宣の内容が必ずしも当時において自明でなかったことが前提にあり、むしろこの事件（宇佐八幡神託宮事件）をきっかけとして『君臣の別』や『皇緒』の範囲が支配層に強く意識されるようになったと考えたほうが自然である。当時においてはまだ『皇緒』に対する多様な選択肢が存在し、その極端な場合が称徳（孝謙）による道鏡の即位の事例であったとすることができる」『女帝の世紀 皇位継承と政争』（角川選書・二〇〇六年）六七〜八頁。

53

【怨霊の信仰の背景】

桓武天皇が「枕席不安」から正月の朝賀をとりやめたのは皇太子時代の話（『続日本紀』宝亀九年・七七八の正月一日）。三年前には、光仁天皇の妻・井上皇后（孝謙の異母姉）が天皇などの呪殺を謀った嫌疑で廃位され、息子ともども幽閉された後、二人同日に不審死した。その後天災や「妖怪」の出現など怪奇現象が頻発し、人々を驚かせた。桓武はその後、やはり不審死した早良《さわら》親王の怨霊にも悩まされ、身近な者も「寝膳不安」におちいるなどして、これが平安京への遷都の理由の一つになったとされる。怨霊への不安は死者への怨恨の植えつけに関与した人間ほど強かった。天平時代に入って怨霊信仰が発生した理由について定説はないが、背景にあったのはおそらく、この時期に貴族層に広まった成仏という観念が「すみやかに成仏できる者がいるならば、できない者もいる」という考えを含んでいたこと。その際、怨恨は成仏の最大の障害と人々にみなされたのだと思われる。天平以降の怨霊事件に関しては大森亮尚《あきひさ》『日本の怨霊』（平凡社・二〇〇七年）に詳しい。

54 【「神道」の意味について】
『日本書紀』の孝徳天皇（五九六？〜六五四年）の項に「（天皇は）佛法《ほとけのみのり》を尊び、神道《かみのみち》を軽《あなづ》りたまふ」と記されている。外来宗教である仏教と日本古来の宗教を対比させる意識が、遅くとも書紀の成立した八世紀初め頃には生まれていたことがわかる。ただし、「神道」が「しんとう」という今日の訓《よ》みで一般化するのは中世から近世にかけての時期である。本書で「神道」の語を使うときは「古来から日本で受け継がれてきたと古代の朝廷関係者の多くに漠然とであれ認識されていた神々の信仰」を主に意味する。

55 光仁天皇の治世では仏事が後退し、神々への信仰を第一とする政策がうちだされる。が、仏教の浸透の流れはとまらず、その後朝廷はゆっくりと時間にまかせる形で仏教との関係を模索してゆく。そのなかで平安中期から「本地垂迹説《ほんじすいじゃく》」が登場し、神仏関係は新しい理論づけのもとに中世型の「習合」を築きあげることになった。第五章の注20をみよ。

56 天平宝字元年（七五七）の橘奈良麻呂《たちばなのならまろ》の変に関する『続日本紀』の記事（七月二日〜十二日）。

57 『殺しの四人 仕掛け人・藤枝梅安』（講談社文庫・一九七三年）の「作者あとがき」。正確には「人間は、よいことをしながら悪いことをし、悪いことをしながらよいことをしている」である。

58 〈映画「妖僧」から見るコムロ禍／小室圭氏と皇位簒《さん》奪者・弓削道鏡〉藤本貴之《たかゆき》東洋大学教授・二〇二一年六月二十八日配信。https://www.excite.co.jp/news/article/Mediagong_32278。お二人によるご成婚の記者会見が開かれる前に、映画『妖僧』を見た感想という形で書かれたブログ。「悪意のない泥棒、自覚のない詐欺師ほどタチの悪いものはない」「映画『妖僧』を見て秋篠宮眞子内親王殿下と小室圭氏のご婚約問題、いわゆる『コムロ禍』を思い浮かべる人は少なくないはずだ」とする。「道鏡が厳しい修行を経た僧侶として怪しげな法力（おそらく、人を惹きつける知性と人心掌握術、女性を籠絡させ、言いくるめることができる高い口撃力なのだろう）を持っていたという点も、小室圭氏が弁護士を目指して法学の知識を駆使した高い口撃力を身につけているという人物像とどことなく重なる」（カッコ内原文）。「コムロ禍」は「道鏡事件に継ぐ１２５０年ぶりの皇統の危機として、将来、映画化されても良いぐらいのコンテンツではないだろうか」とメディア学研究者の教授はのべる。

59 霊亀《れいき》二年（七一六）から天平七年（七三五）にかけて約十八年間唐に留学したエリート僧。聖武天皇の母・宮子が出産後長く抑うつ状態を患ったのを治療して劇的に回復させ、天皇一家の信任を得る。天平十七年（七四五）に政争に巻きこまれて失脚。翌年、左遷先の筑前（現・福岡県）で謎の死をとげた。

60 田中貴子『〈悪女〉論』（紀伊國屋書店・一九九二年）所収の「帝という名の〈悪女〉・称徳天皇と道鏡」は、孝謙を「悪女」でも「貞女」でもなく描くことで従来の類型的イメージを打ち破った論文。わたしの本書もこの論文の指針にしたがっている。

第二章

1 工藤隆『古事記誕生』（中央公論新社・二〇一二年）の四一〜三頁。なお、『日本書紀』は当時の東アジア世界の国際公用語である漢文で、『古事記』は和漢混交文で書かれている。

2 原文の「みと」の「と」は陰部のこと。「嫁《とつ》ぐ」は元々、「と」を「つぐ」（継ぐ、接ぐ）で、「陰部を合わせる」（性交する）ことをさす語だった。前出の『日本霊異記』にも道鏡と孝謙が「交通」したとあるが「とつぎ」と訓《よ》まれてきた。『日本書紀』は「みとのまぐわい」に「遘合」（正伝）、「合為夫婦」（異伝六）、「為夫婦」

（異伝十）等の漢字をあてる。

3　日本の国号が正式に成立したのは天武天皇の在位期（六七三〜八六年）である。ただ、それ以後もしばらく「ヤマト」（倭、大和）の国名は使用された。

4　作者不詳。天暦《てんりゃく》五年（九五一）頃までに成立。貴族社会の和歌にちなんだ説話を集める。『伊勢物語』とともに歌人の必読書とされたが、ゴシップ集的色彩も強い。

5　『日本書紀』の採用した「異伝」方式について「客観的、学問的」態度にもとづくものだという評価がある（工藤前掲書四二頁、坂本勝『はじめての日本神話』筑摩書房・二〇一二年の十七頁等）。が、『日本書紀』がおさめた神話はそのほとんどについて各豪族ごとに伝承が異なっていた。『日本書紀』は有力豪族への政治的配慮から「正伝」に一本化せず、それぞれの伝承を並記する形をとった。それが結果的に「客観的、学問的」な態度にみえたにすぎないものと思われる。

6　江戸の色道指南書『弘法大師《こうぼうだいし》一巻之書《いっかんのしょ》』（著者不明・江戸初期）が有名。他に川柳としては「高野山犬さえけつでさかるなり」（『誹風末摘花』三・寛政三年・一七九一）。高野山は弘法大師が開いた修行の道場で、日本仏教が誇る聖地、真言宗の総本山だが、江戸川柳の世界では男色の総本山と考えられていた。

7　『誹風柳多留』四三（文化五年・一八〇八）

8　文久元年（一八六一）。大村沙華『秘籍江戸文学選』2（日輪閣・一九七六年）より。

9　発表年不詳。大村前掲書より。鶺鴒《せきれい》関係の川柳として他に「鶺鴒のちに夜這《よば》ひを蟹《かに》教へ（セキレイの次は蟹が夜這いの先生になった）」（『誹風柳多留』一五九・天保九〜十一年頃）がある。

10　『三条教則』。明治五年（一八七二）に明治政府が、国民国家における国民教化の柱として、「神仏分離令」に続き制定した教則。次の三条から成った。

一　敬神愛国ノ旨《むね》ヲ体スベキ事。

二　天理人道ヲ明《あきらか》ニスベキ事。

三　皇上（天皇）ヲ奉戴《ほうたい》シ朝旨《ちょうし》ヲ遵守《じゅんしゅ》セシムベキ事。
ちなみに「愛国」は patriotism の訳語として該当する日本語がなかったので、中国や日本の古代の古典から引き出したもの。当時の日本人にはきわめて新奇に響く言葉だった。また、ism にあたる日本語も見当たらなかったので、中国の古典にあった意味の近い「主義」を借用し、これに訳語にあてた（羽賀祥二『明治維新と宗教』法藏館文庫・二〇二二年の四四三頁。齋藤毅『明治のことば』講談社学術文庫・二〇〇五年の第十一章）。これら新しい意味を帯びた漢字はのちに中国に逆輸出され、現在は中華人民共和国の nationalism を支えている。

11　明治五年（一八七二）から十八年（一八八五）にかけて行われた明治天皇の全国巡幸（「六大巡幸」）は天皇の存在を民衆に知らせるために企画、実行されたものだった。八木公生《きみお》『天皇と日本の近代』上・下（講談社・二〇〇一年）を参照。

12　『日本伝説大系』第十五巻南島編（みずうみ書房・一九八九年）九一頁。

13　『日本伝説大系』（〃）九二頁。

14　『日本伝説大系』（〃）九一頁。

15　『日本伝説大系』（〃）八三頁。

16　『日本伝説大系』（〃）七八、八四、九二頁。

17　『至道無難禅師集』より。この言葉の前に「修行者は男女の仲を遠ざけよ。火には剣もなまるものなり」という戒めの言葉がある。禅僧の秋月龍珉《りゅうみん》（一九二一〜九九年）はこれについて「以前の語と一見矛盾しているようであるが、そうではない。この人にしてこの語があることが、なんとも尊いのである。まことに男女は交わるのが自然の道なのである」とコメントしている（秋月『一日一禅』講談社学術文庫・二〇〇三年）五六頁。なんだかよくわからないが、「言葉にとらわれるな」というメッセージというところか。

18 縄文時代の時間的範囲や時期区分は研究者によって諸説あるが、本書では今日最も一般的に用いられている範囲と区分に従った。

19 エドワード・E・モース（一八三八～一九二五年）。明治十年（一八七七）に来日し、日本の考古学・人類学の基礎を築いた。著書に『日本その日その日』石川欣一訳（講談社学術文庫・二〇一三年）。

20 岡本は「西洋人の評価基準」に依拠した日本の近代知識人による日本の伝統芸術（浮世絵などの）への評価の横行に反発した。「さらにいえば、『伝統』という言葉自体がトラディションの直訳として（明治期に）新たに導入された観念である。おそらく、このくらい外側からの力によって作り上げられ、形式化された伝統意識というものは珍しいだろう」（『黒い太陽』美術出版社・一九五九年）とし、そうした近代日本の「伝統主義者」への軽蔑をこめて「反日本人」を自称した。その結果、岡本の思想的背景に疎《うと》いまま日本の伝統美を礼賛してやまないフランスのアンドレ・マルローとの対談（パリ、一九七三年）は、徹底したすれ違いに終わらざるを得なかった。以上、詳しくは赤坂憲雄《のりお》『岡本太郎という思想』講談社・二〇一〇年）第四章。

21 水ノ江和同《かずとも》『縄文人は海を越えたか？』（朝日新聞出版・二〇二二年）

22 世界の民族で土器の制作にあたるのは多くの場合女性であることから、土偶の制作も女性たちによるものだとする見方もあるが、必ずしも明らかではない。縄文時代内の時期による変化もあるかもしれない。

23 山田康弘（a）『縄文時代の歴史』（講談社・二〇一九年）一〇〇頁。

24 武藤康弘監修『はじめての土偶』（世界文化社・二〇一四年）八四頁。

25 三上徹也『縄文土器ガイドブック』（新泉社・二〇一二年）口絵4解説。

26 武藤前掲書三二頁。

27 【著者と翻訳者】

ギンブタスは「平和な母権社会の古ヨーロッパ文化を父権的・好戦的なインド＝ヨーロッパ語族が破壊

した」ことをくりかえし強調する。「〈古ヨーロッパ〉とは前四五〇〇年から二五〇〇頃の間に南ロシアのステップ地帯からやってきたインド＝ヨーロッパ語を話す遊牧民の影響や侵入を受ける以前のヨーロッパ全域（小アジアも含む）に対して適用される。古ヨーロッパの農耕民の世界観は、インド＝ヨーロッパの世界観とは正反対のものである。古ヨーロッパでは、社会のしくみや宗教においても母系的なものが尊重され、男女の協調関係が保たれていたが、インド＝ヨーロッパの理念は、これを多かれ少なかれ破壊し、父系的な男性優位の構造へと移し変えた」（日本語版への序文。カッコ内原文）。

これに対し、翻訳者の鶴岡は同書の「解題」のなかで、ギンブタスの結論を支持しつつも慎重な留保をつける。「〈古ヨーロッパ〉というギンブタス女史の概念に、単なる考古学的規定というには尽くしがたい思想的モチーフが含まれていることはこれまでの記述からも明瞭である。著者は、インド＝ヨーロッパ語族が支配した西欧の観念諸形態が『父権的』様相を帯びていることに対する反テーゼとして〈古ヨーロッパ〉の『母権的世界像』が西欧文化の基底の基底に存したことを証し立てようとしている。このモチーフの思想性は貴重なものだが、時にそれが陥穽《かんせい》ともなりうることについては留意しておかなければならない。〈古ヨーロッパ〉が母権的社会であったという像の提示は、本書の論述でみるかぎりまだかならずしも十分な実証と構造的認識を得ているとはみなしがたい。偉大な女神像の造形の優位が母権的観念の優位を示すものだとしても、社会構造としての母権や母系の概念とそれとは異なるからである。だが、いずれにしても古代ギリシアの『男根統治』的な社会とは異なった『母権的世界像』が優位にあったことは否定できない」（「解題」三一二頁。傍点原文）

【本書の立場】

右に示された問題は、縄文時代の「母性崇拝」とそれに対して台頭した「父性優位」の思想をみるときにも生じ得るだろう。鶴岡の「基底の基底」の追求を仮に「元型論的アプローチ」と呼ぶならば、本書はそうしたアプローチは採らない。世界に「基底の基底」なるものがあるという考えは——仏教的な世界観を引用するまでもなく――違和感をそそられるし、また、縄文社会以前の男女の社会的関係などは、実際上つかむ手立てがないからである。これに関連して第四章注16もみよ。
28 松木武彦（a）『縄文とケルト』（筑摩書房・二〇一七年）一八頁。
29 小林達雄編著『縄文ランドスケープ』（アム・プロモーション・二〇〇五年）一〇四～五頁。執筆者は佐野一絵。
30 二四四頁。執筆者は大田原潤。
31 二四五頁。〃
32 松木前掲（a）一三二頁。
33 谷口康浩（a）『縄文時代の社会複雑化と儀礼祭祀』（同成社・二〇一七年）二三二頁。
34 『日本書紀』「天の岩屋」の項・異伝二。
35 小林前掲書の二七五頁。執筆者は中村大。
36 なおストーンヘンジはヨーロッパの各地で発見されている。二〇二二年八月にはスペインのエストレマドゥラ州で渇水のため干上がった貯水池から同地の「ストーンヘンジ」（ガダルペラルのドルメン）が五十年ぶりに姿を現わし話題になった（Ｙａｈｏｏ！ＪＡＰＡＮニュース・二〇二二年九月四日配信）。英国の「ストーンヘンジ」より古いとされている。
37 佐久考古学会発行パンフレット「縄文の石神・北沢の大石棒」（二〇二〇年）。執筆者は桜井秀雄。
38 三上前掲書の第二章「土偶とは何か」、鵜飼幸雄『八ヶ岳西麓の縄文文化』（敬文舎・二〇二二年）二七～三〇頁等多数。
39 「石棒には……家族や親族集団がおこなう集団的儀礼の性格が読み取れるが、土偶にはそうした性格は認めがたい。土偶の出現年代の古さからみても、人間生活にとってより基本的な祈りに関係したシンボル、とりわけ生命と生活を維持していくうえで欠かせない生産や食に関連した祈りの対象と考えるのが、やはりもっとも妥当であろう」谷口（b）『土偶と石棒』（雄山閣・二〇二一年）三〇頁。

40 谷口前掲（b）八〇頁。

41 谷口前掲（a）一五九頁。

42 谷口前掲（a）一三二〜八頁。

43 【血縁集団の擬似性について】「定住生活の進展によって、獲得する資源の領域が固定化されていくと、資源の確保や継承をめぐる取り決めも厳しくなっていっただろう。それらの財産は、排他的な性格を帯びながら代々にわたって受け継がれたのであり、子や孫へとつつがなく継承していくためには祖先からの系譜を認知して、それを確認するための方法が模索されることになった」設楽《したら》博己《ひろみ》『縄文 vs. 弥生』（筑摩書房・二〇二二年・一一八頁）。設楽は考古学者。ただし、「あらかじめ確認しておかなければならないのは、文化制度としての『親族』と生物学的な『血縁』を混同してはならないということである。『親族』は血縁関係にもとづいて組織されるものではあるが、生物学的な意味での血縁集団と同義ではない。……重要なのは生物学的な血縁関係よりもむしろそれが社会的・文化的に公認されていることである」谷口前掲（a）七四頁。つまり、そこでの血縁はあくまで共通の祖先をもつと人々にみなされたもの、擬似的な虚構の血縁だったというわけだが、最近のＤＮＡ、ヒトゲノム研究の驚異的進展が、かれらが実際にもアフリカに共通の祖先をもっていたことを証してきていることは周知の通りである。斎藤成也《なるや》『核ＤＮＡ解析でたどる日本人の源流』（河出書房新社・二〇一七年）参照。斎藤は国立遺伝学研究所教授。その核ゲノムデータの解析結果にもとづく日本列島への渡来の「三段階渡来モデル」によると、渡来の第一段階は四万年前から四四〇〇年前頃。出アフリカ後の渡来の明確なルートは不明だが、この段階では「主要な渡来人は、現在の東ユーラシアに住んでいる人々とは大きくＤＮＡが異なる系統の人々だった」（一六五頁）という。

44 藤森英二『信州の縄文時代が実はすごかったという本』（信濃毎日新聞社・二〇一七年）二二一頁。

45 これはアニミズムの発生における技術介在性の推測に立った、「アニミズムは人間と外界との無媒介の接触の産物ではない」という見方である。加えて、今日の「メタバース」テクノロジーがわれわれの五感の完全な再現を達成するレヴェルに達すれば、そうした次元に慣れ親しんだ世代がまったく新しい外界への態度を獲得することは、充分にあり得ると思うのだが、どうだろうか?

46 「東日本地域の前期・中期に発達した環状集落は、中央広場に集団墓を造営したものが少なくない。中期に出現した拠点的な環状集落では、集団墓の造営は時に数百年にわたって継続される場合があり、結果的に200~300基の墓が累積して残されることもある。集落の中心に集団墓を取り込んだムラの形は、縄文時代以後の村の歴史には絶えてみられないものであり、縄文時代集落の際立った特徴となっている」谷口前掲(b)二一頁。

47 山田(b)『縄文人の死生観』(角川ソフィア文庫・二〇一八年)一五九頁、水野正好『島国の原像』(吉川弘文館・二〇一六年)三四頁。

48 谷口前掲(b)五七~六一頁。

49 【縄文人の「あの世」観について】
本文でもふれた通り、「墓」の存在は「あの世」への信仰と結びつかない。縄文人は死者の再生を祈ったが、それは「あの世」を信じたことを意味しない。縄文人にとって死者の再生は「あの世」ではなく「この世」、つまり自分たちの目の前に蘇ることを意味した。縄文人が「あの世」について明瞭な考えをもっていたとは思えない。『古事記』を例にとると、イザナキはイザナミに死なれた後、彼女を追って死者の国を訪れる。ところが、そこでみたイザナミはウジのたかる醜い死体で、文字通り、「この世」の姿である。同時期の『万葉集』に死者を詠むとおぼしき柿本人麻呂の歌がでてくるが、「秋山の　黄葉《もみじ》を茂み　迷ひぬる　妹《いも》を求めむ　山道《やまぢ》　知らずも」とあり、死者は姿を消したが、行方はわからないことが歌われている(末木文美士「日本人の死生観はどのように形成されたか」『中央公論』二〇一三年一月号四九頁。

なお末木は縄文人の死生観は不明だとする）。

結局、日本人の曖昧でカオス的な「あの世」観に明確な形をあたえたのは仏教だった。具体的には「極楽浄土・地獄観」だったが、中世には大きく人々の心をとらえたものの、江戸時代に入ると「世俗化」の進展のなかで、気がつけば人々の「あの世」観はまた別のカオスに移ってしまった。「愚かな人々は、神道のあの世の教えを説く者がいないので、ただ地獄・極楽の教えに聞き馴れて、しかも嘘か本当か判断をしようともしない。儒教の魂《こん》・魄《はく》の理論は高遠すぎて肚に落ちない。結果として、儒にもよらず、仏にもよらず、両極の間を漂っている」（愚俗の男女は、我国の訓《おしへ》に根底《ねぞこ》、高天が原の帰魂《かへりきよみ》、帰魄《かへりにこり》の道を説《とく》ものなき故に、依所《よるところ》なく久《ひさし》く地獄、極楽の感報《かんぽう》のみ聞馴《ききなれ》て、虚《うそ》やら実《まこと》やらの分別にも及ばず。儒の心魂散滅《しんこんさんめつ》は、一向に高遠《こうゑん》にして納得せず。儒にもよらず、仏にもよらず、両楹《りやうゑい》にただよふものあり）。以上、増穂残口《ますほざんこう》『神国増穂草』下（享保十四年・一七二九）より。なお、近世の民衆の地獄観については第五章の注17をみよ。

50 山田前掲（a）五八頁。従来、縄文人の男性の平均身長は一五七㎝とされてきたが、最近は一六二㎝だったという研究者の指摘がでている。ここでは間をとった。女性は一四九㎝だとされるが、もっと高いかもしれない。

51 ユヴァル・ノア・ハラリ『サピエンス全史』（上）柴田裕之訳（河出書房新社・二〇一六年）。

第三章

1 歌垣の場所としては『万葉集』巻九の「筑波嶺に登りて嬥《かがい》の会を為せし日に作りし歌」に登場する筑波山が有名。ほかにも、『出雲国風土記』の島根郡の項に「男も女も、老いたるも少《わか》きも、時々に叢集《むらがりつど》ひて、常に燕会《うたげ》する地なり」（邑美冷水《おほみのしみづ》地区）とか、「男も女も時《とき》の随《まにま》に叢会《むらがりつど》ひ、或《あ》るは愉楽《たのし》みて帰り、或は耽遊《ふけ》りて飯《かへ》るを忘る。常に燕喜《うたげ》する地なり」（前原埼《さきはらのさき》地区）と習俗の紹介があり、祭礼の日にかぎらず、歌垣は各地で盛んだった。

2 国立社会保障・人口問題研究所の「結婚と出産に関する全国調査」。二〇一八年～二一年に結婚した夫婦を対象。同時に行われた独身者を対象にした調査でも、交際相手とアプリ等で知り合った男性が一一・九％、女性が一七・九％を占めた。調査は二〇二一年六月、夫婦九四〇一組、独身者一四〇一一人を対象に実施された。

3 同省の大理州を中心に居住。チベット系民族。歌垣が最も盛んだったのは石宝山《シーバオシャン》、茈碧《ツービー》湖、橋後《チャオホウ》の三地区で、「この地域の人たちは歌い方が上手だ」（取材当時）（工藤・岡部の前掲書八八頁）。

4 工藤・岡部前掲書一四六頁。

5 〃　九三頁。

6 〃　一八五頁。

7 〃　五九頁。ジンポー族（雲南省）の例。

8 〃　五七頁。

9 同書は、松本が一九二八年留学中のパリで出版した『*Essai sur la Mythologie japonaise*』に準拠したものである。

10 松本前掲書一八三頁。

11 英国の作家フィリップ・スタッブス（一五五五？～一六一〇？年）の観察記録。バーゴ・パートリッジ『乱交の文化史』（第四章後出）一九二頁より。

12 明治以来政府公認の天皇機関説（天皇は国家の一機関であるとの憲法学説）を右派の諸団体・軍部が「自由主義的で国体に反する」と政治問題化。岡田啓介内閣が「天皇が統治権の主体であり、日本は天皇の統治する国家である」との声明を発して事態を鎮静化させた（国体明徴《こくたいめいちょう》声明問題）。昭和天皇は自身が国家の機関であることを当然視していた。日独防共協定はドイツ側がもちかけたもので、日本は数多くの留保条件をつけて締結を受諾し、昭和十一年（一九三六）十一月に調印された。先行した国際連盟の脱退（昭和八年・一九三三）、ワシントン、ロンドン両条約からの離脱の流れのなかで、日本は重大な選択を行ったと英米側に受け取られる結果を招いた。

13 西岡前掲書一一六頁。「時流」とは愛国主義の高潮をさすのだろうが、飯田ら国文学者の息気込みにもかかわらず、当時の日本政府の実務派官僚の主流は「祭政一致」に関心はなかった。なお飯田が学問上の背骨にした江戸時代の国学は儒・仏の「外来思想」を排して「日本固有」の思想・宗教を重視して明治維新の思想的起爆剤になったが、明治時代には少なくともその「原理主義的」な考えは政府からは退けられた。「明治政府のリーダーたちは〝皇室の権威を補強する思想としての神道〟は必要としていたが、宗教としての神道を重視していたわけではなく、ましてや祭政一致国家の建設に邁進する気もなかった」「政府が神道を必要としたのは、あくまで〝国家の基軸〟たる皇室の権威強化に利用できるからであった」小川寛大《かんだい》『神社本庁とは何か』（K&Kプレス・二〇一八年）八七頁、九六頁。こうした状況は一九三〇年代も同様で、小川によると当時、「現場の神主たちの間からは、大日本帝国政府に対する不満が上がり続けていた」（九四頁）という。なお本章の注26および45もみよ。

14 太田前掲書二六三～四頁。

15 同書は著者が一九七一年にカナダのトロント大学で行った日本人の死生観をめぐる講義がもとになっている。前年の十一月に三島由紀夫の自殺事件があり、学生から多く質問を受けたことも執筆の動機となった。

16 棄教の直接のきっかけは『破提宇子』にも示唆される通り、日本人ゆえにいつまでも司祭に任じられない待遇上への不満だったとみる説が多い（村松前掲書三二四頁、釈徹宗『不干斎ハビアン 神も仏も棄てた宗教者』新潮選書・二〇〇九年・一六三～四頁等）。日本管区長コウロスはイエズス会宛ての手紙のなかで『破提宇子』を「地獄のペスト」と呼んでいる。

17 飯田前掲書一八七頁。

18　アラン・ダニエルーの『ファロスの神話』窪田般彌・小林正巳訳（青土社・一九九六年）によれば、オベリスクもミナレット（モスクに付属する塔）も元々はファロスである（六六頁）。ディオニュソスはペリキオニオス（円柱）と呼ばれ、ヒンドゥー教のシヴァ神も「スタヌ」（円柱）と呼ばれてきた（六一頁）。

19　飯田前掲書三四頁。

20　この文句は『淮南子』巻二の「宇宙生成の始めについての考察」の節に登場する。そこでは『荘子』の斉物《せいぶつ》論篇をふまえつつ「無の無の無」からいかに目の前の「有」が生まれてきたかが論じられている。「天柱」の語も巻三「天文」に登場するが、神話への短い言及のなかにでてくるもので、その存在意義や機能にはそれほど関心が払われていない。

21　「岐」には「クナド」の訓みもあり、「クナ」とは男根の名。「婚ぐ」も「トツグ」「クナグ」と訓ませた。

22　五来重『石の宗教』（講談社学術文庫・二〇〇七年）一四五頁。

23　稲田利徳「今川了俊〈道行きぶり〉注釈（一）」『岡山大学教育学部研究集録』89巻1号（一九九二年）

24　西岡前掲書二二六頁。

25　明治初期の政府の「淫風一掃」政策は前出の「三条教則」のガイドラインに沿ったものだった。「これは盂蘭盆会《うらぼんえ》・盆踊りの禁止や、梓巫《あずさみこ》・憑祈祷《たのみきとう》・口寄《くちよせ》の全面禁止などと一体のもので、開化主義啓蒙の立場から、迷信・猥雑・浪費などの名目で民間信仰や民俗行事・習俗を厳しく禁圧しようとしたことによるものであった。『文明開化』と『万邦無比』『富国強兵』をスローガンとし、急いで近代化を推進しようとする明治政府が、民間信仰や風俗・風習にまで踏みこんで三条の教則の理念を具体化しようとしたことを示すものとして注目される」井上寛司『「神道」の虚像と実像』（講談社・二〇一一年）一八〇頁。井上は中世史家。

26　【〝宗教なる者〟について】
明治二十一年（一八八八）枢密院における憲法草案の審議における伊藤博文の演説。「先《ま》づ我国の基軸を求め、我国の基軸は何なりやと云《い》う事を確定せざるべからず。基軸なくして政治を人民の妄議《もうぎ》に任《まか》す時は、政、其統紀《そのとうき》を失い、国家亦《ま》た随《やが》て廃す。……抑《そもそも》、欧米に於《おい》ては、憲法政治の萌《きざ》せる事千余年、独《ひと》り人民の此《この》制度に習熟せるのみならず、また宗教なる者ありて之《これ》が（国家の）基軸を為《な》し、深く人心に浸潤《しんじゅん》して、人心此《ここ》に帰一せり。然《しか》るに我国に在《あり》ては、宗教なる者其《その》力微弱にして、一も国家の基軸たるべきものなし。仏教は一《ひと》たび隆盛の勢を張り、上下の人心を繋《つな》ぎたるも、今日に至《いたり》ては已《すで》に衰退に傾きたり。神道は祖宗の遺訓に基き之《これ》を祖述《そじゅつ》すと雖《いえども》、宗教として人心を帰向《きこう》せしむるの力に乏し。我国に在《あり》て（国家の）基軸とすべきは、独り皇室あるのみ」。ここで伊藤が「宗教なるもの（者）」という奥歯に物がはさまったような言い方をしているのは「宗教」がreligionの訳語としてひねりだされた明治の新造語、こなれていない言葉だったからである。初代内閣総理大臣のリアリズムは日本の伝統宗教に何の幻想ももたなかった。「国家の基軸」とは品格ある国民国家にふさわしいナショナル・アイデンティティの創出・維持装置をさす。天皇家はあらゆる宗教を超えて国家を支える国民統合の機関としての神聖な機能を期待された。

27 西岡前掲書二〇六頁。社殿の下の豆畑で開催された。豆を倒すのと女を倒すの二つを掛けている。

28 戸数三十余りの山村で古俗として男女の別なく「往来寄宿」し、近くの峠はザコネ峠と呼ばれた。中山太郎「地方の性生活」『歴史公論』第三巻八号（昭和九年・一九三四）による。なお、ザコネと夜這いの境界はあいまいなことが多い。夜這いは一般に男が女におこなうイメージがあるが、地域によっては女が男に仕掛ける風習もみられた。「（愛知県）知多半島などでは、娘の男親は、一応は、娘の朝帰りを叱るそうである。それで娘がこっそり出ていくと、女親は背戸口（裏口）に水を一杯くみ上げておいてやる。朝になって帰ってきた娘は、それを持って家の中にはいってくる。つまり、よばいの朝帰りを、朝早く水を汲みに出て帰ってきた、という形にするのである」（池田前掲学術文庫版・一一二頁）。教育の分担である。

29 高森前掲書六二頁。

30 〃　六四頁。

31 「北」とは「背中の側」をさし、「背」の字に「北」がふくまれるのはそのためである。

32 同記事には「皇后・太子並《ならび》に侍りたまふ」とあり、光明皇后と皇太子時代の孝謙と三人、一家全員で北面したことになる。

33 エマニュエル・トッド『家族システムの起源 Ⅰユーラシア』石崎晴己監訳（藤原書店・二〇一六年）二三六頁。トッドは中国人の反応に「ファンタムス」の語をあてる。

34 【戦争の文化の到来】
弥生時代の幕開けについて目をひくのは、それが「戦争の文化」と「農耕社会の文化」とを――設楽前掲書の印象的な言葉（三六頁）を借りるならば――「なかば唐突に」日本列島に登場させた点にある。縄文時代には狩猟用の武器はあっても人を殺傷する武器はなかった。食料を得る植物栽培はあったが、灌漑水利システムという高度な技術を備える水田稲作もなかった。三〇〇〇年前、日本列島の住人たちは初めて二つの文化を身につけた人々の上陸に立ち会うことになった。きっかけは、中国本土の動乱だった。「群雄相争う春秋《しゅんじゅう》時代の中国の動乱が東北部へと広がるなかで、移民や難民とともに、戦争の知識や武器がそこに接した朝鮮半島の北部にまず流れ込み、やがては南部へと伝わっていった。中国を震源とするこのような動きが、朝鮮半島の武器や戦いの始まりに影響をあたえ、その社会を大きく揺さぶったのだ。のちに列島に伝わった朝鮮系の磨製石剣・磨製石鏃や環濠集落も、こうした激動のなかで作りだされたものだ。稲作とともに武器をたずさえて対馬海峡を渡り、九州北部に上陸したのは、右のように、すでに武器や戦争を知った、激動の朝鮮半島で生まれ育った人びとだった」「人を傷つけるための武器は、稲作の文化といっしょに朝鮮半島から伝わってくることによって、はじめて日本列島に現れたのだ」松木武彦（b）『人はなぜ戦うのか』（中公文庫・二〇一七年）三五頁、三三頁。二つの文化はその後、手をたずさえて列島を東漸《とうぜん》した。その間に武器は青銅製、鉄製へと進化し、縄文人と上陸者たちとの混血も進んで、その後の「日本人」の原型が形作られた。結局、弥生時代は、日本史上戦国時代と並んで最も血なまぐさい時代になった。なお「戦争」の定義については松木（b）一八頁。

35 松木前掲（b）一八二～八九頁。この時期、日本の政権は鉄や鉄製品といういわば「産業のコメ」を求めて朝鮮半島に進出、守るべき権益を得ていた。

36 『日本通史』第3巻古代2（岩波書店・一九九四年）「渡来人と日本文化」和田萃《あつむ》執筆。

37 五世紀に入ると、朝鮮半島経由で大陸から陶器・鉄器の制作、紡績や金工の技術がもたらされ、人々のライフスタイルはにわかにカラフルになる。女性のアクセサリーも金銀のきらびやかなものがふえるなど、そこには一九五〇年代の「三種の神器」（電気洗濯機・冷蔵庫・テレビ）が象徴する米国文化や社会への憧れを思わせる雰囲気が漂う。日本における中国大陸の「父系文化」の受容は、「戦争文化」の到来が最大のきっかけだったにせよ、一方で大陸の「先進文化」への憧れを追い風に、男女を問わず受容されていった側面があったことは否定できない。

38 京都の芸能神社（右京区嵯峨朝日町。車折《くるまざき》神社内）。アメノウズメを祭神に祀る。祈願に訪れた女優がＮＨＫの朝の連続ドラマの主役に抜擢されてから「アーティストのパワースポット」としての名声が高まった。

39 飯田前掲書三一六頁。

40 『誹風柳多留』初（明和二年・一七六五）。またやはり『誹風柳多留』一三六（天保五年・一八三四）所収の句に「鶺鴒《せきれい》は妹背《いもせ》の道の猿田彦」とある。セキレイはイザナキ・イザナミの二神にとって色の道の案内役となったという趣意で、ここでも案内者のイメージが強調されている。

41 表面に小じわを織り出す織り方の織物。

42 この水かけの風習の起源について、『北越雪譜』はのべる。「思うに、新郎に水をかけるのは男根に女の陰水をかけて子を生ませるまじないであり、妻の性欲をなだめる祝事でもある。これは室町時代に武士より起こり、農民や商人がまねたのがはじまりのようだ。江戸では宝永（一七〇四～一〇年）の頃まで正月十五日におこなわれたが、祝い事のように大流行し、なかには新郎に恨みをもつ人間が水かけを口実に乱暴をはたらき、死者がでることもよくあった。そこで正徳（一七一一～一五年）の頃、幕府がこの風習を禁止し、江戸では途絶えてしまった」（按《あん》ずるに壻《むこ》に水を灌《そそ》ぐ事は、男の陽火《やうくわ》に女の陰《いん》の水をあぶせて子をあらしむるの咒事《まじなひ》にて、妻の火を留《とむ》るという祝事也《しゅくじなり》。此事《このこと》室町殿の頃武家の俗習よりおこりて、農商もこれに傚《なら》ひてやや行はれし事物に見えたり。江戸にては宝永の頃までも世上一同正月十五日の事とし、祝義のやうになりて大に流行《はやり》しゆゑ、壻に恨《うらみ》ある事を水祝ひによせてさまざまの狼藉《らうぜき》をなす人もままありて、人の死亡にもおよびし事しばしばなりしゆゑ、正徳の頃国禁《こくきん》ありて事絶《たえ》たり）

43 『誹風末摘花』三（寛政三年・一七九一）

44 宝暦七年（一七五七）。大村前掲書より。

45 江戸後期の国学者。神道は仏教と長く習合したほか、儒教の影響を受けた。篤胤《あつたね》は儒教の混入を排した「復古神道」の大成者となった。「復古神道」は朱子学に発する水戸学とともに明治維新の思想運動にエネルギー源を提供した。「日本において儒教（とくに朱子学や陽明学のような新しいタイプの儒教）が広まるのは、むしろ明治時代になってからであった。最近の日本思想史学でも、こうしたとらえ方がなされている。漢文訓読調の文体の定着（たとえば、行政や法律の文書における「候文《そうろうぶん》」から「普通文」への変化）もあいまって、水戸学が属する儒教・漢学的な思想文化は、江戸時代後半から明治時代にかけて大きな意味では連続性を持っていた。靖国神社もまた、この流れが生み出した宗教施設であった」（小島毅《つよし》『増補・靖国史観』ちくま学芸文庫・二〇一四年の一五一頁。

46 平田篤胤『古史伝』平田篤胤全集7（法文館書店・一九一三年）

47 【神話の読まれ方について】

記紀は八世紀の初め、奈良時代に成立し、どちらも天皇家の神聖化を図るために天皇家と神話を系譜の上で直結させる語り方を採用した。が、これは当時の両書の読者（貴族・律令官僚たち）が天皇は実際に神の子孫だと信じたことを意味しない。かれらにも神話の「詩的真実」的性格は充分に意識されていた。実際、『日本書紀』は全三十巻、最終巻は持統天皇の退位（六九七年）までが記されるが、この年は同書の完成のわずか二十三年前である。持統天皇は天武天皇（記紀編纂の発案者）の皇后だった天皇で、彼女と政《まつりごと》を共にした関係者はまだ生きていた。現在、アマテラスの記述が持統の神格化の政治的意図の下に書かれたとその「作為」をあげつらう論者が多いが、当時の読者はそれを聞いても驚かなかっただろう。議論にも値しないあたりまえのことだったからである。「天皇は神の子孫」という考えは、記紀成立時の「常識」が世代交代とともに忘却されることによりむしろ神秘的な解釈を許す余地を得たといえるかもしれない。これは時間がもたらす「時代のあたりまえ」の蒸発とその効果という問題である。

48 倉石忠彦『道祖神と性器形態神』（岩田書院・二〇一三年）二八八頁、二八九頁。

49 倉石前掲書二八九頁。

50 倉石前掲書二八三〜六頁。

第四章

1 平野純（a）『怖すぎる仏教』（楽工社・二〇二二年）二七二頁。なお、アニメの巫女など現代日本のポップカルチャーの宗教表象を詳細にカバーする書物として石井研士『魔法少女はなぜ変身するのか』（春秋社・二〇二二年）。「ポップカルチャーとなった宗教は、私たちの人生に深くかかわることをやめ、エンターテイメントとしてそのときそのとき姿を現すだけである。多くの人々にとって宗教が文化の中でも中核的で濃い文化だった時代は終わり、今や情報と消費の中を彷徨するゴーストのような存在になりつつあるのではないだろうか」（同書三〇三頁）。

2 里中と古代史研究者との対談に里中・倉本一宏『古代史から読み解く「日本」のかたち』（祥伝社・二〇一八年）。

3 岩井半四郎は五代目で「目千両」を謳《うた》われ、市川團十郎は七代目で異様な大目玉が売り物。「歌舞伎界では、当時はきわめて写実的な傾向が強調され、（下層社会の生態をリアルに描く）生世話《きぜわ》物という新生面を開く。そして一面、趣向の奇を求めて怪異趣味の作風がよろこばれ、四代・鶴屋南北の『東海道四谷怪談』の制作されたのもこの時代であった」鈴木重三『浮世絵大系10国貞・国芳・英泉』（集英社・一九七六年）七五頁。

4 『正法念処《しょうぼうねんしょ》経』衆合第十六小地獄・鉄末火処。

5 『比良山古人霊託《ひらさんこじんれいたく》』（鎌倉時代）

6 『扶桑略記《ふそうりゃっき》』巻二五（平安末期）

7 律令制とは中央・地方に勢力を張る豪族の私有地を人民ともども国有化し、国家に富と権力を集中させた古代的な中央集権システムである。日本の律令制の最盛期は八世紀とされるが、その時期でさえ律令を正確に運用できるのは一部の中央官僚にかぎられていた（本郷和人『日本史を疑え』文藝春秋社・二〇二二年の七三頁）。本郷は律令は「当時の日本の実情とはかけ離れたもの」（七八頁）だったが、朝廷にとっては唐に対して「チャイナ・スタンダード」（七九頁）を示すこと自体に意味があり、また一見現実離れしたたてまえであっても「理念を設定すること自体」（八一頁）が朝廷の「パワーのひとつの源」（〃）として機能した面を指摘する。

8 『新猿楽記』に「（陰陽師は）式神を使い護符をつくる。鬼神の目をあやつって自由に開閉させ、男女の魂を虚空に飛翔させる。大地を踏む呪法を極めており、吉を招き、凶を去らせる儀式をおこなって効験をほどこす。地神を鎮める祭り、罪を消し去る呪法などさまざまな呪術、魔障を消去する厭術《えんじゅつ》の達人である」（式神を仕《つか》ひ、符《ふ》治《ち》を造る。鬼神の目を開閉し、男女の魂を出入す。凡《およ》そ都《と》藍《らん》反《はん》閇《へい》術《じゅつ》を究《きわ》め、祭《さい》祀《し》解《げ》除《ぢょ》に験《げむ》を致《いた》す。地《ぢ》鎮《ちん》・謝《しゃ》罪《ざい》・咒《じゅ》術《じゅつ》・厭《えん》法《ぼう》等の上手なり）と書かれる。式神は陰陽道で使役される鬼神のことで、陰陽師は紙などに命を吹きこんで式神にした。実際の生き物から式神を作成する方法もあり、これは容器に蛇や蝦蟇《がま》などを入れて共食《ともぐ》いをさせ、生き残ったものを使う術で、蠱毒《こどく》といった。陰陽道は平安の初めは朝廷が管理する学問の一種であったが、『新猿楽記』の頃には大衆化し、一般民衆に呪法の能力を期待される存在になっていた。

9 一応こう書いたが、実態は表裏一体。どちらが表でどちらが裏か、買う方も買われる方も判然としていなかったと思われる。

10 堀一郎『我が国民間信仰史の研究（二）』（東京創元社・一九五三年）六七九頁。

11 【双系社会とジェンダー平等】
六世紀から七世紀にかけては六人の女帝を生む「女帝の世紀」となった。双系社会が女性の指導者を生みやすいことは事実である（五世紀の前半まで地方の首長の男女比は六対四だった。田中好之『古墳時代親族構造の研究』柏書房・一九九五年）。女帝の輩出が双系社会の効果だったことは明らかだが、これを現代の「ジェンダー平等」と結びつけて論じるのは無理がある。一言でいえば、双系社会は母方・妻方の一族が強い社会だった。六人の女帝のうち、推古・持統・元明の母は蘇我氏の出身で、元正は元明の娘、孝謙は藤原氏出身の光明の娘だった。聖武天皇の時代に実質的な女帝として君臨した光明皇后が「悲田院《ひでんいん》・施薬院《せやくいん》」など福祉事業を手がけたのも実家の莫大な財産があったからだった。推古そして持統など機会をあたえられた女帝は抜群の能力を発揮した。前天皇の指名による次代の天皇の決定の先例を作ったのは推古であり、天皇の譲位による次期天皇の即位のシステムを確立したのは持統であり、これは明治維新まで常態化することになった。天皇家にかぎっていえば、経済力は母方・妻方から、権威は父方の一族から引き継ぐという「棲み分け」が成立していた。元明も元正も天武以降の直系継承（父↓子）の維持を自らの死活的な使命として即位した。個人としての能力は男女平等だったが、皇位の継承に際しては性差の重視は明らかで、父系の優位を許すことになった。関連して本章の注16および24をみよ。

12 「六根」は目・耳・鼻・舌・皮膚・心の六器官をさす。「清浄」は大乗仏教では「空《くう》」と同義である。

13 四人は持統・文武天皇に仕えて大宝律令の編纂に中心的な役割を演じた大実力者・藤原不比等《ふひと》の子息。光明皇后の異母兄弟たちにあたる。

14 米国の歴史学者W・W・ファリスによる調査。[*Population,Disease,and Land in Early Japan,645-900*.Harvard University Asia Center,1985]。

15 「乱痴気騒《オージー》ぎとは、組織的に行われるガス抜きである。自省や束縛のせいで溜まりに溜《た》まってしまったものを、一挙に解放して吐き出す行為である。だから乱痴気騒ぎは、ヒステリーの発作や、カタルシスと同じような性質を備えている」「乱交《オージー》は、対照の効果によって、日々の生活でどうしても避けられない退屈な節制を受け容れる気持ちにさせてくれるのだ。だからこそ乱交は、古代ギリシアと中世のキリスト教会という（こちらの方は不本意ながら）、おおよそ正反対の社会に利用されてきたのである」（パートリッジ九頁、十頁。カッコ内原文）

16 【神事とフェミニズム】

「シャーマン」は厳密にはシベリアのツングース語系諸族の呪術者に由来する言葉である。ここではごく一般的に「特殊なトランス状態におちいることによって、神々や自然物の精霊、人間の死霊などと交感し、『お告げ』を得、それにもとづいて呪いや占いをおこない、祭の儀式をまかされる霊能者」の意味で用いる。なお、近年、柳田國男の「妹《いも》の力」論への反発もあって、〝古代における豊穣の祈りは集団による性的な結合、つまり男女の集団乱交に特徴を求めるべきである。この乱交を神事と呼ぶならば、神事は男女が平等に手を携えてになった。巫女は重要な役目をはたしたが、彼女たちにばかり目を奪われるのは女性崇拝に似て、差別意識の無自覚な告白になりかねない〟とする主張がなされることがある（義江明子『日本古代の祭祀と女性』吉川弘文館・一九九六年の序「『女の霊力』への疑問」その他）。これはその通りだと思われる。ただ、あえて一言つけ足すならば、豊穣の祈りにおける男女の「平等な性的結合」の重視は、古代の以前のうち比較的新しい時代に生まれた新しい考え方だった。縄文時代は圧倒的に女性の出産能力への崇拝が豊穣の祈りの中心であり、それは人型土偶のほとんどすべてが女性であること、そして腹のふくらみや正中線が強調されていることに示されている。もし両性の「平等な性的結合」が祈りの中心だったというならば、男女のペアの土偶が出土しなければおかしい。ところが、武末純一・森岡秀人・設楽博己『弥生時代』（河出書房新社・二〇一一年）によると、男女ペアの土偶型容器が登場するのは、農耕社会がはじまった弥生時代に入ってからだった（同書五二頁）。豊穣の祈りにおける「女性の出産機能への崇拝」から「男女の平等な性的結合の重視」への移行は、稲作による生産能力の上昇が可能にした、いわば〝飽食世代〟の登場とともにはじまったものといえよう。

17 エレウシスの秘儀は古代ギリシャの最も古い秘儀集団による宗教儀礼。「秘儀の内容を口外した者は死をもって償う」という掟があったので、多くの推測を生んだ。近親相姦説は主にローマ人が広めたもの。古代ギリシャの宗教文化は、憧憬であれ反発であれ、ローマ人のレンズを通して伝わったものがほとんどなので、注意を要する。

18 松本前掲書一七七頁。たとえば、沖縄先島諸島の二つの伝説。「天の神が兄妹を当地に降ろされた。二人の間に子ができたが魚だった。二番目にできたのも魚で、三番目はウナギだった。二人は悩んだすえに、ユナの葉でへだてをつくって交わると、無事に人間を生むことができた」（宮古郡伊良部）、「昔久米島で兄妹が交わった。父親は、親の名を汚したと怒り、二人を当地に流した。母親は不憫《ふびん》に思い、こっそり穀物の種子をもたせてやった。二人は種子をまき、当地の繁栄の基礎をつくった」（平良市狩俣）。以上、前掲『日本伝説大系』第十五巻南島編の一〇一頁、一三三頁。

19 マダガスカル諸部族の葬礼の祭典でおこなわれた近親相姦の風習の報告として、ピーター・メトカーフ、リチャード・ハンティントン『死の儀礼』池上良正・冨美子訳（未来社・一九九六年）。その他、戦いや狩りにでる前の同様の風習について、原田武『インセスト幻想』（人文書院・二〇〇一年）一〇二頁。

20　日本の考古学は、縄文・弥生時代につき年々目覚ましい成果を積み重ねているが、なぜ獣姦の問題をとりあげて論じる研究者の論文をみかけないのか、首をひねるところである。

21　河内祥輔『古代政治史における天皇制の論理』（吉川弘文館・二〇一四年）第一章、水谷千秋『謎の大王 継体天皇』（文藝春秋社・二〇〇一年）

22　白石太一郎『古墳からみた倭国の形成と展開』（敬文舎・二〇一三年）二五二～六三頁。

23　山田前掲（a）十七頁。

24　【母性崇拝とフェミニズム】
ここでいう母性崇拝は、いうまでもないが、フェミニズムの論客・上野千鶴子の言う「男の女性に対する分断支配に動員される、母＝聖女崇拝」（上野『女ぎらい』紀伊國屋書店・二〇一〇年・第三章「性の二重基準と女の分断支配」参照）と同一物ではない。「（男による）『聖女』と『娼婦』、『妻・母』と『売女《ばいた》』、『結婚相手』と『遊び相手』、『地女《じおんな》』と『遊女』……の、あの見慣れた二分法である。生身の女には、カラダもココロも、そして子宮もあればおまんこもあるが、『生殖用の女』は快楽を奪われて生殖へと疎外され、『快楽用の女』は快楽へと特化して生殖から疎外される。この境界を乱す子持ちの娼婦は、気分を削ぐ存在だ」（同書四三頁）。上野の主張する「分断支配」は、セックスを穢れたものとみる意識を前提とするが、縄文時代の男にそうした意識は存在しなかった。セックスに対する罪悪感を日本にもたらしたのは仏教だったが、その歴史的いきさつと展開については平野前掲（a）を参照。

25　津田左右吉『日本の神道』（岩波書店・一九四九年）。神道における穢れの祓いについて、「儒教の道徳思想では祓を説明することはむつかしい」（六九頁）とし、神亀二年七月の聖武天皇の詔の「神を敬い仏を尊ぶには清浄であることがまず先である」を引きながら「清浄」について「此の語を用ゐることの由来は仏家にあるのであらう」（〃）とのべる。

26 【葬式仏教という汚名】

高取前掲書の以下の記述。「寺院を浄刹《じょうせつ》とよんでその境内を浄域とよび、修行僧を浄行僧とよんで精舎の清浄を護持することが仏法を尊び、解脱の道を得る基本とみられた」（二八七頁）「浄穢《じょうわい》の観念は、吉凶のそれが主として儒教、陰陽道のもたらしたものであるのに対して、仏教においてもっとも鋭く発展させられた観念だった」（二八四頁）。皮肉なのは、この「清浄」の観念を受容した神道が——少なくとも当初は——非常に単純な宗教だったため、それをひたすら吸収・尊重してついに「死穢《しえ》」を自らの教えの柱とする道を選んだことである。一方、仏教は「清浄」を尊びながら、同時に「一切のとらわれからの解放」の視点から「清浄」／「不浄」の二分法を超越する論理をブッダの頃から擁していた。その論理は大乗仏教にも受け継がれ、日本の僧侶も死者の弔いにあたることになった。神道には近世になって僧侶による葬祭の独占を嫌って神職による葬祭（神葬祭）を提唱する動きもあったが、広まらずに終わり、私見によれば以上が日本仏教が後世「葬式仏教」の汚名を着る思わぬ結果につながるのである。これは、抽象思考を極度に発達させた宗教に抽象思考を極度に欠いた宗教が出会った際の悲喜劇として一般化することができるかもしれない。

■「清浄なもの」とか「不浄なもの」に固執せず、それらにとらわれずに行え——安らぎに固執することもなく（『スッタニパータ』九〇〇）

■是諸法空相、不生不滅、不垢不浄（あらゆるものは空であり、生じも滅しもせず、穢れも穢れからの浄めもない）（『般若心経』）

27 平林章仁『神々と肉食の古代史』（吉川弘文館・二〇〇七年）二二〇頁。

28 神祇令《じんぎりょう》（六八九年）が、唐令にあったイケニエの規定を削除し、日本独自の修正をおこなったことはよく知られている。井上光貞『日本古代の王権と祭祀』（東京大学出版会・一九八四年）二六頁。

29 平野（b）『はじまりのブッダ 初期仏教入門』（河出書房新社・二〇一四年）二六頁。なお、インド仏教では「浄肉」と呼ばれ、ある種の条件を満たした肉は食することが許された（同書一五〇頁）。

30 白川天皇が息子の善仁《たるひと》親王に譲位して上皇になった年。ただし、「古代」と「中世」の時代区分自体は便宜的なものである。この点につき井上章一『日本に古代はあったのか』（角川書店・二〇〇八年）の問題提起は刺激的で示唆に富む。井上は、西ローマ帝国の崩壊後にヨーロッパの中世がはじまるように、漢帝国の崩壊（三世紀初め）後の日本は中世に組み入れるべきではないかという（一一～三二頁）。この見方では、応仁の乱を境に中世は終わり、日本社会は「一瀉千里《いっしゃせんり》に近代へとむかってゆく」（一二二頁）ことになる。

31 この時期に誕生した鎌倉仏教の各宗派は、それぞれが選択した単一の行《ぎょう》に集中するという共通の特色をもった。禅宗系の宗派は「座禅」、浄土仏教系は「念仏」、日蓮宗は「唱題」。ただ、以上はあくまで一般的な特色にすぎず、たとえば臨済宗（禅宗系）を起こした栄西の教えは、禅に密教や諸宗の教えを合わせた総合的な仏教の完成をめざしたものだった。「旧」仏教の非排他的・包摂的性格は、天台教学に加え禅・念仏・密教を併せて学ぶ道場となった比叡山延暦寺の姿に最もよく示されている。

32 孝謙の「広陰」を直接あつかう江戸川柳として、「蛇《じゃ》が蚊《か》を呑んでいる所へゆげがでる」（相手が小さくて食べた気がしなかったところへ道鏡が、の意）『末摘花』三（寛政三年・一七九一）、「女帝は九十六ひだでおはします」（同）、「道鏡も浮世は広いものと云ひ」同書四（享和元年・一八〇一）他多数。

第五章

1 平野（c）『裸の仏教』（芸術新聞社・二〇一七年）一五九～一六八頁。酔象は踏み潰そうとした瞬間、聖人ブッダの「大いなる慈悲」に打たれてすごすごと引きあげた。なおブッダの神格化については、本章の注20もみよ。

2 【地獄に落とされたブッダ】以下は『根本説一切有部律』という仏典におさめられた逸話。前世で殺人を犯したブッダが地獄に落ちる話が語られている。「ある前世でブッダは隊商主であり、仲間の隊商主とそれぞれ船に乗って、宝島で宝を手に入れた。その帰り道、ブッダの船は荷崩れで沈み、かれは仲間の船に助けを求めた。仲間は親切にブッダを助けてあげたが、ブッダは『こいつ一人に宝があって、自分にはない。こんなことがあってよいものか』と妬《ねた》み、船に穴をあけようとした。仲間の隊商主が気づいて制止したので、ブッダは相手を槍で刺し殺してしまった。ブッダはその報いにより死後何千年も地獄で煮られることになった」。『ジャータカ』と同様に、この逸話の語り手はブッダで、かれが自身の前世を明かすという物語の形式を用いている。ブッダの神格化を基礎とする日本仏教で、こうした逸話はほとんど広まらなかった。

3 これはヒンドゥー教から引き継いだ考えである。同教の根本聖典『マヌ法典』第九章「女の本性」の節。「この世において、女は注意深く見守られても、男に対する熱情、移り気、生まれつきの薄情により夫を裏切る生き物である」（九・一五）、「創造主は、創造に際して、ベッド、座席、アクセサリー類、愛欲、怒り、ひねくれ、悪意、悪行を女に付与した」（九・一七）等。

4 平野前掲（b）第四章「ブッダは霊魂を信じたか」を参照。

5 「知慧《ちえ》第一」を謳われたブッダの直弟子。聡明な理論家としてブッダを支えた。

6 牛山佳幸『古代中世寺院組織の研究』（吉川弘文館・一九九〇年）五一頁。ただし、比叡山に関しては、鎌倉初期の説話集『古事談』が次の話を伝える。「寛仁四年（一〇二〇年）の九月、一人の狂女が比叡山に登った。僧たちは女を殴りつけ、縛って追い出した。古老の僧が嘆息して語るには『昔、道に迷った女が比叡山近くの山に登った。するとそれだけで、風雨が激しくなり、大嵐になった。比叡山の守り神の山王神が咎めたからだろう。ところが、今回は何も起きない。山王の霊験が滅亡したのか。悲しむべきことだ』」（三一「狂女叡山に登る事」）。女人禁制の聖域に女が入るのは本来ならば驚天動地、天変地異を呼ぶべき出来事のはずである。なのに何も起きない。僧侶の妻帯・畜妾《ちくしょう》は平安末期からあたりまえになった。鎌倉時代のこの説話は僧侶たちの本音とたてまえの乖離《かいり》を皮肉っている。

7 『マッジマニカーヤ』「多界経」等。

8 『マヌ法典』第五章「女の生き方」の節。「幼いときも、成人しても、老いても女は独立して事を為してはならない。たとえ家事においてもである」（五・一四七）、「女は子供のときは父の、成人後は夫の、老いた後は息子の支配下に入るべきである。女は決して独立を享受してはならない」（五・一四八）。儒教の経典にでてきてもおかしくないような文句である。

9 「空《くう》」は「生死」の超越をめざす。総じていえば、日本仏教は、この志向を死の弔いの社会的活動に結びつけることに成功した（葬式仏教）。一方、「空」が迫る「男女」の超越（無区別）を有意の社会的活動に転化させることには失敗したといえるかもしれない。

10 「念仏がはたして極楽に生まれる種になるのか、あるいは地獄に落ちる行いになるのか、私にはわからない。かりに法然上人にだまされて地獄に落ちたとしても私は後悔しない」（念仏は、まことに浄土に生《うま》るるたねにてやはんべらん。また地獄におつべき業《ごう》にてやはんべるらん。総じてもって存知《ぞんじ》せざるなり。たとひ法然聖人にすかされまゐらせて、念仏して地獄におちたりとも、さらに後悔すべからず候《そうろ》ふ）『歎異抄』より。

11 田上太秀『仏教と女性』（東京書籍・二〇〇四年）一三九頁。

12 田上前掲書二四〇頁。

13 藤井正雄編『浄土宗の諸問題』（雄山閣・一九七八年）より。表記は一部変えてある。

14 祭司階級。カーストの最上位階級。『マヌ法典』は女性蔑視の法典の代表格として、よく引き合いにだされる。それが古代的な限界をもつことはたしかだが、一方で「女たちが敬われるところでは神々は喜ぶ」（三・五六）、「女の親族が悲しむとき、家はたちまちに滅ぶ。彼女たちが悲しまなければ、家は常に繁栄する」（三・五七）ともあり、「男性優位」「子孫繁栄」の範囲内ではあれ、同時代の世界の他の国にくらべて「女性保護」の明文化は進んでいた。インド仏教が『マヌ法典』より女性尊重の面で進んでいたという証拠はとくに得られない。ただ、初期仏教の経典『テーリーガーター』は、「二本の指ほどの智慧しかない女にどうして聖人の境地が得られるのか？」という悪魔の挑発に答えて「心が落ち着き、正しい智慧が生じるとき、どうして女人であることが妨げになろうか？」とのべた尼僧の話をのせる（六〇、六一）。女人成仏論が説かれていることは明らかだが、これはその後の仏教の主流にはならなかった。

15 上から順に、バラモン、クシャトリヤ（王族階級）、ヴァイシャ（庶民階級）。再生族ともいう。

16 【聖書の女性不浄観】

「レビ記」第十五章「女に流出があって、その身の流出がもし血であるならば、その女は七日のあいだ不浄である。すべてその女に触れる者は夕まで汚《けが》れるであろう。その不浄の間に、その女と寝た物はすべて汚れる。またその女のすわった物も、すべて汚れるであろう。すべてその女の床に触れる者は、その衣服を洗い、水に身をすすがなければならない。彼は夕まで汚れるであろう」『旧約聖書』（日本聖書協会・一九五五年改訳）。なお英国の生物学者リチャード・ドーキンスは、自身が一九九七年に出演した宗教的討論のＴＶ番組で英国の宗教指導者（「髭をたくわえた大主教」）が同席の女性たちに対し、彼女たちが「月経中かもしくはその他の『不浄』であることを怖れて」握手を拒んだと証言している（『悪魔に仕える牧師』垂水雄二訳・早川書房・二〇〇四年の二六八頁）。ドーキンスは宗教を「心のウィルス」と呼んではばからない著名な反宗教論者。額面通り受け取ってよいのか判断しかねるが、一応紹介しておきたい。

17 『女人血盆経』は江戸時代に広まったが、では、女性たちは地獄をどこまで信じただろうか？　おそらく、お坊さんが説く、地下深くにある、鬼の獄卒や鉄の嘴《くちばし》の虫のいる地獄の存在は信じなかっただろう。が、

「仮にそうしたものがあるならば、自分は落ちるだろうか、落ちないだろうか？」という自問は、男女を問わず当時の人々の胸に疼《うず》いたはずである。『女人血盆経』は、対象を女性に特化しつつ、人々の罪の意識を刺激することを狙い、そして成功した経典だった。なお、『正法念処経』などを元に日本人に地獄の観念を広めた天台僧・源信（九四二〜一〇一七年）は地獄もまた「空」だとみなしていた（源信『往生要集』取意）

18 平野前掲（ａ）第一章を参照。

19 生活史学者で肉食の歴史に詳しい原田信男は「祝部」の「はふり」が「ほふり（屠り）」からきていることを示唆している（『東北学』第三巻・作品社・二〇〇〇年の「古代日本の動物供犠と殺生禁断」一六四頁）。

20 日本人は輸入当初仏教を「異国の神の教え」と受け取った。日本にもたらされたインド仏教はヒンドゥー教の神々を受け入れた密教色の強いものだったうえ、ブッダ自身も神格化されていた。神仏習合は実態をみるかぎり「神神提携」と言い直すべきかもしれない。この問題については、季刊『宗教問題』（合同会社宗教問題）二〇二二年夏季号のわたしへのインタビュー記事「仏教の〝聖〟と〝性〟」一二八〜一二九頁を参照。なお、「習合」であれ「提携」であれ、こうした融合はインド時代の仏教で普通に行われたものであり、多神教の一般的属性——たがいにいがみ合い争う神々をなだめ、矛盾の負荷を飼い馴らす——が要請する常態である。

21 【淳仁天皇の最期】
淳仁の淡路配流後の天平神護元年（七六五）八月、その甥の和気《わけ》王による謀叛が発覚した。和気王が祈祷師の紀益女《きのますめ》に孝謙の呪殺を依頼したというのだ。孝謙はただちに和気王を逮捕し、伊豆へ配流の途中、山背国相良《さがらか》郡（現・京都府相良郡）で絞殺させて近くの狛野《こまの》に埋めさせた。紀益女も綴喜《つづき》郡松井村（現・京都府京田辺市松井？）で絞殺させた。十月十三日、孝謙は騎兵三百人余りを従えて紀伊行幸へでかけた。

海岸に到着すると、紀淡海峡ごしに西方の淡路に向かって威圧を加えた（勝浦前掲書一九三頁）。それが効いたのか否か、二十三日、淳仁は「幽憤《ゆうふん》」（『続日本紀』）に耐えず逃亡を図り監視兵に押し戻されたすえに、死亡した。死亡の原因は不明である。翌々日、報告を受けた孝謙は部隊とともに都への帰路についた。すると途中の海岸で「西の空がにわかに暗くなり、異常な風雨に見舞われた」（時に西の方《かた》暗《くら》瞑くして、常に異なりて、風ふき雨ふる）と『続日本紀』のその日の記事は記す。『続日本紀』がこうした記録をのせるのは稀であり、よほど印象的な出来事だったのだろう。孝謙の復讐劇をまのあたりにした現場の役人たちの不安心理がよく反映された一節である。なお、淳仁は孝謙の死後、平安時代に「怨霊」に認定され、長く祀られる対象になった。

22 行幸先に寺が異例に多かったのも孝謙時代の特色だった（瀧浪前掲書一一二頁）。

23 勝浦前掲書三〇一頁。粘膜カンジダ症を推定する。

エピローグ

1 光圀の「寺社整理」政策の狙いは「風俗の禍《わざわい》」となる小祠（淫祠）の整理にあった（吉田俊純『徳川光圀』明石書店・二〇一五年）一九二頁。が、吉田によると小祠の破却は村人の強い抵抗に遭った。また行政上の帳簿に載らない小祠も多く、それをどう把握するかが問題だった。「宗教者のいる寺社と違って、（無住の）小祠は数えること自体が難しい」（同書二一二頁）からである。なお、同様の「淫祠」の整理は同時期の岡山藩で藩主・池田光政（一六〇九〜八二年）によっても行われた。光政は藩の葬祭の方法を仏教から儒教式に変えたことでも知られる。光圀と光政がともに儒教的合理主義の信奉者だったことは偶然ではない。

2 「諸行無常」の「諸行」の原語はサンカーラ、「つくられたもの」という意味である。

参照文献

本文中の原典の引用にあたっては左記の書籍・論文を参照しました（本文や注に明記したものを除く）。

『日本古典文学大系1古事記・祝詞』（岩波書店・一九五八年）
『古事記・上中下』次田真幸訳注（講談社学術文庫・一九七七〜八四年）
『日本古典文学大系67日本書紀・上』（岩波書店・一九六七年）
『日本古典文学大系68日本書紀・下』（岩波書店・一九六五年）
『日本古典文学大系2風土記』（岩波書店・一九五八年）
『新編日本古典文学全集5風土記』（小学館・一九九七年）
『日本霊異記上・中・下』中田祝夫訳注（講談社学術文庫・一九七八〜八〇年）
『新日本古典文学大系30日本霊異記』（岩波書店・一九九六年）
『新日本古典文学大系12続日本紀1』（岩波書店・一九八九年）
『新日本古典文学大系13続日本紀2』（岩波書店・一九九〇年）
『新日本古典文学大系14続日本紀3』（岩波書店・一九九二年）
『新日本古典文学大系15続日本紀4』（岩波書店・一九九五年）
『新編日本古典文学全集18枕草子』（小学館・一九九七年）
『新猿楽記』藤原明衡著・川口久雄訳注（平凡社東洋文庫・一九八三年）
『新日本古典文学大系41古事談・続古事談』（岩波書店・二〇〇五年）
『新注古事談』浅見和彦・伊東玉美編（笠間書院・二〇一〇年）
『校注水鏡』金子大麓・松本治久・松村武夫・加藤歌子編（新典社・一九九一年）
『新日本古典文学大系56梁塵秘抄』（岩波書店・一九九三年）
『新編日本古典文学全集52沙石集』（小学館・二〇〇一年）
渡辺守邦「『簠簋抄』以前」『国文学研究資料館紀要』14号・一九八八年
『新訂増補国史大系12扶桑略記・帝王編年記』黒板勝美・国史大系編集会（吉川弘文館・一九九九年）

『神道大系・論説編二十二・増穂残口』渡邊國雄校注（神道大系編纂会・一九八〇年）
『キリシタン教理書』井出勝美・海老沢有道・岸野久編著（教文館・一九九三年）
『淮南子』池田知久訳注（講談社学術文庫・二〇一二年）
『東西遊記Ｉ』橘南谿著・宗政五十緒校注（平凡社東洋文庫・二〇〇三年）
『北越雪譜』鈴木牧之編撰・岡田武松校訂（岩波文庫・一九三六年）
『日本古典文学大系55風来山人集』（岩波書店・一九六一年）
『新版色道大鏡』藤本箕山著・新版色道大鏡刊行会編纂（八木書店・二〇〇六年）
『誹風柳多留全集』岡田甫校訂（三省堂・一九七六～八四年）
『誹風柳多留拾遺 上・下』山澤英雄校訂（岩波文庫・一九六六～六七年）
『定本誹風末摘花』岡田甫校訂（太平書屋・一九八六年）
『江戸艶句「柳の葉末」を愉しむ』渡辺信一郎（三樹書房・二〇〇八年）
『秘籍江戸文学選７玉の盃・好色変生男子』林美一訳・解説（日輪閣・一九七五年）
『浄土真宗聖典・註釈版第二版』浄土真宗本願寺派総合研究所編纂（本願寺出版社・二〇〇四年）
『ブッダ臨終の説法――完訳大般涅槃経』全四巻・田上太秀（大蔵出版・一九九六～七年）
『相応部経典第一巻』中村元訳・監修（春秋社・二〇一一年）
『中部経典Ⅳ』中村元監修（春秋社・二〇〇五年）
『尼僧の告白 テーリーガーター』中村元訳（岩波文庫・一九八二年）
『ジャータカ全集３』中村元監修・補注（春秋社・一九八二年）
『ジャータカ全集７』中村元監修・補注（春秋社・一九八八年）
『根本説一切有部律薬事』八尾史訳注（連合出版・二〇一三年）
『マヌの法典』田辺繁子訳（岩波文庫・一九五三年）
『マヌ法典』渡瀬信之訳注（平凡社東洋文庫・二〇一三年）

おわりに

本書は日本におけるファロス文化の歴史をテーマとする書物です。ファロスとは勃起した男根または男根像をさす言葉ですが、人々がまだ文字を知らなかった先史時代から世界各地で信仰の対象となりました。日本もまた例外ではありません。日本でファロス信仰を文献として最初に伝えるのは、『古事記』『日本書紀』のイザナキ・イザナミの「国生み神話」です。

どちらも天皇家が日本を統治することの正統性の証明を大きな目的として書かれたものですが、天皇家には神話時代から人の世の時代までファロス崇拝にまつわる逸話が事欠かなかったため、結果として本書は「天皇家とファロス」をサブタイトルとしてもかまわない内容をもつものになりました。

記紀神話はファロス文化の誕生を伝える日本で最古の文献になりましたが、そうした文化の発生自体は文字のない時代にさかのぼります。

その具体的なルーツについて、最近の考古学の成果をとりいれながら詳しくとりあげたのも本書の特色の一つです（幸いなことに、日本の考古学は世界のトップ・レヴェルにあります）。縄文時代の最盛期に生まれたファロス崇拝の文化、それはやがてイザナキ・イザナミの神話を通じて天皇家に流れこみ、「父系優先の伝統」を象徴的に生みだしながら今日に至ります。

江戸後期の国学者・平田篤胤《ひらたあつたね》は、仏教や儒教など外来の宗教・思想に「汚染される」以前の神道の世界を理想化し、古《いにしえ》の「あるべき神道」の回復（復古）を唱えました。仮にいまかつてのその神道を「古神道」と名づけるならば、「古古神道」の世界はファロス信仰を中心にいとなまれたものでした。そのことについては第二章と第三章でつぶさにのべた通りです。

記紀がおさめる神話は八世紀の初めに、それまで天皇家やその周辺に伝えられた神々の物語をまとめる形で生まれました。その際に、伝統的なファロス信仰がいかに書き手の表現（用語選択）を拘束したか。それは神の単位の語に高く屹立《きつりつ》したもの、「柱」が選ばれたことに端的に示されています。柱とはファロスの比喩にほかなりません。

天皇の神聖性の根拠が皇祖神アマテラスの神話に求められたことは周知の通りです。天皇はその系譜に連なる存在であると同時に、神道の大祭司だとされました。その天皇が主宰する天皇家は一六〇三年、徳川幕府の成立とともに、宗教・文化・学問上の権威は保ちながらも、政治的には長く風下へと追いやられます。

徳川幕府の文治政策が神道の世界にさまざまな形で影響をあたえるなか、神道の大原点ともいうべきファロス信仰は「淫風一掃」の名のもとに撲滅の標的となる憂き目にあいました。

それだけではありません。ファロスの民間信仰が、「西洋近代化」の追求が重要な課題とされた明治時代から昭和にかけては「国恥之土俗《こくちのどぞく》」として為政者から白眼視されたことは、よく知られています。そのためそれらの宗教文化は、今日ではわずかに一部の「奇祭」にかつての面影をとどめるだけになりました。

こうした「奇祭」の多くは、観光産業《ツーリズム》との提携に生き残りの道を求めながらも、「豊穣」と「多産」を同一視した縄文時代の人々のアナロジーの思考をプライドとともに生き生きと今に伝えてくれます。

ファロス信仰の誕生の現場からその今日の姿の一端までをフォローした本書は、結果として、日本のファロス文化をめぐる「通史」としての性格ももつことになりました。

本書は、導入部としめくくりの箇所で弓削道鏡《ゆげのどうきょう》をとりあげています（第一章およびエピローグ）。道鏡は「巨根」を武器に時の女帝・孝謙を籠絡《ろうらく》し、天皇家の乗っ取りをくわだてた「大逆賊」として歴史に名を轟かせた僧侶です。

かれにはその怪僧ぶりを語る伝説から「和製ラスプーチン」のあだ名がつきましたが、実際の二人の関係はといえば典型的な〝女性上位〟、父・聖武天皇の熱い崇仏《すうぶつ》政策を引き継いだ女帝のいわば聖なる愛玩物、ナルシシズムの一部にすぎませんでした。

日本の古代は合わせて八代《はちだい》・六人の女帝を生みだしました。孝謙天皇（七一八～七七〇年）はその六人目の女帝として名を残しています。

孝謙天皇は「仏」を歴代の天皇として例をみない明確さで「神」の上位におく仏教政治を推し進めました。その無二のパートナーに選ばれたのが道鏡です。

孝謙の「掟破りの八年」、冒険に懲りた天皇家とその周辺は、これ以後八六〇年の間、女帝の即位を避ける方策へと舵を切りました。その間――とりわけ中世以降――道鏡は「巨根」の代名詞として、ゴシップ説話や川柳の世界で「笑いの血祭」にあげられます。

が、子細に眺めれば、そこでほんとうに笑われていたのは、かれを見い出しパートナーとした孝謙女帝です。道鏡は彼女に対するミソジニー（女性嫌悪）をベースにした笑いの引き立て役としての役を振られることで「大奸物」になったというのが実情でした。

弓削道鏡は天皇家に外部から突き刺さった最大のファロスとして伝説化し、今日でも「令和の道鏡」といった形で名を引き合いにだされる存在でありつづけています。

皇位継承における女帝排斥（男系男子優先）という選択は明治二十二年（一八八九）の皇室典範第一条で明文化され、昭和二十年（一九四五）の敗戦をへて今日に引き継がれます。

近年、皇位継承システムの不安定化への問題意識から女系天皇の是非をめぐる論争がメディアをにぎわせたことは記憶に新しいところです。

「令和の道鏡」もそのなかで幾度となく姿をみせた言葉でしたが、論争が政治的な思惑を帯びて過熱したのは残念なことでした。

仏教は聖武や孝謙が生きた八世紀の日本の社会において、その外来性・普遍性の両面で、今日のグローバル民主主義にあたるものでした。

聖武天皇はその普遍思想である仏教の基準に照らして天皇である自分にひけ目、罪の意識を抱いた最初の天皇だったと言えるでしょう。

道鏡騒動と呼ばれる天皇家の危機は、孝謙が女性であったこと以前に、父・聖武の思想の忠実な模倣者だった彼女が外来の普遍思想を前に自らの存在根拠に対する確信を失ったところに生じたものでした。そのことは本書で詳しく論じた通りです。

道鏡は時の天皇の仏教への性急かつ過剰なコミットメントがもたらした天皇家のゆらぎの最中に出現した招かれざるファロスでした。

「天皇家とファロス」を叙述の柱とする本書が「男系・女系」の政治論争を超えて、日本と天皇家の将来のあり方を考えて頂くうえで、ささやかなものであれ、手がかりの一つを提供できたならば、これほど嬉しいことはありません。

本書は『怖い仏教』(小学館新書)、『怖すぎる仏教』(楽工社)に続く、性の文化史をテーマにした三冊目のわたしの本となりました。このうち前者はインド仏教を、後者は日本仏教をあつかいましたが、今回の本書は日本の性の文化をとりあげながらファロスに焦点を当てたのが特色です。

本書の上梓にあたっては毎回のことですがたくさんの方々のお世話になりました。

装丁とブックデザインは『怖すぎる仏教』に引き続き、加藤愛子さん（オフィスキントン）に担当して頂き、素晴らしいお仕事をして頂きました。心より感謝申しあげます。

また齋藤美帆さんには、ゲラの前の原稿の段階から多くの貴重なアドバイスを頂きました。本書が少しでも読みやすい形をととのえられたとするならば、同氏のご助力のたまものです。篤く御礼申しあげます。

最後に楽工社の日向泰洋さんには、本書の制作全般にわたり、行き届いた配慮をたまわりました。ここにあらためて感謝の言葉をのべさせて頂きます。

二〇二三年五月

平野　純

平野 純

Jun Hirano

作家・仏教研究家。1953年東京生まれ。東北大学法学部卒。1982年『日曜日には愛の胡瓜を』で第19回文藝賞受賞。作家活動と並行して仏教文化を研究。インド仏教が日本の性愛の文化に与えた影響が近年の主要な探求のテーマである。著書に、『はじまりのブッダ』、『謎解き般若心経』(以上、河出書房新社)、『裸の仏教』、『ブッダの毒舌』(以上、芸術新聞社)、『怖い仏教』(小学館新書)、『村上春樹と仏教』(I・II)、『「無常先進国」ニッポン』、『怖すぎる仏教』(以上、楽工社)など多数。

平野純 Twitter:@news_hirano

ブックデザイン……加藤愛子(オフィスキントン)
イラスト(p.35)……山崎太郎(ENIGMAX? CO.,Ltd.)
DTP……菊地和幸
制作協力……齋藤美帆

ファロスの日本史

発行日　2023年6月20日　第1刷

著　者　平野 純

発行所　株式会社 楽工社
〒190-0011
東京都立川市高松町3-13-22 春城ビル2F
電話 042-521-6803
www.rakkousha.co.jp

印刷・製本　大日本印刷株式会社

ISBN978-4-910900-01-8